珍藏本
纪念版

汉译世界学术名著丛书

社会命运

第二卷

〔法〕维克多·孔西得朗 著

李平沤 译

2017年·北京

目　录

第二部分　组织(续)

第三部分　和谐制度

第四版致读者

关于分配问题解决办法的要点，请见附注 R（第一卷第 192 页）、附注 RR（第二卷第 646 页）和第三部分第二编第二章（第二卷第 623 页）；从本版所作的补充可以看出：《社会命运》的前两部分，是对法郎斯泰尔的理论的全面的基本陈述，因此可自成一本完整的书。

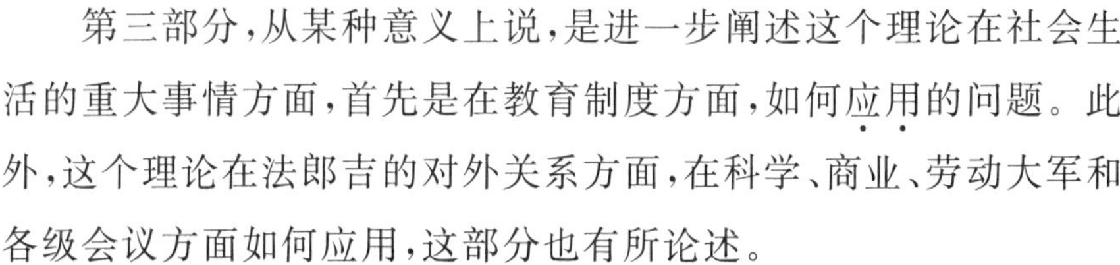

第三部分，从某种意义上说，是进一步阐述这个理论在社会生活的重大事情方面，首先是在教育制度方面，如何**应用**的问题。此外，这个理论在法郎吉的对外关系方面，在科学、商业、劳动大军和各级会议方面如何应用，这部分也有所论述。

最后，在这一册还要探讨和陈述这个理论的实践，即逐步组织一个试验性的法郎吉，应采用何种最可靠的手段。

第三部分的前半部包含有自然的和吸引人的教育的理论；此书不久即将出版。

巴黎，1851 年 2 月 5 日

幕　间　剧

论实质和态度
——一种新学说的困难处境

这个畜生太坏了；人们打它的时候，它竟进行自卫。

拉·阿尔普

如果诗人的话有时候很尖刻，这怪谁呢？

维克多·勒鲁

1　招来的批评

当我开始写读者现在阅读的这部著作时，我以为只需写一本书就可以对我一心想阐说明白并使之为公众理解的社会学说作一个基本的陈述。我原来的预料是错了：这个问题，一写起来就不由自主地愈写愈长。为了阐明这个如此新颖，如此特异，尽管是出自一个原理，但应用起来却千变万化，而且读者在开始时还不能马上入门的问题，我认为就不能写得太简单；应当避免一般的、科学的、抽象的和缩略的公式，或者，至少应当先经过一番推论，证明它值得探讨，并通过具体的阐述使读者有一个思想准备，然后才能把这个问题讲得清楚。此外，还应当把它所包括的范围全都讲到。

社会科学和其他一切科学都有联系，它涉及人类活动的一切领域和知识。要对协作制度的理论进行阐述，把它非常精确地简化成作为这个理论的基础的谢利叶学，而又不准备涉及它将得到应用的工业、政治和科学等问题，这样的阐述，特别是在我酝酿本书的时候，是一件毫无意义的工作，没有传播的价值，没有什么大的用处。协作制度的理论是那样的简单和朴素，因此看起来好像是一个很荒诞的想法，与真正的和实际的事物毫无关系，是不会产生什么效果和得到任何应用的。

因此，为了尽一切力量把这个理论阐述清楚，并使它对人有吸引力，我只好在不损害文字的表述和方法的严密性与连贯性的前提下，抛弃说教式的虽然简洁但颇觉枯燥的语言形式，把这门科学打扮一番。

鉴于本书第一册得到了读者的欢迎，并对协作制度的事业起了良好的作用，我认为我的估计是相当正确的；不过，虽说这一册书受到了热情的欢迎，但我还是应当说明，它也引起了许多批评，而且这些批评都是来自对我的著作论述的问题抱有好感的人，因此是不无道理的。

这些批评的语气都挺生硬并带有敌意，其结果将使作者的脾气变得急躁和粗野，与传播和平与和谐的学说应有的个性大相违背。用这种语气写的那些段落，有损于一本奉献给这个庄严的学说的书的美，对该书想达到的目的是有害的。人们还说，书中谈日常琐事的地方太多，添加的插曲也太多，与书中谈论的重大事情没有多大关系；而论述这些重大事情的发展正是该书的目的，因此，过多的插曲反而损害了重大事情的重要性。

善意的批评和敌意的批评，我在前面都列举了。有些人表示同意，他们也不是没有根据的。我现在宣布，我完全赞成对我提出的批评意见，并且还补充一点：当我写那些受到他们指摘的段落的时候，我对那些段落的性质，也和他们有同感。

我完全同意我坦率地列举出来的那些批评的意见，完全接受他们所说的看法，不过，我也要求允许我说明一下：在采取那些我明知其绝对低劣的形式的时候，我也有一些在我看来是可取的相对的原因，尤其是在写作本书的时候，这些原因也是有道理的。如果我陈述一下我当时的原因，我也许能取得读者对我的了解，并打消他们的意见。不过，今天还不适宜于这么做；要是我天真地把指导我的思想都摆出来，我将使我预期的结果受到损害。好比一位将军，如果为了对批评他的人说明他的行动的理由，他的作战计划还没有实行，还不知道结果如何，便把它全盘暴露，那一定是有害的。再说，如果读者愿意（一切通情达理的读者肯定愿意）接受我在这个幕间剧中对这个学说的论述和辩解，那么，还有什么必要对读者作一番个人的解释呢？如果这个学说是好的，尽管解说的人讲错了，那有什么关系……

2 战斗的需要

在论述方面，我首先要明确说明的是，如果人们认为傅立叶和他的弟子所写的那么尖刻的话，是出自对人的恨和愤怒，那就错了。那些话，在我们头脑里也一直是认为有问题的。我们抨击的，始终是作恶的社会组织，是产生和维护这些组织的错误行为，而不是做这些行为的士兵(士兵是这些错误行为的第一个受害者)。至于我,每当我投入一场对某一个人的理论战的时候,我的锋芒所向,显然是那个人所代表的思想;不管在这方面我内心的感情如何,我是从来不直接指摘我的对手的,是从来不对他抱什么恶意的……

我们的批评所具有的这个特点,请大家注意,并记在心里。你们听一听那些论战,听一听各党各派所用的语言;他们的语言才真正是该谴责的哩,因为,这是有计划地攻击个人,攻击真诚的善意,攻击对方的意图;他们往往很轻率地说对方的意图是邪恶的,自私的,坏的或罪恶的。现今的论战就是这个样子。这样的论战,我们是不会轻易放过它的,因为它显然是荒谬的,不道德的和反社会的。我们之所以说它是荒谬的,是因为它除了说明使用它的人怀有欲望和恨以外,其他什么问题也不说明;我们之所以说它是不道德的和反社会的,是因为它除了使欲望和恨愈来愈增加,煽动争吵和战争之外,便别无其他的任何效果;他们在需要讲团结、科学和理智的地方,却挑起争吵和煽动战争。

这样的论战,与我们的论战毫无共同之处。我们从来不说我们的对手是什么可怜的人,也不说只有我们才是正人君子。我们即使再激动,充其量也不过是说他们有偏见,有错误,说他们是瞎子,到处说瞎话。人们之所以不原谅我们,并不是因为我们说了这些话,而是因为我们证明了我们说的那些话是对的。

当然,科学和处于正常状态下的真理的语言,通常是冷静的;不过要注意的是,我们不是在一个正常的环境中说这些话的。我们周围的环境闹闹嚷嚷,一片混乱,呈无政府状态;人们都带着武器,抱有敌意,对真理十分冷漠。这种情况,所有的真理都经历过,它们在开始的时候,总是饱受人们的侮辱和迫害的。在这样的环境中,真理就要战斗!战斗是强加在它的身上的;它有理由进行正当的自卫。由于有被摧毁和受到践踏之虞,它在这个世界上应当从头到脚完全武装起来。这是从一个神话故事中学来的;这个神话故事说:密涅瓦[①]从朱庇特的脑壳里一生出来就是全副武装的;这是颠覆性时代有深刻含义的神话。人们用象征的手法把真理和战斗视为一体,把朱庇特的思想、神的女儿和智慧(应按这个词古时候的广泛含义来理解)合并,塑造成一个全身武装的好战的神。

凡是倡导革新的学说,在发端之初总要遭到厄运,此点我们深为惋惜;就连作为温柔的化身和传播爱与仁慈的宗教的耶稣,也常常对之表示反对。有时候他用鞭子猛抽那些在庙门口摆摊设店的商人,把他们的货架和商品打翻在地[②];有时候他把反对他的话的人看作是伪善者,看作是蛇蝎般的人,等等。凡是迟迟不接受他的

① 密涅瓦,即希腊神话中的雅典娜,是掌管智慧和战争的女神。据说,她从她的父亲宙斯(即罗马神话中的主神朱庇特)脑壳里一跳出来,就是全副装武的。——译注

② 尽管圣经上的文字是很确切的,但我们认为,在这里若单从耶稣基督的传记作者说的话的字面上的意思去理解,那是对耶稣基督的侮辱。应当看到,在这段记载中含有一个比喻的意思是说:耶稣在讲道中之所以猛烈攻击犹太教士,是因为他们在耶稣在世的时候,专门买卖圣职和倒卖圣物,和耶稣死去之后,那些以他的名字命名的宗教的教士大搞这类买卖的情形是一样的;这一点,是最初几个世纪之后的教会史所证实了的。这种解释,即使把我们所说的那种敌对行为放在正常的环境中,也将为我们的论据驳倒。(第一版附注)

教义的城市，他就咒骂，而且命令他的门徒也咒骂，叫他们把鞋子上的尘土磕在城墙上。既然耶稣和他的门徒开了这样的先例，人们就应该原谅那些与上帝有同样信念、但只抨击对手的思想的人。他们不咒骂他们的对手，他们唯一的目的是要启发他们，是要开导世人，消除他们在我们这个荒凉的地球无止无休地制造贫困和灾难的积习难改的错误。

啊！当人们用上帝赐予人类天才的翅膀在到处是贫困、仇恨并对现实感到痛苦和羞愧的卑贱的地区上空飞翔的时候；当我们在这个经历了五十个世纪的浩劫并充满了社会污垢的深渊上空飞翔的时候；当我们在这一片污泥、血泪模糊并不断传出互相冲突、彼此残害的活人的沉闷的叫声的可怕景象上空飞翔的时候；当我们听到在我们脚下有人凄厉地呻吟、哭泣、悲叹和哀鸣的时候；当我们听到这些无限悲痛和烦恼的凄惨的声音的时候；当我们听到那些好似从万恶的地狱传来的嘈杂声和哇哇哭泣的悲痛声的时候；当我们终于走出了撒旦在我们地球上暂时建立的黑暗的罪恶王国，在科学的光辉指引下，看到了可能实现的无限的领域和幸福的命运的灿烂境地的时候；当我们呼吸到这些领域中的含有爱和智慧的芳香的清新空气的时候；当我们静观它们充满生命、和谐与幸福的源泉、无穷无尽的财富和光辉灿烂的天空的时候；当我们知道这个真正的命运的世界将降临到我们悲惨的大地，把上天的快乐和美妙的和谐带到世上的时候；当我们知道，这个美好的未来的世界，除非人们犯了过错，愚昧无知，就一定会成为现实的时候，看到那些传播谬误，拒绝和谐制度并一心使地狱长存的人，是那么无

知,做了那么多错事,我们能永远保持冷静,说话含蓄和热情吗?那些做坏事和错事的人竟然窃取了统治这个世界的权力,并使人们遭受苦难,对于他们,我们能够永远不生气,不使用尖刻的语言和作出强烈的反应吗?啊!不,这是办不到的!永远办不到的!这是和今天坚定不移地和积极地(不是沉静地和文文雅雅地)崇拜真理的人必然具有的热情、情欲、毅力和力量不相调和的!至少,在未经过长期的自我克制之前,在未经过坚持不懈的努力使心脏的跳动趋于平静并使青春的活力受到控制之前,这是办不到的!当我们看到这个如此美好的真理,这个神圣的真理,这个给大家带来幸福的真理,在战争和吵闹的喧嚣声中遭到粗暴的拒绝和严厉的压制,或者被卑鄙的谬误和谎言的浑浊的水浪淹没,要压制自己的感情,那是一天也不行的。我们一定要大声把战争和风浪狠狠地斥责一番。

不要把我们现在的行动和我们以后的目的混淆在一起。我们以后的目的是实现统一的和普遍的和谐,但我们现在的目的则不含有这种和谐,因为我们现在的行动是在对那些反对实现这个和谐的目的的势力进行战争。有些人因为我们宣传的学说和信念是和平的,而我们的语言又是带敌意的,便指摘我们,说这是矛盾的。这种指摘是不合逻辑的。因为这是两个大不相同的领域嘛。产生这种错误看法的原因,是由于人们把我们学说的性质和以前的哲学理论和宗教理论的性质混为一谈了。哲学和宗教的理论,全都是个人提高德性的理论,是奉献给在这种社会环境(不管是什么样的环境)中生活的个人的。我们的学说不属于这一种类。我们的学说是一种探讨能使人们的各种利益得到满足的社会组织的法则、并使人的才能可以得到充分发展的*科学*。不过，这个科学，只有在实现了和谐制度所需要的条件之后，也就是说，找到了它让人们寻找的新的社会环境之后，才能产生和谐制度的效果。因此，我们要对那些攻击这个科学并反对实现和谐制度所需要的条件的谬误进行战斗；这场战斗，不仅不与我们奉行的和谐制度的学说相矛盾，相反，*在目前的情况下*，为了保卫我们的学说并使它获得胜利，是非进行不可的。在到处出现思想混乱的情况下，这场战斗是强加给我们的，是强加给我们这些世界和平的使徒的，是强加给那些信奉其他学说的人的；只不过是其间有一个我在后面即将概括谈到的重要区别罢了。

3　傅立叶学说的特点从根本上说是爱和平的

一切党派，一切政治的和哲学的学说（我们的学说除外），都是建立在狭隘的思想基础上的；它们在理论上不接受，甚或粗暴地反对或否定人类天性的种种欲望、发展和表现，因为，就这些学说中的任何一种学说来说，要取得胜利的必不可少的条件，就是要消灭或压制不符合它的理论的因素。这些学说在理论方面的斗争，是一场互相冲突的利益的斗争，彼此互相否定，因此必然会随之形成一场事实上的斗争，也就是说，在理论斗争之后，紧跟着就是实行镇压。迄今为止的各种学说，各种政党和宗教派别，都表现过这个特征，并产生过这种结果；它们都包含有否定的东西，所以最后只好对它们过于狭隘的理论所否定的因素进行一场斗争，才能解决问题。

与那些学说相反，我们的学说是真正主张通过天性的全面发展而建立完整的协作制度的，而且是能够实现这个制度的原则的①，因此，我们的学说的特点是：使人的一切利益得到满足，才能得到发展，情欲能够实现。它在实践中，不否定、不谴责或压迫任何真正合乎人情的东西；它对其他学说的理论斗争，并不是一场反对任何特殊的（无论是物质的或精神的）利益的斗争。这场斗争所反对的，是那些狭隘的学说的排他性理论，是它们根本不起作用、而且有害的荒谬的方法。由此可见，我们的斗争纯粹是智力的斗争，而不会演变成真正的战争。在各个党派之间，是存在着相互矛

① “是真正主张……而且是能够实现这个制度的原则的，”我们要着重指出这些情况，以免人们把实际和表面现象搞混了。举例来说，圣西门的学说是以“普遍协作”这句话为理论或旗帜的。然而这句话的意思是那样的不清楚，那样的不严格，而他的学说又不能实现它所包含的原则，所以圣西门主义最后只好在理论上明确无误地否认人的最重大的利益和最重要的因素：财产、等级、自由和家庭，等等。在善于观察事物的本质的人看来，圣西门主义根本不是一种主张普遍协作的学说；它在它的大部分信徒毫不知情的情况下，变成了现代最响亮的革命主张了。圣西门的学说在这个世界上还留下些什么呢？还留下一个荒谬的思想，那就是要取消一切等级，而且，下一步必然是要取消个人的财产；在群众中留下一个革命的种子：这个种子要发芽，要悄悄地成长，使上层阶级和我们的统治者发抖的；如果他们对人民有了充分的了解，知道人民的遭遇，如果他们缺乏远见，轻率地盲目行事，他们就会吓得发抖的。是的，圣西门的学说目前在人民的头脑中正在产生可怕的作用；如果你们到人民今天为了你们这些世界上的幸福的人的欢乐和享受而劳动的车间去看看，你们就能了解这种情况了！在那里，你们将看到胳臂粗壮和胸脯厚实的人，听到他们用豪放的声音齐声歌唱，再加上榔头和铁钻的叮当声，歌词是那样的雄壮和充满战斗的气味，你们也许就会明白他们为什么要一再反复歌唱：

“无产者辛勤耕耘田地……

劳动的果实却被懒人夺去！”

如果今天当权的那些自由主义者懂得这些歌词的咄咄逼人的含义，他们就会派警察去禁止他们的，他们一定会采用高压手段，以便能安安稳稳地睡觉！！！啊，我们的政治家是多么英明，多么有天才呀！！！（第一版，写于 1837 年）

盾的利益和根本冲突的做法的;它们在彼此都接受的社会现状中,是互相抵触的。他们互相否定,再加上利害和思想上的斗争,所以必然要实行压迫和发动战争。我们的那些对手一定会互相为敌的;相反,我们对他们并无任何敌意,因为我们有崭新的更高的思想境界,能够肯定他们可以肯定的东西;我们所反对的,只是他们由于眼光狭隘而产生的错误认识:认为只有否定对方,才能满足他们各自的利益。他们彼此攻讦,互相摧残他们所代表的人的因素。我们对他们进行斗争,目的是为了启发他们,是为了向他们证明有一种方法能够和谐地发展一切因素,使之能同时得到充分的满足。一句话:他们各个都在注意寻找别人理论上的错误;相反,与我们相比,他们所有的人在理论上全都有错,而我们的理论是正确的,是能够满足他们的重大利益的。

只要对他们的每一种说法、每一个党派和每一种主义的性质进行冷静的分析,并进一步研究他们各自代表的那一部分利益和思想,就可充分证明我们在这儿用概括的措辞提出的论点是正确的。这样心平气和地概括表达的这个论点,实质上是傅立叶的思想;这样明确的表述法,在所有讨论协作制度的著作中是很多的。就我来说,尽管在某些表达的形式上有所不同,但我还是十分注意采取这种心平气和的方式的,并一再反复使用了这种心平气和的论战语气的[①]。我曾在一段话中陈述过我对这个真理的理解,此后我也一直不断地这样去理解它;现在请允许我把这段话引述如下,以便说明我的理由:

① 请参见《政治的崩溃》、《三篇论文》和《法郎吉》等。

“这个真理，在人的精神辛辛苦苦地扛了几千年的战争和政治与宗教仇恨的沉重的包袱中是不存在的，在人们扔在那些将要饿死的人的肩上的哲学和宗教教条的破衣服里也是没有的。这个真理是不会用这些破衣烂衫给自己增加麻烦的。它一贯是赤裸裸地呈现在人们的眼前，因为它是像古代的维纳斯[①]那样美丽和白璧无瑕的。当它呈现在人们的眼前的时候，在它发出的光辉使那些过惯了漫长的黑暗的日子的人感到一阵眼花缭乱之后，在那些在人民当中霸占了祭坛的虚伪的教士吵吵嚷嚷一阵之后，人民将崇奉和喜爱它！它给这个世界带来的是幸福，而不是战争和宗派分子的排斥异己的盲信。它不排斥异己，因为它是光明；它知道智慧就是光明，人们将在智慧的指引下来到它的身边；它不排斥异己，它要为人们带来爱和幸福；它知道人不是为了受苦而生的，所以人必然会屈服于强烈的引诱，屈服于它的力量的不可抗拒的吸引。”（《三篇论文》第 74 页）

读者诸君，我请你们注意，这些话并不是我们口中随便说说的宽容态度或和和气气的折中主义，更不是空口卖弄的言辞。其他的学说，例如各个政党或宗教派别的学说，它们也能说这样的话，但他们的话，和他们的倾向与行为不相符合；只有实行我们的学说，才能使这样的话与真正的倾向和实际的表现相符合。奉行其他学说的人，其他党派的人尽管说了要容忍，但他们的锋芒指向谁呢？他们的种种努力和行为的目的何在呢？他们直言不讳地说要权力，也就是说要武力……他们想执掌政权，想制定法律！他们都

① 维纳斯，罗马神话中司恋爱与美的女神。——译注

想统治社会，凭法律实行他们的想法，凭借立法和行政的力量使他们所代表的势力取得胜利。他们想做事物的主人，凭权力办事；在他们看来，要这样来解决问题，才符合他们所关注的特殊利益！除了法律以外，他们就没有别的办法，这就是说，要人们承担义务，就要用武力……

我们，我们与他们恰恰相反，我们要求的是什么呢？我们要求过权力和武力吗？我们要求过社会权力，使社会为我们的事情服务吗？我们是否要求过要控制帝国，或者像其他党派那样要求当大臣？我们绝不要求把整个社会都掌握在我们手里，以便凭借权力把我们的学说在社会上加以运用。我们只要求在一小块土地上进行试验。我们只需筹集点资金，在几百公顷土地上对协作制度的结构做一次试验。我们不想用权力来统治社会：我们要经过实验来建造社会，向社会证明，我们的社会组织能满足社会的一切利益和需要，而且还不给社会强加任何束缚！

强制行事，是所有那些互相争夺政权或制定法律的权利即权力的学说的基础。我们的学说的基础是自由与和谐；它只要求在一块很小很小的土地上进行试验，以便使人们明白他们的真正利益何在；它只想通过大家都能亲眼看到的它的效果来浸染社会，而不把任何东西预先强加给任何人。

我们是服务员，是人类的真正的服务员，是人类的一切利益和抱负的代表。是的，我们在进行斗争，但我们只是对严重的错误进行斗争；我们不针对任何人的利益或任何具体的人进行斗争；我们所抨击的是那些错误的思想，因为它们阻碍了我们的对手明白我们的学说比他们自己的学说对他们自己的利益有用得多。我们把手伸向所有的人;我们的武器只攻击那些妨碍人们互相了解的守旧思想,因为它们不允许把各阶级的利益都纳入一个能联合各个阶级、实现和平、打开丰富的财富的源泉,并实现和谐与幸福的造福于人的社会;我们的心里,哪里有什么排斥异己和仇恨的念头?唉!我的天哪,对于我们的斗争的意义和目的,你们明白了吗?当然,正如我们一再说过的,这是无政府状态和暴风雨的时代的可悲的需要;当然,在这场矛盾的意见和新与旧的错误的混战中,在这场用刀和剑乱砍乱刺和用大棒乱打的混战中,我们不能赤手空拳去参加战斗,我们不能用扇子去抵挡向我们袭来的刀剑和大棒。不过,我们战斗的唯一目的是:使人们对我们要有所了解,要放下武器,宣布休战;我们要求他们明白道理,进行研究和判断,用智慧和经验来解决问题……你们不听取我们的意见,你们要消灭手无寸铁的人!你们迫使我们打仗,谁打得狠,你们就敬重谁……这一点,我们是有经验的,我们的经验表明:你们听不听取我们的意见,全看我们打得狠不狠……

4　情欲科学的道德影响

我们是很不愿意有这种战斗的需要的,因此,不能把这个责任加在我们的身上。不能把当前环境造成的情况,归之于我们的心情;这种心情,在我们心中是不可能存在的。仇恨我们,仇恨人!让他们去仇恨吧;这种卑鄙的感情,在那些对我们传播这门科学有几分了解的人的心中是不会存在的。稍有教养的人,一旦受到了这门科学的熏陶,就不会产生仇恨之心;不仅在理论探讨中不会带有这种感情，甚至在行为和社会与道德的关系中，也是不会带有这种感情的。在理论探讨中，对于有害的偏见，对于在这个地球上制造罪恶的错误言论，他当然是很可能作出强烈的反应的；在行为中，看到那些由于环境而堕落的人表现得那么怯弱、阴险、卑鄙和邪恶，他当然是会感到讨厌和轻蔑的。由于他要观察和判断错误和堕落的原因，他就必须抛掉仇恨的心，在任何情况下，他都不会受到这种狭隘的和盲目的感情束缚的。

最纯洁的道德学，福音书上的箴言，在理论上是抛弃了人对人的仇恨心的；但实际上，它们并未做到使那些宣讲它们的人摆脱这种心理。啊！我在这里要强调的是，我们的学说不会变成一本罗列道德训条的集子；它是一门探讨人和社会的真正的科学，因此它可以使那些能够真正懂得这门科学的人祛除心中的仇恨的观念。这样的人（我说的是这样的人，而未说任何一个人），即受过最纯洁的道德训条的熏陶，但并未消除这种颠覆性感情的人，只要懂得了我们所教的这门科学，就一定会摆脱这种感情的束缚的！

尽管这个学说的直接目的，不是使在现今的社会中生活的人各个都成为道德家，尽管它的直接目的是宣传一个新社会的条件，论证人们在这个社会中将崇尚道德，彼此互爱（因为爱和道德在新的社会条件下对他们有一种巨大的魅力），但这个学说当前产生的间接效果，远比那些直接用道德的或宗教的理论产生的效果还更能教诲人和安抚人。当然，对于我所讲的这个学说，要正确去理解，要原原本本地理解，要懂得它的实质，而不要像有些人那样，想在其中找到为他们的荒谬放荡的行为与罪恶辩解的理由，说什么

那是情欲使然。

这个学说不仅使人们对以谬误、丑恶和罪恶三种形式出现的邪恶感到憎恨，认识到邪恶在知识、道德和物质这三重领域中产生的时候，就具有了这三种形式，而且还要追溯产生邪恶的根源，追溯它与社会组织中的荒谬现象的关系。这个学说要发展对人类的爱，要使人行事宽容，让这种观念在现今要深入人心，而不要做任何悖谬的行为。

这两种感情不仅不矛盾，而且十分谐和。对邪恶的强烈反应，对传播和维护邪恶的错误思想的强烈反应，与对人类的爱是一致的；反应愈是强烈和真诚，便愈证明它是对人类的爱的一种表现。只不过是要把事情弄清楚，不要凭假象作结论，例如，不要认为真理在猛烈谴责世界上的严重错误的时候，也含有对好心犯错误的人的憎恨或恶意。

5　惰性

尽管人类用科学和勤奋取得了巨大的成就；尽管在最近这几个世纪对大自然的力量愈来愈能够加以支配；尽管创造了许多行动的工具，今天只要把我们组织起来，协调我们改造大自然的努力，就能用勤奋、智慧与和谐的美好果实装点这个世界，但在今天，要实现普遍的幸福，这个想法还依然被看作是一种梦呓。要彻底消除人们的旧的错误观念，是多么难啊！

“要使人们和谐相处，使他们生活得很幸福，是永远办不到的。他们的情欲是互相冲突的。我们所看到的那些祸害，过去有，今后还会有。”这是人们常说的一句公式话。可见，人们的偏见，尽管在物质科学方面已经被事实打破了,但在道德和社会方面,我们遇到的传统的偏见还是很多的。在过去的和现代的文学作品中,到处都可找到。儿童们把它和乳汁一起吃进肚里,把它和空气一起吸进肺里,还有自私自利的行为也让儿童沾染上了;这些情形,我以后还将谈到。有些人怀着喜爱和感谢的心情,欢迎并传播一种怀疑的言论,认为在怀疑论的掩盖下,他们就可以舒服过日子了。的确,没有任何一种偏见,有这句表达社会绝望心情的话传播得那么广,也没有任何一个陈词滥调是像它那么为人所知。无论是富人还是穷人,是学者还是愚昧无知的人,大家对此都有同感。

一种错误的说法,愈是广泛传播,年头愈久,便愈是害人,人们对它便愈无怀疑,认为大家都说它对。有一些人生活在年深日久的错误的思想气氛中,宛如长期在恶臭的空气中生活的人一样:在腐败的空气中走来走去,在其中活动,对它的毒害作用毫无觉察,不知道他们麻木的嗅觉闻不出来的这种腐败的空气,是他们得病的根源;他们思考过千百种原因,但就是不怀疑他们周围的空气。我们所说的这种错误思想,遍布全世界;自从有人类的历史以来,它就存在了。

尽管这个旧的错误思想已接近于结束,尽管它已不再作为宗教的教条影响人,而只是作为一种说法,一种道德偏见,完全靠传统和自私行为到处流传,尽管科学的进步不断使它遭到削弱,日趋消灭,但它依然对人们有影响,到处散布一种极坏的怀疑论调,使人陷入一种无动于衷的心情,产生一种惰性,阻碍那个能给世界带来幸福的社会学说的发展。

既然我们确信能够建立一个社会秩序,使世界到处都富裕、幸福与和谐,使人类团结起来,达到更美、更光辉灿烂的繁荣境地,我们要怎样才能搅动这个充满怀疑和自私行为的一潭死水呢?要怎样才能发聋振聩,抛弃这种年深日久的偏见呢?当我们知道人们希望在一小块土地上检验我们提供的社会手段的效果的时候,该怎么办呢?既然我们知道,只要人们肯听一听我们的学说,就可马上使他们破涕为笑,使那些在贫困中哭泣和呻吟的人欢唱感谢和爱的赞歌,我们要怎样才能使那些在全世界制造灾祸与痛苦的头脑浑浑噩噩的人变聪明呢?我们该采用什么办法呢?

不动感情地用冷静的语言陈述我们认为能够医治残害人类的种种疾病和带来幸福的学说吗?但是,他们不听你的话,他们取笑你,说你的思想很奇怪,说是痴人做梦(这句话是常有人说的)。他们总是对你说:这个社会像现在这个样子,并不太坏,是再好不过了;谁想改变它,那简直是发疯;他们不但不愿意听你的话,反而向你滔滔不绝地讲一堆老掉了牙的经济的、哲学的和政治的陈词滥调,对你讲许多老生常谈;这些老生常谈你在儿童时候就听够了,可是他们还以为是你不曾听过的论据,可以把你这套理论驳倒……实际上,你这套理论,他们根本未见过呢。

如果你坚信,在他们不愿意听的话中确实有拯救世界并给人们带来幸福的东西,你怎么办呢?你一句话不说,保持沉默,听之任之吗?如果你关心人们的幸福,你是不会一句话不说的;如果你忠实于一个如此圣洁的事业,你是不会保持沉默的,你是不会噤若寒蝉,听之任之的!在他们身上,你可以看到你将遇到的冷漠和轻率的态度是什么样子,你将弄明白你所反对的那些谬误言论何以会产生,了解他们对那些受他们蒙蔽的人的影响有多大。你不必

对那些无动于衷的人和好心办错事或傻里傻气地重复那些愚蠢的老生常谈的受蒙蔽的人发火，但是，你要做好准备，狠狠抨击那些错误的思想、怀疑的论调、冷漠的表现和愚蠢的行为……

他们不愿意到你这儿来听你讲！那你就到他们当中去；在他们那里，你的尖锐的批评将翻动他们的土地，深深地挖下去，挖出他们的思想的根子。他们不相信你对他们描述的那个富裕美好的、造福于人的新社会，那就把他们社会的丑恶的伤疤一个一个地揭开；如果他们闭眼不看，你就把它们摆出来，让他们看看已经烂到了骨头的腐肉。他们不愿意来和你一道呼吸未来的地区中的纯洁的空气，你就使他们感觉到他们社会散发出来污浊的空气，尽管他们硬是不承认他们的社会已经有了霉烂味儿。你要狠狠抨击的，是到处流传的谬误和幻想，虚伪的说法，荒唐的思想和理论与骗人的学术；不幸的是，有许多人接受这些东西，把它们当作闪光的真理。如果有人根本未花力气研究你的学说，就以鲁莽的语气妄加谈论的话，你就马上狠狠地反驳他。（将来，这种情况会经常发生的，因为他们一方面要求你对由来已久的偏见加以尊重，而另一方面却用极不公正和极其放肆的态度对待真理，其原因是这些真理只是在昨天才由几个伟大的天才所发现[①]。根深蒂固的偏见是贵族的，而新的真理是老百姓的。）

① 这样一种对待重大发现的轻率的和恋劣的态度，既然大家都已经看得很清楚，并提出了指摘，但为什么人们又轻易就重犯这种态度，此点我们还不甚明白。值得注意的是，容易犯这个毛病的，正是那些说话哲学味儿最浓的人。被人们称为现代哲学之父的培根，在写给他的一位朋友的信中谈到地球围绕太阳转的运动和伟大的伽利略的业绩的时候说："我希望你把那个意大利人的荒谬的话批得体无完肤。"必须指出，今天在法兰西研究院里，还有一些大学者在嘲笑傅立叶的天才呢。

当你这样使你的学说做好了战斗准备的时候，当它全副武装地进入偏见的领域的时候，当它有力地批驳和抨击了那些既不愿意听它又不让它讲话的偏见的时候，当它打碎了偶像，砸烂了假神，撕破了骗人的面纱的时候，人们就会注意它，重视它：因为它来到了万人瞩目的地方，表明不管它生来是多么爱好和平，它也要进攻，也要自卫；这一点，在一个温良恭顺遭人轻视的世界上，在一个凡是应当加以支持、保护和鼓励的事情都遭到人们无情的轻蔑和嘲笑的世界上，是很重要的。

如果你照我刚才讲的这番话去做，你就能够使人们注意你所说的想法；让他们知道，如果这种想法得到实现，便能够消除人们的痛苦，使穷人从饥饿和贫困中解救出来，使"幸福的人"丢掉自私行为，并在这个地球上把劳动和快乐，把财富和善良的感情，把美德和幸福，结合起来。如果你使人类能够走上兴旺发达的道路的日子，使成千上万遭受苦难的男人、妇女和儿童能够重新看到希望、不再哭泣的日子，提早十年、五年到来，甚或只提早一年到来，即使你把那些谬误的思想和盲信痛斥一顿，有什么要紧呢？即使有人说你粗暴，火气太甚，又有什么关系呢？当人们开始倾听这个新的和自由的思想，不那么轻视或攻击它的时候，你要放下武装，采取和先前相反的做法，那是很容易的。这样，你就可以完成一项神圣的高尚使命，应当受到人们的尊敬。这是我的老师的看法，也是我的看法。实际上，如果人们把理论中使用的愤怒的语言和尖锐的笔调说成是坏的感情，从而指摘他的著作和我的著作，那就错了。

不过，我衷心承认，我是走得太远了，我有几次把话说过了头;我若采取不那么粗暴但更加稳重的语气,也是能做到说话有力的;现在,我很高兴地看到我献身的学说在公众的舆论中取得了一个相当好的地位,并牢牢占有了这个地位,因此,推行它的人今后可以使它的形式不再那么生硬,不再那么有棱有角了。我很坦率地这样替自己辩解一番,希望那些因上册书中某些段落的语气而或多或少地有些生气的读者,能够对他们在本书以后的篇页中可能见到的同样的错误,表示原谅。我今天呈献给读者的第二册和第三册的前半部分,尽管与第一册发表的日期相隔了几年,但它们写作的日期是相同的。在协作制度的理论的传播工作方面,有些困难的事情要处理,要采取许许多多的步骤,再加上《法郎吉》一书的出版工作,当时的情况迫使我要赶写的几篇论文,有好几年使我的一部分精力无法施展的不良的健康状况,使我有好长一段时间无法写完这部著作;我需要有一个月的心灵平静的时间方能完成这部著作最后的整理工作。这一册的大部分章节是在第一册出版时写的,因此很可能在其中又会发现某些地方的词句和第一册中给我招来许多指摘的词句差不多(我承认那些指摘是完全正确的),在笔调上也有过激之处(今后在我们的著作中是会采用平稳的笔调的),了解到这一点,读者发现这种情况的时候就不会感到惊异了。

总之,读者最终是会赞同我们的观点的。他将认识到,那些有深深的信念和伟大目标的人,言辞激烈,正是信念的一种表示。他将原谅这些人对一个世纪的英才所作的反应:他们无视傅立叶这样的天才,对这个在世人都自私自利的时代,把一生四十年的时间用来造福于人的天才，不仅没有任何报答，反而使他孤苦无依，对他百般辱骂。他将认识到，对于那些为所有的人谋福利，而且除了对人类的爱便没有其他动机的著作，应当抱宽容的态度。最后，他还将认识到，在心境平静和取得经验之前，在学会如何运用他的力量和节制他的反应之前，有一个青春和热情奔放的时期，所以应当看到，一个人或一个学派开初著书立说的时候，也是要经历这样一个时期的。

6　为这个没有责任的科学所作的保留

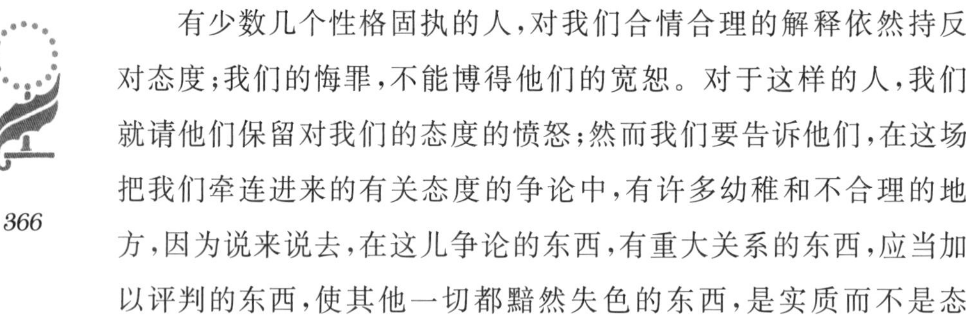

有少数几个性格固执的人，对我们合情合理的解释依然持反对态度；我们的悔罪，不能博得他们的宽恕。对于这样的人，我们就请他们保留对我们的态度的愤怒；然而我们要告诉他们，在这场把我们牵连进来的有关态度的争论中，有许多幼稚和不合理的地方，因为说来说去，在这儿争论的东西，有重大关系的东西，应当加以评判的东西，使其他一切都黯然失色的东西，是实质而不是态度，是社会问题，而不是笔调。

举例来说，为了真理和为了对微分学进行探索，牛顿和莱布尼茨之间对这个问题的争论尽管很激烈，这有什么关系呢？如果牛顿用尖刻的语言宣布“引力与质量成正比，与距离的平方成反比”这个定理，人们会不会由于牛顿的语气该受责难，而不承认它是支配月亮、地球和其他星球之间，以及它们和太阳之间的关系的规律呢？唉！我的上帝，与人的幸福问题相比，与人类的命运和宇宙的命运相比，微分学和恒星的引力问题，算得了什么？这两项出色的发现，和上面这个问题的解决，能相提并论吗？当你阅读傅立叶的《论协作制度》或这本扼要陈述他的学说的书，或这个学派的其他语气较硬的著作，你应当加以褒贬的，不是这位老师和他的弟子的语气和性格。你应当探讨的，不是这些人，而是一门重要的学说。

如果这些人该受如此严重的责备，而不能从一项伟大的神圣事业所处的地位、环境和正当防御的需要，考虑对他们加以原谅，如果你们不从他们的善良愿望，从他们坚持不懈的努力，从他们对一切人的幸福的献身精神，考虑对他们表示宽容，而要责难他们，判处他们的刑罚，甚至像有些人说的，要砍他们的头……请你们看在上帝的分上，看在理智的分上，看在一切受苦受难的穷人的份上，你们砍他们脑袋的时候，不要把他们的学说也砍掉了！这门学说，和宣传它的人的恶行是没有关系的。

这是一件应当非常清楚地说明的事情：对每一个学说、主张和科学的辩护、宣传和服务，并不都是做得很好的。每一种事业都有不好的士兵；不好的士兵比好的士兵多得多。但是，明智的人应当把一个事业，把它的真理、重要性和价值，与拥护这个事业的人的错误加以区别。协作制度的理论，由于它的重大目的和它本身的价值，是值得人们对它作这种合情合理的区别的；人们不应当把它和传播它的人的乖张愚昧和过分行为连在一起。

至于我，我认为，以上的解释已经把话说得很清楚了。尽管我的有些段落写得不好，但我希望能够得到读者的理解；正是为了这个缘故，我才要在这个幕间剧中向读者陈述事实和理由。我要求读者秉公办事，把他在我的著作中见到的错误记在我的账上，把一切好的、美的、重要的和有益的东西都归功于傅立叶的天才，归功于由他发现的永恒的真理。

对我们的著作，还有其他的批评。我只想讲一讲纯文学的批评，其中，有些是关于新词或新词义的使用的，有些是关于文句的修改的。前面一种很可笑，不值得答复。没有哪一门科学不使用它专门的词儿和语言，不避免老使用代用语。在制造政治上或道德上的陈词滥调的时候，在为那些懒人写小说的时候，当然是不需要什么新词的。但是，当我们阐述新的思想的时候，要是一切都现成，在《法兰西科学院词典》中能够找到表达新思想所需要的术语，那才好呢；正是因为没有，所以法兰西科学院那些博学之士才觉得奇怪。

任何词儿都不可能比新的思想先出来；当新思想产生的时候，是需要给它一个名称，给它取一个名字的。如果不创造出一些词儿，就不可能有语言。由迪多出版社出版的《法兰西科学院新词典补编》收有协作制度的理论所使用的一些主要的术语。夏勒马涅学院教授邦瓦洛先生在《法语学报》上发表的一篇文章中，谈到了我们这个时代的社会主义者，并指名道姓地谈到了我们；他说："正如大家所看到的，这些人不用心去研究词的音节；他们谈事情的实质，从而出现了一种新的语言，一部新的词典。我所讲的这件事，是一件大事。"

至于有关文句的修改的批评，我承认是正确的。只要不过分纠缠在这上面，我是衷心接受的。当然，把形式搞得很纯洁和吸引人，那是无损于实质的。不过，虽说在纯文学作品中，文字的风格是最重要的，在简单的纯文艺作品中，语言上的错误和匆促下笔是不可原谅的和不可容忍的，但在科学作品中，尤其是在社会科学的作品中，情况就不是这样了。我们是矿工；矿工的任务是挖矿里的黄金；我们不是首饰匠或金银器皿匠。对拉马丁先生的诗，对雨果先生的小说，对德·拉梅莱的狂热的抒情诗，如果必要的话，就让文学批评家去严厉批评好了。因为他们的作品是艺术品，是出自想象的，是文学作品，是不向社会提供什么组织的方法或指出新的道路的。应当按照它们的品种和类型对它们作出评价。至于我们，我们探讨的，是事物的实质和社会的组织，我们要给社会打开兴旺繁荣和力量的源泉。我们是不以文学家自居的，因此，人们只能够要求我们把话说清楚，合乎逻辑，提供的方案切实可行，能产生效果，就行了。

有一位名叫尼扎尔的严肃的语言纯正癖者和作家，在一篇抨击今天充斥文学市场的劣等作品的文章中，替我们说了我们想说的话；他说："人苦心孤诣地为一个社会辛勤劳动，然而这个社会里人们彼此厮打的现象却愈来愈多：一个职位竟有一百个人去争，一块面包竟有一百张嘴去吃。如果你有什么药，能够医治这个社会的这种丑恶现象，你就马上拿出来吧，时间已经很紧迫了；如果你在财政方面有什么计划，既可以增加公家的收入，而又不增加税收，还能让穷人有饭吃，就请马上把它拿出来。"有人说尼扎尔先生特别偏向我们，给我们开了一张特别通行证，因为他所说的东西，只有我们才有：一个有明确的方法能达到预期效果的社会组织。

我们要求大家，从理智和尼扎尔先生的论点出发，对论述协作制度的著作中出现的词句和文笔上的错误，表示原谅，尤其是对本册的错误，更须加以原谅，因为它有些部分是断断续续拖了很长的时间写的，当时的条件也不利于在文笔上写得那么规范和细致；在文字上作者虽不敢说已写得十分流畅，但他绝未掉以轻心。

救世说的真谛

我们在天上的父，愿你的国降临，愿你的旨意行在地上如同行在天上。

耶稣基督

I

读者将与我们抱同样的看法。我们已经取得了一项重大的发现，人的智慧能够取得的最重大的发现：我们发现了命运、普遍的和谐和在这个地球上可以实现的幸福的规律。

我们相信，在地球的一小块土地上，从人们走上发现这条光辉的规律的天才所开辟的道路之时起，从组成了一个和谐制度的社会的分子之时起，和谐制度和幸福便会马上像大火那样在世界上到处蔓延。

这是我们的信念。

这个信念是很明确的和坚定的；是按照事物的自然的关系和它们的相互配合所要求的秩序，对事物的安排进行了冷静的和透彻的观察之后，而获得的深深相信一定能够实现的信念。我们心目中有一个未来的社会，我们将仔细观察它的和谐的美妙风姿；我们将进行一项试验（它不需要太多的手段），看它如何从明天起，在地球上揭开自由、秩序、道德、光荣和宏伟的未来。

唉！尽管对幸福的愿望是人的最高愿望，是他的灵魂的生命；尽管内心朝向和谐的领域的不可抗拒的引力已无可辩驳地证明，幸福与和谐是我们真正的命运的道路，证明人是为了这些幸福的领域而生的，然而，痛苦的过去和当前现实中的灾难，是如此彻底地摧毁了人们心中的希望和信念，以致今天全世界都把普遍的幸福看作是美妙的梦幻……真是怪事！人们让你去研究一个根本无法解决的难题，去探讨幸福这个重大的问题！……探讨这个人人都向往和追求的幸福的大问题！

II

世人都有达到这个相同的目的要求，都有朝这个共同的目标——幸福——前进的绝对的和必然的倾向，然而有些人却不承认这个目标是人类命运所注定的，不承认人类能够达到这个目标！他们反而认为这个目标是一个空虚的幻景，认为上帝之所以硬要有生命的人产生这种向往一个无法实现的目标的愿望，也许是为了让自己开心，有意按照他赋予每个人的才能和愿望的大小折磨人……

为什么人的思想陷入这个亵渎宗教的错误看法如此之深？这个明显的真理表明幸福之能实现，乃是伟大的和善良的上帝使我们心中产生的愿望的自然的结果，因为他之所以使我们产生这种愿望，不是为了使我们走入歧途，不是为了折磨我们，而是为了把我们引向和谐制度，享受无限的快乐；这样一个真理为什么被蒙上了阴影，不为人们所理解？唉！这不仅是因为群众对幸福的虔诚

信念被悲惨的日子里的巨大苦难所破灭，而且还因为宗教的智慧和感情——人类的这两大力量——在它们的发展过程中早就被那些给各种思想和人民打上运动的标记的人引入了歧途。理智本应当用作人民在黑暗中行走的指路明灯，信念本应当像以色列的火柱那样把陷入沙漠的人引导到上帝应许的土地，但它们却受到统治群众的罪恶的束缚，变成了罪恶的帮凶。这两者都在阴谋破坏人们对上帝应许的土地和人类命运的信念，把人们阻挡在沙漠里……

罪恶是很深重的，经历的时间也是很长的，而且是有惰性的，因此对许多代人的感情都起着消极作用，很有可能消灭他们对伟大的事业所抱的希望。哲学理论和宗教教条都在为产生这种坏作用出力气。宗教教条直接反对人们对幸福所抱的希望，企图彻底摧毁它。它们利用它们对人的思想的控制，要人们否认地球上可以建立和谐制度。它们把罪恶的消极影响和它们自己的积极影响结合在一起运用，居然能够做到使人们产生这种荒谬的信仰：认为罪恶（暂时的）是永恒的，命中注定的，而且是需要的；认为罪恶的根源存在在我们邪恶腐败的天性中；认为我们在世界上生来就应该受穷、受苦和伤心落泪；认为在这个世界上，人类的智慧和科学就是用来抑制上帝使我们心中产生的愿望，束缚灵魂的憧憬，让我们听天由命地生活。

III

这种对于人和命运的极其荒谬的错误看法，已经结出了许多致命的恶果。世人的怀疑和自私行为就是由它产生和传播的。

关于哲学和宗教的各种学说（到我们这个时代为止，这些学说尽管形式不一，但实际上都是以这个共同的错误看法为基础的），我们要指出的是：正如它们之根本不能扼杀人对他自己的幸福的向往和爱一样，它们也根本不能向人展示整个人类的幸福的希望，结果必然使每一个人自私自利地单独去寻求他个人的幸福。

人类的幸福，大家的幸福，共同的幸福，社会的和谐制度……这全是梦呓！相信这些，就等于是亵渎宗教，是发疯。但是，人总归是人，总希望享受幸福（在这个世界上或在另一个世界上享受，都没有关系）。要怎样才能做到这一点呢？啊！伟大的上帝！要做到这一点，只有自私自利，除了自私自利以外，便没有别的法子；这就是说，个人追求个人的幸福；真正聪明的和实际的行为准则是：为自己，顶多是为自己一家人，寻求这个世界上的幸福；使自己和自己一家人在这个世界上过好日子；或者，再进一步自私自利，为自己做好来世得救的准备，也就是说，为自己在另外一个世界上的个人幸福做好准备。

至于整个人类在这个世界上的幸福，或整个人类在另外一个世界上的得救，按哲学家的理论说，向往这些东西，就是发疯；按宗教的教条说，相信这些东西，就是亵渎宗教。哲学家和教士通力合作，一起来否定：哲学家从人类理智的角度来否定，而教士则从上帝和信念的角度来否定……

是的！世界上的人与上帝有至高无上的和谐的联系，人类可以得到幸福，人类美好的命运是要在地球上实现富裕、爱、团结和普遍的至福，有一个创造的天地，能够由地上的幸福进而得到将来的幸福和光荣，得到永生，所有这一切都是虚妄的和受到谴责的！

对上帝治理这个世界的虔诚信仰，祝大家都获得幸福的圣洁愿望，这个世界的永恒的智慧发出的光辉，神圣的憧憬……这一切都是魔鬼设置的陷阱！因为对“上帝治理这个世界”的信仰，是一种邪说……表达这个信仰的词句，都是亵渎神明的；要寻求实现上帝治理这个世界的手段，便和泰坦的妄图反叛上帝并无两样！

你们看出了宗教教条必然导致的后果吗？为了在这个社会上实行上帝的律法而努力工作，被说成是对上帝的反叛！上帝对社会的治理，将给人类带来在地上的幸福，而宗教教条却说上帝不愿意在他使之陷入悲惨和痛苦的世界上出现幸福。还有什么东西比这种看法更荒唐和更矛盾的？

宗教教条就是这个样子；它从古老的时候起，就钳制人的智慧，掩盖命运的自然的呼声，掩盖这个给一切来到世间的人照亮前进道路的光，阻碍人类的天才去发现这个美好的命运，不让人类去寻求达到这种命运的道路，而且还硬要人类相信一切关于美好命运的说法纯粹是幻想①。

IV

说罪恶是上帝决定要永远强加给这个世界的，说遭受苦难是上帝给这个世界制定的律法，涤罪和获得拯救是必不可少的手段：

---

① 一位明理的读者在这里不免要谈一点重要的意见：既然一开始就否定在世界上有实现普遍幸福的可能性，认为上帝是绝对愿意罪恶在世界上永世都有，这种看法是荒谬的和亵渎宗教的，那么，根据后来的结果，逆行推理，反对这种可能性，每天都重复这个论调，那就更没有道理了。有人说：如果人有一个可以得到幸福的命运的话，那他早就找到了。唉！一直到我们这个世纪都从未有人去寻找过，甚至还根本不相信，又怎么能找到它呢？

这个可恶的宗教说教，和基督的精神与教义是绝端矛盾的。基督希望人们组成一个亲如一家的社会；希望人与人之间，以及人与上帝之间，彼此相爱，团结一致。理想的社会是一个幸福的社会，这个社会的实现，是他的教义、神圣的献身和牺牲的目的；因为，如果没有普遍的幸福，就没有普遍的和平、普遍的正义和普遍的爱。很显然，在一个人人讲道德、彼此相爱并为大家的幸福而劳动的世界上，在耶稣向往的世界上，是没有社会的罪恶的地位的！基督的崇高思想，如同人类的一切高尚的思想一样，与这个关于罪恶的宗教说教是直接矛盾的。如果基督的愿望已经在人类社会中得到了体现的话，这个宗教说教也许早就消灭了。从人们用后来由傅立叶发现的手段实现一千八百年前耶稣为之献身牺牲的伟大愿望（傅立叶也是为了实现这个愿望而遭受苦难，直到最后死去的）之日起，这个宗教说教就会一去不复返的。

如果各种痛苦和灾难是上帝强加给我们的，如果他喜欢我们受罪恶的折磨，如果我们只有听天由命地受尽种种痛苦之后才配站在他的身边，得到他的恩宠和拯救，如果上帝把在地上享受幸福看作是对他的意志的违抗，那么，慈善就成了一种可笑的不合逻辑的事情。给你的受苦的兄弟以帮助，这等于是助长他的软弱，等于是夺去了他得到拯救的机会和手段。如果你要减少世界上的罪恶，如果你要使世界上充满财富，用快乐代替贫困和牺牲，你就是魔鬼当中最阴险的魔鬼，是人类最大的祸害！因为你在引诱人，夺走了他得到拯救的手段。你在你的兄弟身上花用的财富，你热情的慈善行为给他们带来的快乐，在这个世界上享受的幸福，都将激怒上帝，并有损于你的兄弟的幸福。你在世上做的好事愈多，你造的恶也愈大。慈善行为愈接近它的目标,愈能巧妙地和有力地使人得到幸福,则它给地狱(据可怕的宗教教义说,地狱是永恒的!)准备的牺牲品也愈多。所有这些,就是这种教义造成的结果!谁相信这种教义,谁就会遭受这些可悲的结果。世人的愚昧和骄傲,竟使基督的教义变成了这个样子!

慈善是心灵的流露,是基督要求人们做的事;虽说它不顾这种由错误的思想铸成的教义的反对,得到了发展,但这个教义还是有足够的力量把慈善限制在极狭小的范围,只让它采取一些微不足道的行为,主要是个人的和零星的慈善行为。实际上,这种教义已经把慈善降低到只搞一些向人施舍的事,搞一些损害人的尊严的施舍!施舍财物,显示了一个社会的野蛮状态:穷人和弱者没有人管,只好屈辱地接受这种败坏人的个人施舍!这样的施舍,在感情和原则上尽管是好的,但它对社会的坏处多于它的好处。它给一场火灾上洒几滴水,结果反而使火势愈来愈大。施舍和公众的慈善行为(慈善行为也被限制在个人做了,因为它的目的只是在暂时减轻个人的痛苦),不仅不能减少堕落和贫困的现象,反而使它愈益滋长。

慈善行为,真正的教义和真正的哲学应当提倡的慈善行为,遭到从前的教义和哲学制止的慈善行为,是高尚的,明智的和广泛的,是社会的慈善行为;这种慈善行为并不排除在必要的时候由个人去做,然而它要使人们在心中认识到它要达到的目的是:改良社会,根除一切贫穷、弊病和痛苦的现象,最后消灭造成罪恶的原因。这才是基督教导的促使人类的天才去寻求社会幸福的热心的慈善行为;如果对善的信念,对上帝的信仰和希望,战胜了这个令人绝

望的和制造罪恶的教义(它坑害这个世界,并把它交给魔鬼),基督教导的慈善行为早就把通向幸福的道路打通了。

当那些给这个教义披上神秘的外衣的诗歌在人民当中广为流传的时候,它们至少是可以用来使人们认识到,应当做一些有道德的和牺牲自己利益的行为的;今天这种诗歌已不再流传了。地狱和地狱的恐怖情景,在那些疯狂地替这个教义辩护的人的心目中,已经不当一回事了;被卷入自私自利的风暴中的人,满脑子装的是他的利益和财产,拼命为他自己的幸福奔波,根本没有想到这种幸福将使他失去永生……在涉及个人的问题上,人人都把这个教义完全丢掉;而在涉及社会的问题上,却正好相反,人人都死抱着这个教义不放,虔诚地奉行这个能为他的自私行为提供合法依据的教义。请问:自私自利的人,是怎样一种人呢?——是这样一种人:他按照这个给人类带来不幸的教义行事,一方面把他兄弟的幸福,把社会的幸福,通通置诸脑后,另一方面却拼命为自己争夺财产,争夺个人的幸福和个人的利益……

V

是的,这些人都是最热衷于积攒个人财产的人,他们只有一门心思,只有一个目的:使他们和他们的家庭免遭普遍的苦难,并且在他们为一己之私构筑的窝中堆满种种舒适和享乐的东西……疯狂地鼓吹什么在地球上社会的罪恶是必需的,正是这些人!他们当中,有些人厚颜无耻地对你说:要为所有的人实现他们拼命为他们自己实现的东西吗?那是办不到的;还有些人又说那是亵渎宗教的!对于你提出的使人人普遍享受幸福的问题,这些可恶的自私自利者就用基督的话来回答你，用热爱人类并因之而被他们钉死在十字架上的基督的话来同你辩论！

这个由罪恶所产生的而且必然给人带来不幸的旧教义，已经浸染了一切哲学理论和宗教理论，并且把它们当中最纯洁的理论都败坏了；它几千年来束缚着人的智慧，它否认在这个地球上可以实现和平、团结、秩序、和谐、上帝的意志和人的幸福，它硬要我们永远贫困、犯罪、流血流泪和遭受苦难。这个教义把制造罪恶的魔鬼撒旦拥戴为这个世界的合法的君主，使人人自私，除了他今世和来生的个人的幸福以外，便没有别的目的。

根据这个教义所产生的主张，在今天已成为一切自私自利行为——个人的自私自利行为，党派和阶级的自私自利行为——的共同理论。这是他们重新集合的原则。它已经变成了自私自利的宗教信仰（如果我们可以把这两个词放在一块儿用，我们就这样称它）。

这个教义的最终影响虽如此之坏，但还是有许多值得尊敬却缺乏远见的人在今天或者用散文或者用诗歌，在他们的宗教的、哲学的或伤感的文章中加以描述。多么荒唐！啊，诸位散文家，诸位诗人，你们还在如此晦气地利用这个老掉了牙的陈词滥调；请允许我提醒你们：你们这样做，是做得很不聪明的。你们过去和现在的实际经验，已经向你们表明：如果使人们认为社会的罪恶是一种需要，用诗歌或散文散布什么大众的幸福在世界上无法实现的论调，那么，你们是必然会使自私自利的行为愈来愈重的。我再说一次，既然你们使人认为普遍的幸福是无法实现的，则他除了追求他个人的幸福以外，还有什么其他的东西可追求的呢？既然普遍的罪恶是一种永恒的需要，那么，一个人使自己和家人尽量避免这种普遍的罪恶，难道不是很明智的行为吗？为全人类的幸福操心，为社会的幸福操心，岂不是发疯？如果这种幸福只不过是一场梦幻，那么，不惜自己的生命去寻求它，岂不是发疯？

啊！不幸的人们！你们要宣称，用你们绝好的口才和精力宣称：幸福在地上也如同在天上一样，是可以实现的！地球和天一样，也是属于造物主上帝的！在软弱、无知和苦难的时代之后，接踵而来的，必然是力量、光荣与和谐制度的美好的日子！如果你们要我们为我们的兄弟的幸福而献身工作的话，你们就要对我们说：我们的兄弟的幸福是可以实现的！

宗教家、哲学家和诗人们，在你们宣传的思想体系中，你们散布自私自利；你们替它辩解的时间，已经是够长的了。现在要启迪人类的献身精神和爱：为一个伟大的目标而献身；要阐明对人类的爱，并不是一种不结果实的空虚的感情！你们要懂得，并使你们的兄弟也懂得：在人类面前有一个光辉灿烂的未来；现在的这一代人为它工作，是光荣的，虽说只有后代的人才能享受。宗教家、哲学家和诗人们，如果你们在人们当中传播这个对人类命运的信念和人类对幸福的神圣愿望，这个信念和这个愿望将使人们的心中产生一种强烈的慈善心，自私自利的行为将找不到任何借口，也无处躲藏，再也不会像今天这样披着理性和智慧的外衣；它将现出丑恶的原形，使世人感到害怕；这些道理，你们还不明白吗？如果你们不愿意使人们相信他们的努力将收到成效，如果你们既不让他们对现在抱任何希望，又不让他们为未来作出牺牲，你们就赶快停止说那些令人发笑的反对自私自利的话，因为你们的散文和诗歌导致人们认为只有自私自利是明智的，而献身精神是骗人的、幼稚的、荒唐的和愚蠢的。

远在我们的历史时代开始以前，古老的东方的宗教就有关于人和世界都将变坏的说法；这种说法传到了许多国家，使一切哲学遭到败坏，宗教染上恶臭，世界各地的社会天才遭到失败，人类两千多年来偏离了上帝指引的道路。在与这个宗教教条作斗争的时候，我发现，人类的智慧现今还普遍受到这个教条的束缚，因为，关于社会幸福在地球上不可能实现的说法，尽管已接近于消失，但今天在世界上还是很有力量的，因为它同自私自利的行为相结合，就使这种行为有了正当的理由，使它愈来愈严重。

VI

由于各种罪恶在世界上的长期影响，由于一些错误的理论和为害人类的教义，从世界还处在摇篮时期起，就被神权政治用来为它自己的统治服务，为愚昧无知的人所接受，在传统的长河中一个世纪又一个世纪地流传，渗入了各种哲学的或宗教的思想，所以聪明的人现在还拒不相信人类的命运。人类的天才，在天性的内在的力量推动下，向有和谐的引力吸引他的领域前进，在最近这三个世纪中获得了光辉和重大的成就，然而这些辉煌的胜利都没有发挥什么作用：我们徒然用科学征服了大地并飞上了天！

怎么！人，这个地球上的虫，上帝创造的生物，你们喜欢说他软弱、卑微和可怜；他被扔在一个可诅咒的世界上，是为了做大自然的力量的奴隶，作它们混乱的运动玩弄的对象，而且心胸狭隘，互相摧残；如今，这个软弱无力的生物竟驯服了可怕的大自然的力量，控制了它们的行动，使它们俯首听命，为他的需要和快乐服务！在这个可诅咒的世界的深谷中，荆棘将刺破他的脚，使他的脚流血不止！现在，这个注定要被荆棘刺伤的生物，要把荆棘砍掉，或者用嫁接的办法把它加以改造，要它的皮变柔软，要它的枝结甘美的果实！人在他被流放的地球上，在哪里做出聪明的行为，哪里就开放鲜花，生长小麦，修筑运河和平坦的道路，建立人口众多的城市和豪华的宫殿。如果我们挖开这个被诅咒的地球上的山，你将发现里面装满了财宝。总之，无论从哪一方面看，这个流放地都是一个可与天堂媲美的地方。

人有力量治理这个地球，驯服江河，让世界上到处鸟语花香。他能够使土地为他献宝，大自然的力量为他服务。他的话，天地万物都要听，都要服从。在世界上，一切都要听人的支配。人还探索了天空，绘制了天空的图，认识了它的规律，计算了它的运动；它测量了天空中的各个星球，对它们进行了相当详细的观察，取得了很完备的知识，甚至可以和它们通消息……在三个文明的世纪中，他在地球的一个小角落上所做的事，与上帝召唤他做的事相比，显然是微不足道的；然而他手中的工具每天都在大量的增加，他能那样巧妙地制服了大自然的力量和世界上的事物，掌握了距离和时间，以致他再也不能限制他的雄心和欲望了。

你是根据这些迹象来认识这个堕落的人吗？你是这样来评判这个成为残酷的上帝诅咒的对象的人吗？这样来评判这个被流放在悲惨的赎罪之地受苦受屈辱的人吗？我，我根据这些迹象发现了一个国王和一个王国，我要赞颂上帝的真正的意志：他用人来治理这个地球，他鼓励这个年轻的国王，要他戴上王冠，掌握好统治的权力。

你们谴责上帝，说他希望人在世间受屈辱和苦难。你们这些人要当心！因为人在世界上不久就会胜过上帝了！当人类还处在柔弱的幼年时期，你们有辱上帝的教义还起作用；那时候，人以为上帝是一个长着大胡子的老师，一个粗鲁的暴君；他害怕这位暴君，在这位暴君面前吓得发抖。然而，对于在体力和智慧上有很大长进的人来说，你们的教义一点用处也没有，因为有力量和智慧的人了解他的父亲——上帝，他衷心爱上帝，不仅不怕，反而希望有一个上帝，期待着上帝的来临。

VII

这个谴责世界，不让世界有普遍的和谐的教义，它产生的原因是很容易找到的：在世界各地（特别是在古老的东方）盛行的哲学和宗教思想中都可找到这个教义的根源。人类的堕落，上帝的愤怒和对世界的诅咒，是一切关于罪恶的起源的传说的依据。摩西在他对希伯来人宣布的律法中，对古老的东方的这种论据作了重大的修改。

耶稣想用一条新的律法来代替摩西的律法；他在对待摩西的律法方面，总是采取替换的方式，而不是把它推翻。此外，摩西给希伯来人确定的信仰，经历了一个东方的教义未曾经历过的发展。实际上，耶稣的目的，是以和谐制度来实现人与人之间和人与上帝之间的联合。这个崇高的目的的实现，将给世界带来幸福，从而彻底否定东方的教义关于罪恶在世间永远存在的说法；不过，即使实现了这个目标，也只不过是实现了对犹太人的应许：结束创世的上帝在亚当违反他的意志之后用来惩罚世界的暂时的厄运。

基督的说教，他关于慈善和爱的戒律，向我们启示了人类应该怀抱的目的；但是，单单靠这些东西，还是不能够马上使世界到处实现慈善、爱与和谐的；基督的说教与戒律也的确没有做到这一点。耶稣对这种情况不是不知道的；他从来没有说过什么话表明他对这一点抱有幻想。他深深知道，他还没有实现他对这个世界的治理，实现的日期还没有到来[①]。他的工作是：指出这个目标，并准备迎接以爱为特征的时代即团结和社会幸福的时代的到来。要使希望和爱的教义代替旧的诅咒世界的教义，有赖于他的言论的以后的发展、他的理论的逻辑力量和他的思想向着他的目标的迈进。因此，他既不研究什么宇宙起源论，也不研究狭义的神学；他唯一无二地只研究宗教的道德。“你们要互爱，像兄弟那样相爱，要行真理、正义和爱，这样，你们就可以走上天上的父指引的道路，配享他的恩惠。”基督的教义的全部精华，都归纳在这句话里。

VIII

但是，在耶稣之后的人使基督教在历史上发展成这个样子；他们逐渐逐渐地忘记了老师的话和老师的思想。他们根本不懂得：在教义和神学上应该有一个与新的道德相应的发展；既然旧的律法，严厉的和残酷的律法，被耶稣改变成慈善的、宽容的和爱的律法，则律法的改变也要求教义有一个相似的改变；严酷的和令人恐怖的教义，诅咒的教义，对人感到愤慨并全身武装的神的教义，应

---

① “我的国还未来到地上。”（《约翰福音》第八章第三十六节）

当为希望和爱的教义所取代，为祝福的教义，和谐的和人的幸福的教义所取代，为无所不能的、希望通过美和魅力实现他和人类的协调一致的神的教义所取代。如果在这个观念与旧的观念之间有一个太大的距离，就应当按照耶稣的思想宣布：原始的诅咒的时代即将结束，世界将由于耶稣的律法的实现而得救。

这个教义应当改变的必要性，并没有为所有的人所懂得；这是不足为怪的；这种情况，只要对基督教形成的几个时期动脑筋研究一下，就不难找到其原因的。由于篇幅所限，我们只好很遗憾地在这里对这些原因不加论述；在那些产生不合逻辑的言行的诸种原因中，我们只指出一个其影响容易为人们所理解的政治原因。这个原因产生于新的教义对基督教必须在其中发展的社会的权力所采取的立场。基督教之所以形成为教会，自然是由于在初期为了尽量避免和世俗权力进行一场力量太悬殊的斗争，把世俗权力所管的范围和宗教的范围分开。由于世俗权力管辖的范围就是这个世界，就是当前这个世界和文明社会，所以新的教义便只能管精神领域和另外一个世界了。为了能更加自由地发展，新的教义同意缩小它的范围，限制它的地盘。为了使恺撒不产生合乎逻辑的担忧，教会便做出了一个极不合逻辑的决定：在原则上不侵犯他的权力，神的教义不侵占他的领域。这本身就是很荒谬的！因为新的教义是绝对真理，它应当包括一切；既然新教义是上帝的律法，那么，出于这样或那样政治上一时的权宜之计便对上帝的律法说："上帝的律法，这是你管的范围；上帝的律法，这是你的界限；上帝的律法，你扩展到这个界限，就别再超过去了！"这样说法是很幼稚的。上帝本人不可能给自己规定这个界限，因为上帝既然被认为

是“一切事物的最高主宰”，那么，从任何一个事物不再受他实质上是无所不包的和绝对的律法约束之时起，上帝也就不成其为上帝了。

我们刚才所说的政治上的原因，连同其他一些我们在这里无法加以论述但其影响却更为深远的原因，终于使政教在理论上分离。这样一来，必然的结果是：不受上帝律法制约的世界，处于上帝的教会之外的世界，一定被看作为，而且实际上已经被看作为撒旦的领域。撒旦在教义中是真正有的，而且比从前的宇宙学描写的撒旦更为强大，因为基督教已把这个世界永远奉送给他，让他合法地占有这个世界了。值得注意的是，这在摩西的教义中是从来没有讲过的。摩西的教义主张社会的法律和宗教的律法相结合，不赞成政教分离，把世俗权力交给罪恶去行使。

由此可见，基督的门徒根本没有使旧的教义经历这个与传统和耶稣的教导都符合的新的道德规律所经历的改变，没有向人民宣布重新得到上帝恩惠的日子即将到来；相反，他们又陷入了异教的教义的统治。他们不仅没有和耶稣一起走到摩西的前面，反而落在摩西的后面了。

IX

实际上，摩西已经把世界引上了入门的第一个阶梯。古代的宗教告诉人们绝对存在着两个本原：善的本原和恶的本原；这两个本原对世界的作用是永恒的。摩西使后一个本原处于次要地位；他告诉人们说：只有一个相对的和暂时的存在；在天堂般幸福的原始时期，善在地球上占统治地位；原始的和谐在地球上已被打乱，但终有一天还会再次出现。摩西向他的人民讲述了恶在世界上诞生的历史,同时也宣布了它的终结。他预言人类将重新得到上帝的眷顾,上天的诅咒和愤怒将停止,世界将得救。这个世界,犹太人从来不认为它将被排斥在得救的行列之外;只不过犹太人太自私和粗野,认为上帝应许的拯救世界,除了他们对世界各国人民的胜利和统治以外,不可能是别的东西。

如果耶稣基督之后的教义学家、玄学家和神学家,也像他那样纯真,按照他所指引的方向,按照他的思想行事,他们也许就会把由摩西开始的对旧教义的改革继续进行下去了。如果他们把摩西的教义的语气改缓和一点,加上善、希望和爱,并指出只要地上的人实现新的律法的规定,天上的愤怒就会平息,他们就可使人民懂得:按照耶稣的教导,不应当把上帝应许的救世,理解为犹太人对世界各国的实际统治,而应当理解为在世界上建立和平,使各国人民融合成一个人类大家庭。不存在任何与《创世记》决裂的问题。摩西许下了救世的诺言,从而打开了未来的大门。为了按照传统,按照摩西与耶稣的启示行事,人们应当走这条宽广的大路,而不要在救世说上钻牛角尖,把它弄得面目全非。我在这里提请读者注意这一点。

X

耶稣的教义,旨在使人与人之间彼此相爱,和睦相处,并与上帝在一起。这个目的得到实现的时代,就是耶稣所祈求的时代;这个时代的社会,就是他的国。很显然,人类的得到拯救,重新得到上帝的眷顾,善再回到世上,地上重新出现和谐,上帝停止诅咒,所有这些,只能在而且必然在人与人之间和睦相处并与上帝在一起这条耶稣的律法得到实现的时候,才能成为现实。耶稣告诉人们,上帝的律法是:他们彼此之间应当像兄弟那样相爱;他这句话的意思,当然不是说这样做人就解除了罪过,也不是说只要他这么向人们一讲,用生命证实他所说的话,就可以拯救世人。如果这样理解,那是荒谬的。耶稣的意思是:如果人(指人类,而不是指这一个或那一个个人)实行他(指耶稣)所宣布的上帝的律法,人就可以得到拯救,并实现人与上帝的和解。我再说一遍,他不是不知道事情并非他一说之后就能立刻实现的。他当然明白,要经过一些时间之后,这个世界才能成为他的国,人与人之间才彼此相爱,实现人类大家庭的团结,进而实现和平、和谐与幸福。耶稣向世界宣布上帝的律法;很显然,世界的拯救,只能够在世界实行了律法之后,才能实现;单单宣布上帝的律法,是不可能实现世界的拯救的;世界的拯救,是耶稣基督到来之后的结果,是实行了他的教义之后的结果。这一点,头几个世纪的许多教士是懂得的。

XI

走来了受过东方哲学培养的博士。这些人既不懂得耶稣的话,也不了解他的使命的意义。他们不仅不告诉人们:世界的拯救,是实行这个新的律法的结果,是正义和爱占据统治地位的结果;反而说什么耶稣的到来和他的牺牲,就是拯救世界的开始、结束和完成。耶稣用他的生命表明了慈善、正义和爱的伟大愿望,普遍实现了这些伟大的愿望以后,方能进而实现世界的拯救。耶稣的门徒不遵照耶稣的话,不按照他的精神、目的和上帝的律法行事，不从耶稣的言论和思想来理解：只有人类实行了上帝的律法，才能实现世界的拯救，因此，以为耶稣一牺牲，世界就得救了。

由于什么原因，耶稣的门徒在失去了他们的导师的指引之后，会产生这些错误；这个问题是很容易明白的。不过，这些重大的错误是一开始就有了的，基督的教义是一点一点地被这些错误败坏的，神秘主义和钻牛角尖的倾向终于代替了创始人的话特有的高尚的和朴素的理性和神圣的良知。

还有什么东西比真正来自耶稣教导的救世说更鲜明和更美的呢？原始的和谐在一个堕落的时代被打乱了；从这个时代起，物质的和精神的罪恶遍布于世界，人们受尽了痛苦。但是，上帝向人和世界作出了一个重大的许诺：失去的和谐有朝一日将重新出现；人和世界将从罪恶中解救出来。耶稣将使人们找到救世的条件：他将告诉人们，罪恶的消灭和善的建立，是和这个体现全部律法——你们要彼此相爱——的伟大戒律的普遍实践结合在一起的。

这些道理，是既鲜明和真实，而又很精深的；应当说明，这是神的话；它告诉沦入野蛮状态和走上自私道路的人们：世界的拯救和人类的幸福全赖人类的团结，全赖他们的彼此互爱。在救世说中，没有任何含糊不清的地方，也没有任何神秘的地方："当你们在地上建立了上帝的国，行他的正义的时候，你们就将解除罪过，上帝的恩惠就会降临世上。现在，你们在彼此相恨，用诡计和暴力互相争夺；你们个人与个人，民族与民族，国家与国家，互相争战，用压迫和不正当的手段占有财富和享乐。我，我来告诉你们：你们这样做，将使恶事在地上永远存在，因为，你们只有在地上行上帝的律法，彼此相爱，才能使世界摆脱罪恶，重新得到上帝的眷顾。"这段话，说得多么透彻啊！给遍布世界的野蛮的部落和自私自利的腐败的人的启示，是多么清楚啊！

人类一直是在战争和压迫的道路上从事活动；应当告诉他们：现在是转向慈善和正义，走上一条新的道路的时候了；应当告诉人们：他们的拯救，个人和人民的幸福，以及上帝的恩惠，用暴力是永远得不到的，必须通过爱，通过人类大家庭所有成员的团结，才能取得！

耶稣宣讲上帝的律法，宣讲救世和幸福的条件，从而向一直从事战争的人类指出了一个新的目标。这个目标，过去是，现在仍然是，真正的目标。他的使命就是实现这个目标。他激励人的思想和人的心。他把人引向拯救的道路；他在谈到他如何取得这个国时，他用强大的宗教力量的发展来鼓舞人，向人类的天才说："你们去寻找，你们就会找到；你们敲门，门就向你们打开。"

啊，基督！光荣应该归于你！这不仅是因为你是最崇高的典范，是爱的最纯洁的表现和完美的体现，而且还因为你向我们指明了道路，指出了目标；在那个希望得到拯救的人民把它粗暴地解释为用势力奴役别人的时候，你使各国人民找到了救世所需要的神圣的和唯一的条件。

XII

耶稣给世界带来了一条新的律法，向这个到处是腐败的征服者和遭受苦难的堕落的奴隶的世界倾注纯洁的爱的光辉，灌输人类大家庭团结一致的感情，希望在将来实现正义和团结；他不割断宗教的传统，他倾全力于这个诺言的实现。他打开了实现的道路，他不愿意破坏宗教律法和社会规律的古老的结合；相反，他希望通过宗教传统的发展，通过宗教律法的转变，实现社会的转变。

这是无可辩驳的，是他的言论和他的教义的特点本身所必然产生的；这一点，对那些善于理解这个特点的实质的人来说，是非常清楚的，因此，他们将按照耶稣的讲述，区别哪些是当前应用的教导和带给暂时受苦的人的暂时安慰，哪些是着眼于未来的绝对的教导。

我们要着重强调一下，请读者充分注意后面这段话：在耶稣制定的团结、爱与和平的教义取得后来的发展和找到实现它的形式、道路与方法之前；在它从潜在的和精神的存在过渡到实际的和社会的存在之前；在它为人类普遍实践之前；在它最后在人类当中具体体现（在它被宣布一千八百年后的今天尚未做到这一点）之前，从它被宣布到最后得到实现的这段时间中，世界上将不断出现悲伤和痛苦的事情；这一点是肯定的。耶稣在把他的思想传授给他的门徒时，在把发展他的思想的神圣而艰巨的使命交给他的门徒时，在把他们派到这个血腥的世界（他的思想终有一天将使它完全改观，变得很干净）去传播他的思想时，他应当使他们对于在世界的道路上可能遇到的巨大障碍有所防备。他应当使他们的脚能抵御砾石和荆棘，使他们的灵魂经得起苦难，要教导他们勇敢地经受不可避免的灾祸，要听其自然，要怀着他们心中产生的毅力去真心实意地为他们的兄弟的幸福献身，在上帝的道路上前进。最后，他应当赞扬那些虔诚地忍受在宣讲律法和教义的道路上遇到苦难的人的功绩，宣布对那些苦难的忍受是神圣的，宣布那些为了献

身于人类而宁愿受苦也不为了追求低级的享受而做出可耻的使人堕落的自私行为的人是幸福的，是上帝的选民。“因为行我的律法而受苦的人是幸福的。”那些以天生的或锐意锻炼的毅力忍受向他们袭来的苦难的人，全心敬拜人类，为上帝的律法的发展而献身，难道他们不幸福，不是上帝的选民吗？上帝的选民和幸福的人，恰恰就是这些长着人的面孔的生物；难道他们也像粗野的动物那样，行事的独一无二的目的，只是为了他们自己和他们的物质生活吗？

耶稣应当预先看到并向人们指出那些苦难，使对苦难的忍受变为圣洁的行为，使那些按照他的律法前进的人遭受的痛苦神圣化。为实现他的律法而必须忍受的痛苦，在为了使他的律法在我们世界上实现而作的长期的和艰巨的准备工作中所必须忍受的痛苦，是不是像有些人极其可笑地认为是耶稣要人们为受苦而受苦呢？是不是为了让上帝高兴而受苦呢？使对痛苦的忍受神圣化，难道不是相对的吗？不就是他的目的，不就是上帝的律法和人类的幸福在世上的实现吗？把相对的东西当作绝对的东西，把过渡当作终止，以次要的东西代替主要的东西，把以在世界上到处实现幸福、正义、团结与和谐为最终目的的耶稣的教义，说成是一种使人在世界上喜欢受痛苦和灾难的教义，使人们认为罪恶在世界上永久存在，是上帝和他的圣徒所希望的事情，这岂不荒谬！耶稣既然鼓励人们实现神的律法，怎能不允许人们享受由于实现了神的律法而产生的普遍幸福！这种看法根本不对，这样的教义连常识都不符合。可见在耶稣的教导和思想中，人们没有分清哪些是绝对的，哪些是相对的；人们歪曲了他的思想，把他的教义搞得荒唐

可笑，不合逻辑。

XIII

耶稣的教义的主要目的是：在人间建立和平与幸福，传播正义、慈善和为人类献身的思想，使人们努力于这个伟大的思想在以后得到实现；由此可见，耶稣的教义是一种宗教信念，这个信念不仅不和人的天才相矛盾，不和人的爱好与天然倾向相矛盾，而且还和它们是协调一致的。耶稣的信念，不仅不贬低人，不挫伤人的理智，不强要人作出牺牲，不破坏人的两种高尚的表现——感情和智慧——的统一，而是致力于使人得到提高，纯洁人的心，激励人的智慧，促进人的各种力量的发展，并与最高的理智（他的信念就是最高的理智的表现）相结合。在基督的教义中，理智和信念是完全一致的。再也没有什么东西比他的教导更合乎理智的了；再也没有什么东西比他的教导要求理智在信念面前作出的牺牲更少的了。在耶稣死后，人们以他的名字创建的那些曾经使而且现在还在使基督教产生许多派别的各种教义，是这样的吗？

我们刚才原原本本地阐述了基督的思想和他的教义是怎么一回事。这是世界得到拯救的道路，人类得救的道路。这个思想对时代来说是太博大了，对从字面来接受它的人来说是太强烈了，因而不能理解其精义；唉！在基督用他的生命证明他对人类的爱之后不久，这个教义的真义便被愚昧和钻牛角尖的人弄得很晦涩，"通过爱在人类中的普遍体现实现全人类的拯救"这个鲜明的观点被抛弃，代之以"通过耶稣基督的受苦实现纯粹的个人的拯救"这个狭隘的和神秘的教义。啊！耶稣基督从来没有说过他来受苦是为了使个人得救；他是说他要用他的教义来拯救世界。他从来没有说过救世的条件，是世人再承担一种罪过，将他处死；他只说，救世的条件是：人类的一切成员实行“你们要彼此相爱”这个伟大的戒律，为了使这个戒律具有道德的影响力，他献出了他的生命。

我们在前面已经说过，我们在这里不能阐述耶稣的教义受到歪曲的原因，尽管对这种原因的阐述是很有意义的；真正的基督教的性质早就受到了败坏，如果想在福音书中找到纯粹的耶稣的教义，就需要注意观察耶稣的传记的作者的精神状态，注意到他们的眼光和他们的老师的眼光相比，是那样的差。他们的眼光差的特征，通常表现为用“神秘”代替“常识”[①]，用门徒的幻觉和钻牛角尖代替原始的教义的简明的论据。

有些人说：上帝应许的事已经完成，由于耶稣的牺牲，世界的拯救也得到了实现；而且，既然混乱和罪恶还在继续蹂躏这个世界，人们就应当按狭隘的和神秘的意义把救世理解为纯粹是个人精神上的得救，在另外一个世界上得救，而不是在这个世界上得救，因为这个世界的统治权已经移交给撒旦了。物质和精神被说成是势不两立的，东方的教义又被拾起来，照搬使用；由波斯的神话和从这种神话中派生出来的柏拉图学说，污染了基督的教义，把一潭宁静清澈的水搅浑了。把这个世界看得很轻，这个观点变成了宗教信念的基础。忍耐被标榜为使上帝感到喜悦的美德；人的天性遭到了谴责，被说成是上帝赐给人类去完成他在地上的命运

---

① 现代的人所搞的那种宗教套式，其特点，在我们看来，和这个特点是完全相似的。

的诱惑。

世俗和精神的联系就是这样被打断的；按照摩西的律法和上帝的思想建立的社会与宗教的统一就是这样被摧毁的；传统的链条就是这样被打断的；教义与人类的发展形成对立；它听任其他宗教教义的浸染，后退的距离比摩西还远，从而形成了异端和不合逻辑的大邪说，并在基督教各个学派的学说中占据上风。实际上，所有的教会在几个世纪之后都和原始的即摩西的传统完全断绝了关系，受其他教义的统治，在它们内部产生了矛盾；因为，当它们都以上帝的名义谴责人在世界上的幸福的时候，耶稣的思想也同时在发展，激励人类去实现他在世上的（和永生的）幸福与得到拯救，在世界上实现并传播正义与爱。真是怪事！基督教的教士过去说，现在还在说：（一）要诚心受苦[①]，不要去寻求世上的幸福；（二）基督教是唯一能够实现和平、繁荣与人的幸福的宗教……

XIV

在历史上的基督教中，存在着两种相反的力量，两种分歧的思想，两种互不相容的倾向：基督自己的思想，它继续圣经上的传统，鼓励人类在发展和救世的大道上前进；基督教神学家的异端的思想，它打破了圣经上的传统，谴责人的天性，诅咒人类和世界的结

---

① ［问］为什么耶稣基督出生在一个马厩里？［答］为了教导我们要爱贫穷、谦卑和苦难。基督教的教理课本就是这么一问一答的，而且这番话的意思不是相对的，而是绝对的。

合，不允许人类去占领他在地上的国。

大工业、艺术、科学和人的力量的发展所取得的成就的历史，尤其是最近这三个世纪的历史，是人类的天才[①]与耶稣的原理并肩和人们称之为基督教的教义强加给人类的桎梏战斗的历史；需要指出的是：这个把桎梏强加给人类的教义，人们之所以不得不称它为基督教的教义，是因为它是历史上的基督教教义的基础，尽管它是纯粹的基督教教义的否定，是耶稣的教义——促进人类向前发展的教义——的否定。

历史上的基督教教义遭到了直接与人的天才和推动人类去掌管世界的倾向相对抗的异端邪说的浸染，但它又不能否定摩西和耶稣，因此它不仅自己给自己制造了一个永远无法解决的教义上的矛盾，而且在实践上也产生了一个势将使教会的权威遭到毁灭的大障碍。因为，人民怎么能够对教会的行为，对它侵犯世俗的行径、它的奢侈与财富，对它贪婪的做法，与它的言论和弃绝世俗幸福的教义之间的矛盾，永远怀着崇敬的心情袖手旁观呢？教会接受了一个与人的天性相矛盾的理论，但是，只要它本身还需要人来为它服务，它就不可避免地将以它自己的行为构成与它的理论永远冲突的耶稣教教义。一个主教既然是他主管的教区中的名正言顺的精神领袖，那他理应是他那个教区中的最穷的人；如果教皇在基督教徒中是一个比主教还贫穷寒酸的人，那么，教皇便不能不成为一个丢丑的人。然而，在教会的行为与理论之间，始终存在着表

① 在标题为《在市政府大厦的三次演说》这本小册子中，我对这个问题谈得稍为详细一点。

里不一的情形[①]，甚至于最高的神职人员竟贪婪到公开拿别人的财产去做交易。这种言行不一的行为，总是一种丑事，它将使教会在道德上衰落，最后导致教会的毁灭[②]。

XV

我们所说的宗教上的异端邪说，在教会和教义中产生了两个大矛盾：

一、它们之间的理论上的根本矛盾；

二、言行之间的丑恶矛盾。

重大的问题是，宗教上的邪说使教义和人的天性相冲突，和人

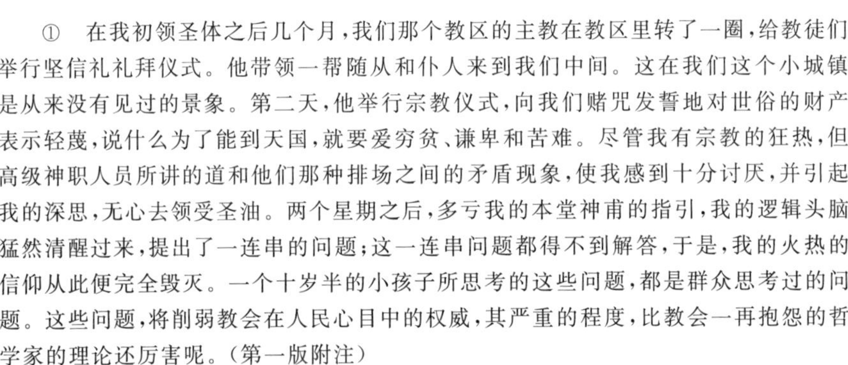

① 在我初领圣体之后几个月，我们那个教区的主教在教区里转了一圈，给教徒们举行坚信礼礼拜仪式。他带领一帮随从和仆人来到我们中间。这在我们这个小城镇是从来没有见过的景象。第二天，他举行宗教仪式，向我们赌咒发誓地对世俗的财产表示轻蔑，说什么为了能到天国，就要爱穷贫、谦卑和苦难。尽管我有宗教的狂热，但高级神职人员所讲的道和他们那种排场之间的矛盾现象，使我感到十分讨厌，并引起我的深思，无心去领受圣油。两个星期之后，多亏我的本堂神甫的指引，我的逻辑头脑猛然清醒过来，提出了一连串的问题；这一连串问题都得不到解答，于是，我的火热的信仰从此便完全毁灭。一个十岁半的小孩子所思考的这些问题，都是群众思考过的问题。这些问题，将削弱教会在人民心目中的权威，其严重的程度，比教会一再抱怨的哲学家的理论还厉害呢。（第一版附注）

② 今天人们往往以为罗马不再拿天主教的赦罪做交易，或者认为这种交易至少在法国是完全绝迹了。这种看法是大错特错了。最近有一个地位相当高的人在梵蒂冈和罗马教廷的一个红衣主教私下谈到了这个问题；他对那位红衣主教说：“好了，主教大人，如果你再搞几次赦罪的话，这笔买卖随着时间的流逝，也没多大的关系，至少在法国是这样。”“你错了，”主教微笑着回答说，“你们法国每年给我们一百多万赦罪的钱，你不了解这笔钱是作了多少次家庭和罪人的启示才得来的。”我保证他是这么回答的，值得高兴的是，这个回答使人深思：如果罗马也从赦罪上得到好处，只要它所宽恕的罪人忏悔，便对所犯的罪恶不给予精神上的惩罚，这是很不道德的。可见事情还有了发展。（第一版附注）

类的倾向与天才相冲突；结果，宗教（它有史可稽地是按照这种异端邪说建立的）竟与人争夺进步的道路，而宗教的任务乃是为人开辟这条道路……

我们的目的，并不是在这里要指责那些已经做过的事情。看问题，应当考虑到时间和环境，而且，不可否认的是，在那些因操之过急而犯这些错误的人当中，是有一些心胸开阔的人的。不过，这些错误的确是产生了可悲的结果的。如果基督教当初的发展很纯洁，合乎逻辑，符合耶稣的教义，则人的精神便会走上与世界的起源同时出现的伟大传统的康庄大道，在理智与信念的合力推动下，大踏步地向上帝应许的拯救世界的目标前进，向光荣与和谐的命运前进。由于掺入了一种矛盾的理论和一种与人的天才和发展相冲突的教义，基督教的教义不仅没有激励人类的天才，反而使它陷于瘫痪，不仅没有引导它，反而使它走上邪路。这个教义把败坏的病根带进了它自身。

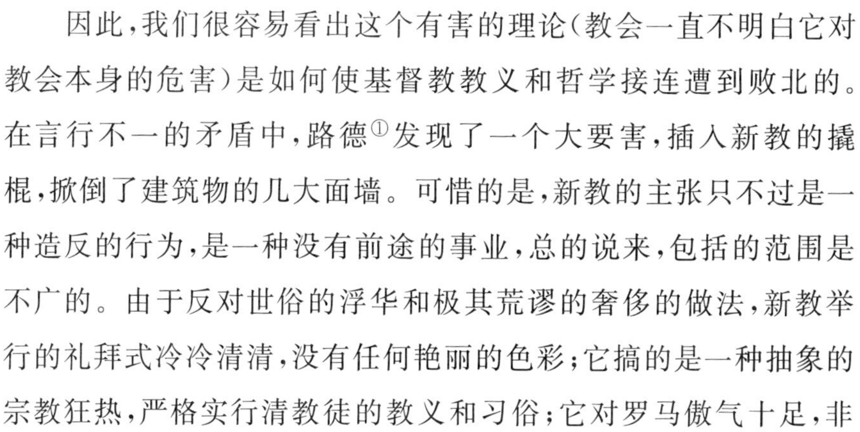

因此，我们很容易看出这个有害的理论（教会一直不明白它对教会本身的危害）是如何使基督教教义和哲学接连遭到败北的。在言行不一的矛盾中，路德[①]发现了一个大要害，插入新教的撬棍，掀倒了建筑物的几大面墙。可惜的是，新教的主张只不过是一种造反的行为，是一种没有前途的事业，总的说来，包括的范围是不广的。由于反对世俗的浮华和极其荒谬的奢侈的做法，新教举行的礼拜式冷冷清清，没有任何艳丽的色彩；它搞的是一种抽象的宗教狂热，严格实行清教徒的教义和习俗；它对罗马傲气十足，非

① 路德，即马丁·路德（1483—1546），德国神学家，宗教改革家。——译注

常憎恨,因而使诅咒世界的教义更加带上阴暗凄凉的颜色。当然,新教的确是曾经通过一次势在必行的反叛帮助理智摆脱了旧的权威,但从它本身和它奉行的教义上看,它终究不过是一种有严重的倒退倾向的分化行为。

至于哲学,它也一样,是一种分化行为,只不过它的倾向是渐进的罢了。实际上,哲学并没有看清楚未来,没有郑重昭告世人:他们是为了一个既定的命运,为了早已安排好的和谐制度而生的;哲学没有给人们带来新的教条,没有使人有这样一个十分坚强的信念:上帝在召唤他们来治理这个世界,以便使世界到处出现和平、秩序、吸引人的工作和幸福;哲学推翻了基督教对世界的谴责之词,它对人类的成就感到骄傲,它推动人们在科学和艺术的道路上前进,它赞赏人的力量的发展,激励他的力量,解放他的理智,颂扬他的天才。

很显然,当代哲学精神的运动,从高处看,人类的天才所反对的实际不是耶稣的基督教,而是耶稣的继承人的异端邪说和反人道主义的教义。事实上,教会对现代的精神有什么可指责的呢?指责它回到一千八百年前使耶稣的教义恢复纯洁吗?指责它把耶稣赋予基督教的内容全部保留下来,同时把那些有害的或荒唐的、一千八百年来败坏耶稣的永不磨灭的教导的异端邪说通通抛弃了吗?在我们这个世纪,谁在反对真正的基督教和基督的教义呢?基督给世界带来了传播和平、爱和人类大家庭的团结的教义,说这个教义是上帝的律法;为了这个教义,耶稣被钉死在十字架上。如今,是谁在反对这个教义呢?谁也没有反对。哲学采纳了这个教义,并到处宣传它。我敢肯定,耶稣基督认为符合正统教义的,是十八世纪和十九世纪的哲学著作，而不是最纯粹的天主教的神学著作。因此，在谈到真正的基督教或基督教的实质的时候，说它今天已经传播到了所有的文明人中间，说它将占有整个宇宙，这样说法是完全正确的，因为人与人之间、人与上帝之间实现和平、团结的教义，在原则上已经为所有的文明人所接受，而且终有一天将被所有那些至今还处在野蛮制度和蒙昧制度的深渊中的国家所认识。

XVI

但是，今天还不存在的，从来还没有存在过的，应当成为一切宗教人士努力的目标的，是这个思想的应用，是这个目标的实现，是注重实际的基督教的建立。在理论上，在道德信条上，我们的社会是基督教的社会，因为它认识到并承认了耶稣的教义是好的。然而在实践上，我们的社会则不是基督教的社会。基督的思想在思想领域中占上风，它已深入人心；在这一点上，哲学是起了很大的作用的，但是基督的思想并未统治社会关系。实际上，基督的思想在这方面一点也没有得到体现。我们的社会赞颂它，但并不服从它。这种情形，一点也不奇怪，因为到现在为止，天主教徒和信奉基督教的哲学家对注重实际的基督教，只是向个人做一些简单的道德上的赞颂；这些赞颂之不起作用，已经为几个世纪的经验证明了的；尽管它们千百年来传遍了世界，但只要社会的形式还继续使人的利益和情欲发生冲突，这些赞颂就和从前一样，不会产生更多的实际效果。

这是毫无道理的，很荒谬的：人们迄今还很愚蠢地老是停留在

毫无效果的个人教化上，专门向个人讲道，好像毒害个人、使个人的情欲走上错误道路并因之产生种种罪恶的社会环境，无关紧要似的！现今的社会环境扼杀道德，使罪恶丛生；在这样的社会环境中，作恶是正常的，行善是例外，有道德的人甚至不能够在一起生活，互相了解；指望在这样的社会环境中普及个人的教化，从而产生善，还有什么想法比这种想法更虚妄和不切实际的？伟大的上帝！这种痛苦的事情已经延续很长的时间了；这些大道学家真是可笑，许多世纪以来，他们把道德的水大量注入漏水的罐子里，但一直不明白，只要罐子是漏的，他们便永远无法把它装满。

如果说这种做法只是可笑的话，那还没有什么关系；但是，达拉伊德姐妹们[①]是干得那样起劲，以致使人完全打消了做有效的工作的念头。所有的力量都白白用去搞个人教化和再教化，希望把人引向善，因此，谁也不追查一下产生罪恶的根源，也就是说，不从产生罪恶的社会结构中去发现问题；这个社会结构把天生的情欲和才能引向恶，而另外的社会结构则可把它们引向善。正是因为相信了不起作用的道德论的空话，所以聪明人上了当，不努力去进行他们的工作。

要实现爱和团结的思想，就需要建立一些社会组织；然而，人们不努力于此，却唠唠叨叨地说教。

如果我们再追寻一下导致聪明人走向这个谬误的方向的原因，我们将发现，这个原因的产生，还在于受了“要把世界和世俗事物看得很轻”这个教条的严重影响。这个教条旨在使人与世界分

① 关于达拉伊德姐妹的传说，请见本书第一卷第 12 页上的译注。

离；在它的影响下，人们怎么能够认识到世界上的事物的安排和组织，是涉及在世界上出现和谐制度的头等大问题，是实现善与耶稣的律法的主要条件呢？耶稣早就指出了目标：人类大家庭的真诚的团结。人类的智慧要用来发现那种能够实现这种团结的社会组织；但这个教条却要人们抛弃和轻视一切与世界有关的事物，把基督的伟大的思想限制在一个向个人空口说教的小圈子里；然而，基督的思想只有用来引导人们的智慧去发现一个良好的组织，安排好这个世界上的事物，才能产生效果！

XVII

我们已经指出：本来是旨在促使人们提出并解决社会命运问题的耶稣的教义，是如何在其他的宗教教义的掺混下，变得毫无结果的；其他的宗教教义欺骗人们，使他们不站在社会的角度去观察问题，因而陷入懒洋洋的、自私的和枯燥无味的神秘的沉思，或者去搞那些毫无结果的个人的教化。我们已经指出：这些教义是如何运用它们对人的精神的权威阻止人类在实现他在世界上的命运的大道上前进；人的精神，在它自己的发展的本能驱使下，应当在摆脱把那些教义强加于它的教会的控制的同时，一点一点地摆脱那些教义的束缚。教会既然不愿意推翻它对这个世界的谴责，这个世界最终和它分离，就是不可避免的了。

在现代的社会思想中，世界和教会的分离在哲学著作里是有所记载的。一切不带偏见的善良的人将认识到，世界和教会的分离应唯一无二地归因于教会要顽固地保持它对世界的束缚，即保持在耶稣之后引进基督教的那些教义。实际上，现代的精神在摆脱教会控制的同时，便恢复了耶稣宣布的那些教义，并热心地把它们加以传播，尽管直到我们今天它还没有实现可以使它们具有生命并在人类中得到体现的社会发生变革。

教会和世界的分离，对遍及全欧洲的统一的权威的反叛，本身就是一件大不幸的事情；这一点，我们是不怕说出来的；这样的权威，如果了解它的任务不仅是要把一些人的灵魂从魔鬼的爪子中救出来，而且还要引导整个人类去实现他们的光辉的命运；如果它始终是走在他们的前头，掌握好人的精神，我们也许就可以避免许多大祸害、残酷的斗争和长期的落后状态了。我们的时代也许就不会遭受怀疑论的折磨，就不会经历信仰和理智的痛苦的斗争，就不会发生权威和智慧的激烈搏斗了；革命的天才人物也许就不会动摇国本和蹂躏这个大地了……当然，尽管有这种思想意识的内讧和人类才智之士的武装分裂，我们还是能够达到我们的目标。当人类听到了十八个世纪以前说的响亮的话，并由根据这种话而建立起来的权威使他知道他应当达到的目的，排成整齐的队伍，聚集在唯一强大的权威的旗帜下，一往无前地奔向他在地上的命运[①]，即有条不紊地、和谐地统治这个世界，这样的情景，多么使人高兴，多么美好啊！过去的已经过去了，未来属于我们。因此我们

① 摩西的《创世记》里充满了这个思想：人在地上的命运是治理这个世界。这个思想在第一章中说得很明确：上帝在地球上造了动物和植物以后，便照着他自己的样子造人，并授予人统治一切创造物的权力。照着治理天国并实现地上的和谐制度的上帝的样子创造的人，只有在他能统治这个世界，并使归他管理的世界上的事物纳入和谐制度，他才能实现他的命运。可见，说什么人应该看轻这个世界，把交给他管理的事物抛弃不管，这根本不是上帝的旨意；上帝的旨意是：人要施展他聪明的才能，在他统治的领域中建立并保持上帝在天上建立并保持的那种秩序与和谐。

要思考未来。

XVIII

今天，基督教教义和人的天性之间的战争的结局，是无可怀疑的。事实上，而且在实际生活中，社会已经走到了基督教教义的前头了。工业、科学和艺术，一句话：人做的工作在大大发展；如果人去学荒野的神父或中世纪的僧侣的样子，过着苦行的生活，在贫穷和痛苦中过日子，唯一的目的是让上帝高兴，是为了挣个好评，以便到另一个世界去；像这样的人，因为受苦是唯一的美德而去找苦吃，以便他个人得救，这样的人，在我们十九世纪将是一个古怪的反常的人。当然，还有一些人以为，在某些时候过穷苦的生活，就是做了值得称道的事；但是，对已经为人所抛弃的教义的这些空洞的赞美，正好表明它目前的虚弱。实际上，除了几个例外的时候之外，这些人把凡是他们喜欢的和他们的地位允许他们享受的舒适的东西都堆积在自己身边了。我看见过你们在彻夜祈祷的夜晚和四季大斋日不进饮食，但是，我却没有看见过你们抛弃你们的利益，丢掉你们对地上的财物的产权，不要财产的好处，也就是说，不要撒旦的那套排场。尽管你们斋戒，表情严肃，但我认为你们对世界上的东西是贪得无厌的，和那些不奉行斋戒的人和不穿苦行者的衣服的人完全是一样的，而且还往往超过他们！

如果说真心实意地轻视世俗的财产，真心实意地去受穷、行事谦卑和找苦吃，这两条是基督教的主要戒律，是一个得到拯救的必不可少的条件，那么，今天在社会中就找不到一个有理智的人，无论是天主教徒或耶稣教徒，都没有一个够得上说是基督徒，没有一

个人的所作所为可以使他不进地狱。的确，有些人抱着崇高的目的，宁愿自己过艰苦的生活，而要去帮助他的兄弟，而且为了使上帝喜悦，把施舍和牺牲结合起来做；我们对这样的人固然表示尊敬；但同时，对那些在思想上受无益的痛苦的迷途的可怜人表示同情，他们认为（他们的想法虽说不是发疯，但是是自私的，是有辱上帝的）受这种无益的痛苦，就可以使造物主感到高兴，并得到他的恩宠。你们大声斥责偶像崇拜——拿人作祭祀的牺牲，把人的血奉献给偶像，以求得它们的恩惠……而你们也是很糟糕的！你们保留了这个令人厌恶的教义，并且对它还有所改进：你们竟宣称，以所有一切人类的痛苦作祭品，那才是可以使我们充满善和仁慈的在天上的父感到喜悦的礼物！

天主教和耶稣教还在继续为一个过时的教义辩护，目的何在呢？为什么还如此徒劳地、笨拙地拼命把一个一去不复返的事业和阻碍社会发展的理论，与已经为现今的人们所接受并由哲学加以传播的基督教的真理联系在一起呢？这场运动把一切力量都汇集于工业和劳动（它们的实质是生产，使社会富裕和安宁；它们现在只需要有一个适当的组织，就可以使人类获得一切由他享受的物质的、精神的和宗教的果实）；在这场运动中，在教士本人就堆集了大批奇妙的艺术品和诱人的奢侈品的寺庙中，在有雕刻的花纹和绘画的金色讲坛上，我们听见有人在咆哮，以上帝的名义反对拥有世俗财产，反对享受工业制品和舒适的东西，反对豪华的艺术品和奢侈品，而且用有韵律的词句诅咒这个世界；他们像在中世纪最黑暗的时候那样，硬说这个世界是撒旦的国度！

怎么啦？如果我说你们受到了这个世界的束缚，我的话还说得不够狠;说实在的,我应当说你们在崇拜这个世界,你们在寺庙中为它建立祭坛,你们的寺庙就是它的寺庙:你们为它建立寺庙,精心供奉它,虽然你们碎嘴唠叨他说了许多空话诅咒它!在这样的寺庙中作这样的讲道,有什么意义呢[①]?你们为什么硬要这样使你们自己失去人心?为什么要用那些非常可笑的空话来损害基督对人们的教导和你们应该怀着最纯洁的心用最聪明的办法加以传播的教义?在耶稣教的光秃秃的没有任何装饰的教堂里,说教人至少保持了表面上的逻辑,因为耶稣教的教堂不像天主教的教堂那样,与教士的话大相矛盾。请注意,我们并不要求你们为了符合逻辑,就把你们的教堂改装一番,并和耶稣教一致,但是,要把你们说的话改一改。

我们完全知道,从修辞的角度看,轻蔑世俗财产的言辞,当然是一种很漂亮的说教文字,人们按照这番谴责的话,可以作出曲调最明快的乐段。这肯定是我们的传教士如此喜欢这种文字的主要原因之一。在这种材料中,有很漂亮的对偶句,有极好的戏剧效果!不过,这种效果总是那样,带有夸张的气味,属于随口说出来的虚文,很难说服人;在任何情况下,尤其是在宗教的讲坛上,是不能因修辞而使理智和常识得不到应有的表达的。没有理由要那么一直不停地向一个社会宣讲那些明明知道不会付诸实践的戒律;

① 请你到洛雷特圣母院去听一次谴责这个世界和奢侈行为的说教,并试把天主教在说教中让你眼中看到的东西和你耳中听到的话对照一下!那位教士把教堂装饰得像一个舞厅,甚至还一边说教一边让人演奏好听的音乐;他为什么不穿时髦的衣服,为什么不举行舞会,以便在跳华尔兹舞和四组舞的时候向女人们宣讲对世俗的轻蔑呢?我认为,这是一种新的**习惯**,而不是不同的**逻辑**。(第一版附注)

这样的戒律，就连传教士本人也是不会照着办的；没有任何道理要把他们负责保卫的宗教，和一个他们完全知道是一去不复返的极其荒谬的思想联系在一起。

说实在的，我们的传教士和天主教或耶稣教的著述家，他们真的以为人家会认真对待他们讲的话吗？以为一听见他们的话，就会抛弃工业，成天无所事事地去毫无效果地沉思吗？就会为了循规蹈矩而停止劳动吗？这些先生们，他们指望我们认真对待他们所讲的话，照他们的理论办事吗？他们以为他们口若悬河地那么一说，每个人就脱离世俗，把工作、生产、艺术和社会生活、力量、财富与进步所需要的一切东西通通抛弃吗？如果按照这个轻视世界和世俗财产的荒谬的教义行事，人不再把他的体力和智力用之于上帝使其土地肥沃以生长养活我们的东西的大地，社会还能存在吗？

怪事！这些先生们规定的条文和教义，要是严格执行的话，将使我们的社会土崩瓦解，完全毁灭。如果我们都完全照着他们那样做，我们这一代人就会饿死，就会苦死和穷死；这一代人对于自己痛苦地、慢慢地和虔敬地自杀还不满足，还要生一代人来接着这么做，因为，据他们的教义说，绝对的禁欲比行圣事而正当地联合更能使上帝感到喜悦！

诸位传教士，上帝关于人的律法，是写在人的天性中的，是写在人的心灵的精神美和身体的器官中的。如果上帝要我们去实行一些与他制定的有关我们的存在的律法（为了实行这些律法，上帝给我们制造了各种器官和天生的爱好）相冲突的律法；**如果他使我们产生欲望，并赐给我们一些器官去实现，但与此同时，他又不愿**

意看到我们实现他使我们产生的欲望，并因为我们想实现这些欲望而惩罚我们，那他将是一个最荒唐的上帝，是暴君之中最可恶的暴君。如果你们希望你们的兄弟尊重你们的教导，如果你们还想对他们发挥正当的影响，你们就要想办法不使上帝陷入可悲的矛盾；因为有了这些矛盾，我们将不承认你们为神圣的理智的真正解释人。如果你们这些本应该启迪和指导本世纪的理智的人，竟不如本世纪的理智好，那么，本世纪的理智将带着理所当然的轻蔑的微笑，从你们身边走过，而你们的权威，尽管在当今世界的有利条件下可以恢复昔日的光荣和强大，但终将消逝的……如果你们向上帝在地上的儿女宣讲自杀，向已经成长起来并感到自己有力量的人类宣讲自杀，那么，你们自己也将自杀的；这一点，你们还不明白吗？

应当向宗教当局和政府当局说明：你们是既不能驯服也不能征服这个世界的，你们只能治理它。你们要治理它，就必须了解它的真正的生活，了解社会的现今的实际生活，并按照它在物质和精神方面的发展情况行事。如果你们盲目行事或一味固执，墨守一去不复返的过去的错误的旧形式，你们的教堂就将变为一个活跃的人口稠密的城市中的空坟墓似的东西，而新的教堂，活人的教堂，必将在死人的坟墓旁边建立起来；因为宗教观念是人类善良天性迫切需要的，是不会在社会中消失的；而社会，无论在宗教上或政治上，即使人们拒绝满足它的需要，它最终是会自己满足的。

一场由于良好的社会生活的发展而不可避免地非发生不可的变革，由旧权威使之发生，岂不是比让它与这个权威作对，或者与旧权威并立、不接受其赞助更好吗？如果你们继续向我们这个时代的人说一种不是我们这个时代的语言，一种和社会的现实生活毫无联系的语言，或者用一种毫无意义的荒谬的诅咒之词来吓唬社会，从而自行削弱你们的影响，这种变革又如何实现呢？今天的社会不是十二世纪的寺庙；巴黎不是一个隐修院，它也不想成为一个隐修院，而你们向我们讲起话来，就好像是在隐修院讲道似的！当你们待在这个并不存在的世界的时候，待在这个因循守旧的世界的时候，真正的世界不论或好或歹总是在前进、生活和活动的，不过，没有你们，没有你们的参加，没有你们的影响，不听你们的说教罢了；或者，如果人们出于一时的兴趣，为了赶时髦或为了消遣而偶尔来听一下，他们将发表意见说："这个讲道人的嗓子很好；那个讲道人讲得不好，没多大本事……"说完了诸如此类的赞扬或批评的话之后，他们便又回到实际生活中去做他们的事了。我当然不想见到教士们的话产生这样的效果。宁肯不举行礼拜，也不愿意听到他们那种没有生气和力量的假话。

XIX

你们说，罪恶的产生，是由于这个世纪的人不信宗教。

好哇！你们指责这个世纪的人的话，正好用来谴责你们自己；因为这个话提出了一个可怕的问题，要问你们一个为什么，并且会把你们问得哑口无言的……为什么这个世纪的人不信宗教？你们认为是这个世纪的人生来就没有宗教的需要，没有宗教感，没有理解宗教的能力吗？你们的看法不对；因为今天来到这个世界上的小孩子，和五百年前、一千年前或两千年前来到这个世界上的孩子没有什么不同，而且也有那样的宗教需要；在今天也有许多不相信你们、但由于缺乏他们急切想望的现实只好到教堂寻求幻影的人到你们的教堂来嘛……

为什么这个世纪的人不信宗教呢？这是因为你们没有尽到你们在社会中维护和发展宗教的职责，你们没有完成你们的任务！

真是天大的怪事，你们反倒责怪人说："这个世纪的人不信教！"

圣火已经熄灭！现在，请看那些出现在罗马人民面前的守护女灶神的圣火的贞女们；圣火就是交给她们守护的，而她们却把它弄熄灭了，或者让它在她们手中熄灭……你们以为守护女灶神的圣火的贞女们是像被告、罪人或哀求者那样，显得很忧郁和后悔吗？一点也不。她们趾高气扬，对群众说起话来像原告，而且企图用"圣火已经熄灭！"这句话来谴责群众。

天主教！是的，这个社会是没有宗教的……这就是为什么社会要追问你们的原因；因为你们承担了向社会灌输宗教感的责任！你们把交给你们守护的圣火弄成什么样子了？为什么火在今天熄灭了？凡是为了完成你们的传教任务所需要做的事，社会都没有拒绝做，它已经毫无保留地把自己交给你们无所不能的上帝了！

你们把过错推给造反精神，推给现今这个时代的不信神和堕落的行为……你们回答的话，正好用来谴责和指控你们自己；这一点，你们没有看出来吗？因为，你们所说的不信神和堕落的行为是从哪里来的呢？难道不是你们造成的吗？你们占领了整个社会，牢牢控制了好几个世纪。孩子一生下来，你们就把他抓在你们的手里；孩子还没有开始吮吸母亲的乳汁，你们就给他打上你们的记印，而且一直把他管束到进入坟墓才算完事……我说得对不对？

你们神秘可怕的、无所不能的权威一直行使到坟墓之外，要清算来生的账！没有任何一个行为，没有任何一个人，能在这个世界上或另一个世界上逃脱你们。你们按照你们的习惯塑造耶稣的孩子的精神和国王的孩子的精神。你们的统治网把王宫和茅屋都罩在一起，而且笼照着整个地球！天主教！只有你才有这从未见过的可怕的权力，因为只有你才给你的理论实现了统一的和普遍可用的教学制度；今天在法国，当早已接受了你的教导的大学校给几十万人上专门的课程的时候，你也在讲坛上给三千二百万小孩子上课呢！

你把整个社会这样控制、约束和教导了几个世纪之后，还想来抱怨现今的社会不信宗教，指责世人逃避你的约束吗？尽管你对社会实行了绝对的统治，社会还是逃脱了你的统治；因为你的所作所为本来是应该给社会带来实际的好处和幸福的，但是，你的所作所为却十分笨拙，对社会实行压迫，与社会为敌。你对人类有充分的影响和权威，他们的孩子也由你教育，如果你有益于他们的生活和发展，他们怎么会起来反对你呢？如果你一贯是像在以前的时代那样真实，有益于人和行事聪明，你怎么会失去你的影响呢？如果你是无所不能的，现今浸透了当代的人的骨髓的个人的造反精神、不服管束和骄傲的思想，就不会产生了。

教会啊，教会！为什么你的孩子要掉过头来反对你？这些哲学家和他们的前辈还曾经是你的孩子和学生呢。

教会啊！你不愿意和前进的人类一道前进；你不愿意提高你自己，修改你那些野蛮的教义，或者让人把它忘掉；你不愿意搬掉你的教义在我们的道路上设置的障碍；你不愿意向在力量、理智和智慧方面已经成长的人民，向文明的、有技巧的和博学的欧洲，用一种与你在最初几个世纪用来制服哥特人、匈奴人和汪达尔人的粗野的军团的语言完全两样的语言；你打算像对克洛维[1]或墨洛维[2]时代的法兰克人讲话那样，向今天的法国人讲话，既不多讲，也不少讲，也不用另外的方式……

你说你这样做，是你的光荣，因为真理在任何时代和任何地方都是相同的，是不会因环境而变化的。——原理是正确的，但你用起来却用得不正确。真理并未改变：毕达哥拉斯、柏拉图、欧几里得和阿基米德所发现的数学定理，在今天当然和这几位几何学家发现它们的时候是同样对的。耶稣所宣布的戒律也是这样。不过，虽说不变性是真理的特征之一，但这丝毫不能说明一个谬误由于一伙人的顽固坚持就能变成真理。

XX

人如果培养得能够认识真理和爱真理，那么，当一个真理呈现在他面前，而他又理解和接受了它，那他一定会把它保存在他的知识宝库里，不会对它加以修改或把它弄糟的。这个真理的真实性，是不会因为人的聪明智慧有所发展便减少的；相反，它将在人的心中更加深刻和全面。因此，一个事物只要是真的，则人类在自己变得更加聪明的时候，是一定会认识到它是真的。这就是为什么我们所说的几何定理和耶稣宣布的戒律，今天在人们开阔的心目中

① 克洛维(466—511)，法兰克人国王，在其妻子的影响下，皈依天主教。——译注

② 墨洛维(？—458)，法国历史上墨洛温王朝的第一个国王。——译注

还依然闪闪发光的原因;它们所发的光,和人们第一次理解它们的时候是同样的纯洁,甚至更加纯洁,或者,至少是更加完善的。

至于轻视世上的事物和抛弃世俗的享乐这一神圣的教条,你们在某一个时期是很相信的,而且利用你们对没有教养的愚昧的人民的巨大的和合法的影响,再加上那时候厚厚的乌云完全遮蔽了人的命运,所以你们能够使愚昧的人们把它当作信条,加以接受。然而,你们今天还要坚持一个早已为人所抛弃的错误,认为可以万无一失地像十或十五个世纪以前那样宣讲它,这就充分证明:是你们的想法一成不变,定了型,而不是这个教条在人的自由信仰中扎下了根。只有这个教条能在人的自由信仰中扎下根,才足以表明它是正确的。

必须弄清真与假的差别。你们在耶稣的教义中掺进了外来的异端邪说。你们在一个时期可以使人们把这些东西全盘接受,但当人们的智慧——上帝的高贵的女儿——成长起来,脱离襁褓之后,它便会愈加懂得和坚信耶稣的教义的,因为它是真理,是和人的智慧是一致的;真理是人的智慧的主要食粮,而且可以说是不可缺少的物质。当耶稣的教义升起,愈来愈光辉灿烂的时候,那些曾一度假借它纯洁的光的错误的教义就将黯然失色,显得阴沉。这是和平与爱的本原,它在人类的良知中胜利地摆脱了中世纪喧嚣的、好斗的、神秘的和野蛮的思想,并在今天完全抛弃了以前的宗教的混杂不纯的东西,抛弃了柏拉图的形而上学的杂七杂八的东西,抛弃了诡辩学家和神学博士所因袭的埃及和东方的宇宙起源论和神统观;这些人在转变到基督教的时候,把这浑浊的东西也大量带进耶稣的教义中来了。

现代精神保持了耶稣的观念，保持了和平、爱和人与人之间，以及人与上帝之间联合的教义的精髓；抛弃了充满我们刚才所说的异端邪说的教义，尤其是世界永远该受诅咒、造物主对他所创造的人一贯愤恨和仇视、对根本就没有犯的过失要赎罪这类教义；认为上帝是善良的和有力量的，上帝希望人类享受幸福，让人类有更加美好的希望，并在享受符合他的地位的乐趣的过程中完成在地球上使事物臻于永恒的和谐的光荣任务，从而大踏步前进，走向更加光荣的超尘世的命运……现代精神正在向着这个闪耀着最纯洁和灿烂的希望和爱的光的新信念所指引的方向前进，它要把耶稣的教义的善良种子和其他教义的有害的东西分开。有一些民族的错误，在没有基督的有力的手阻挡它们的时候，掺进了基督教，经过了几个世纪之后便败坏了基督教教义的性质，现在，现代精神把这些错误都排除了。

按照我们所说的那些倾向行事，人类的智慧不仅不背离耶稣，反而会再次遵循他的思想，再回到纯洁的和原始的基督教。人类的智慧之所以再次遵循耶稣的思想，并不是像从前皈依基督教的希腊哲学家那样，是为了把这个伟大的思想抛进抽象的、神秘的和荒凉的领域；不是为了把它从活生生的现实中驱逐出去，不是为了把它从我们所在的这个世界送走，放到另外一个世界上去，不是为了要求它带来在我们这种使人败坏的社会条件下不可能产生任何效果的有害的个人教化，而是为了创造符合团结与和谐的思想的社会环境，把这个思想在地球上加以实现，在人类中具体体现。

我们的地球，同天上的一切星球一样，是天国的孩子，沐浴着天国的火和光。它和人类一起被召去参加星球永恒的和谐的天国音乐会。这个信念将取代那个说地球被赶出天堂并遭到上帝诅咒的骗人的假教义。这个新的信念，是一根把地球和天，把人类和宇宙与上帝联系起来的金链条。我们已经充分证明，这个信念是基督的思想的必然结果。它以他的教义的根本原理为基础，宛如从种子长出的一棵幼树一样，必将枝叶繁茂地成长，盛开着芳香的鲜花，结出甘美的果实。

因此，我们应当很高兴地认识到并骄傲地宣称：真理是绝对的，是不会随时间和地点的不同而改变的；它不仅不会因人类思想意识的增进和发展而消失，相反，它更加显得有力量和光辉，而与它同时存在在人类思想意识中的错误，早晚将被人类丢掉的。人类的智慧好比一个簸箕，也好比一个筛子。簸箕和筛子能盛装石子、泥土和谷粒；但是，筛子将筛掉石子，簸箕将簸掉泥土，最后一颗也不损失地净留下好谷粒。这件事情，做起来往往时间是很长的。人类的工作，在颠覆性时代的混乱状态里，没有一直不断地继续；它常常被中途打断，要经过很长的时间之后又才恢复，但它终将克服种种偏见、困难和障碍，最后完成的。真理的战士绝不可失去勇气，因为，如果真理的战士为艰难所屈服，则他们的事业就不可能取得胜利；这一点，对他们来说是极为重要的。

XXI

现在，让我们归纳一下我们的意思，在结束的时候谈一谈我们想着重指出的事实。

我们已经论证过，人类的智慧在接受了有关上帝、世界、人和命运的荒谬的教义之后，现在已经起来反对这种教义和把这种教义强加于人的权威。他要进行一场非打不可的战争,这场战争是够他忙的。然而在胜利之后,如同夏娃在她第一次造反和第一次胜利之后一样,人的灵魂便赤裸裸地一点东西都没有了!它发现自己没有教义,没有宗教,没有高尚的指导思想,没有信念。于是,它又感到需要最精美的食粮。夏娃遭到了枯燥无味的怀疑论的蹂躏,她发出了悲哀的泣诉的声音,她已完全懂得:正如人的身体需要面包一样,社会的人也需要宗教信仰。

社会的人需要信仰的表现,使旧的教义的落后的士兵感到高兴,不过他们还不明白这种表现的意义:他们以为它意味着要回到过去的精神。有一些意志薄弱的人,心思厌倦的人,以侈谈宗教和哲学来掩饰自己的无能的冒失的文学家和小说家,以及对基督教的艺术之美深有感触,因而老在心里想象过去、崇拜漂亮的圣母像和天真的宗教传奇的不动脑筋的年轻人,也以为这个社会又将坦然恢复中世纪的信仰。这种看法是很糊涂的,或者说得更确切一点,是很幼稚的;因为,显而易见,在社会中发生的事情,不仅不会把社会带回到过去,反而使它远远地离开过去。因此,尽管推翻了旧的教义然而却停留在简单的否定上的人的精神,在今天发现它需要有一种信仰,要寻求一种与十二世纪的僧侣的肯定截然不同的肯定,必须向未来的思想前进,而不能又回到过去的旧教义。人的力量、智慧和工业已经有了决定性的发展,他已开始占有这个地球,因此他是不会再去奉行那种使世界日趋堕落的荒谬无知的信仰了。他还在怀疑,但是他不久就会奉行明智的信仰,使地球成为天上的风光宜人的地方之一。

关于人的命运的光辉灿烂的思想,正如我们已经讲过的,还没

有为所有的人所理解和掌握，然而未来是无可争辩地属于它的。实际上，除少数几个心胸狭隘的顽固的人以外，认真思考的人都在研究社会问题，意识到在世界上必将到处出现自由、和谐与幸福。在知识界中，还有许多胆怯的人，有偏见的人，还存在混乱和矛盾；这种情况，我们并不否认。但同样明显的是，人们在走向光明；举一个大例证：甚至在基督教和天主教的教堂中，也有人开始认识到基督的教义在应用中被歪曲了，认识到它的目标远远不是只着眼于个人在另一个世界上的得救；它的主要目标是，人类社会在这个世界和另一个世界都要得救；人们终于看出，只有接受福音书中关于社会改良的一片美好景象的原始材料的解释，才能恢复基督教的伟大和力量。

在世俗社会中也出现了类似的思想倾向；世俗社会既不愿意放弃它在哲学上取得的成就，又想对人类的前途提出一种与理性和它还很模糊的预感一致的宗教观；出现这种情况，是很自然的。但是，值得注意的是，这个思想运动今天震动了受到新精神浸染的教士队伍。实际上，一个人数这么众多，又增加了那么多明智的、高尚的和有善良愿望的成员的团体，能永远落后，不跟上周围的社会前进的步伐吗？因此，在教士队伍中已经产生并发展了这种思想：为了使耶稣的教义在人们的心灵中处于它应该占有的位置，就应当使人们认识到：耶稣的教义并不抛弃和诅咒这个世界，而且，它还向世界宣布，上帝的律法将统治这个世界，只有上帝的律法才能使全世界到处结出正义、自由、和平与幸福的果实。

有许多天主教和基督教的教士，尤其是在法国和德国（甚至在英国和美国）的教士，都懂得每一种宗教的主要特征，尤其是耶稣的宗教的主要特征，是团结人和联络人，因此，宗教不仅不应当使自己置身于世界和社会之外，反而应当使世界富饶，在人类社会交往的发展中求得它自身的发展；宗教已经与人类交往在一起了，它是，而且只能是，人类社会交往的综合的和最高的产物①。

不幸的是，行使权力的人，在教会中恰恰是那些对当代思想发展倾向的意义了解最少的人；他们对时代所要求的和人类天才即将实现的社会变革的地点表示如此之厌恶，以致教会（官方的教会）竟把发起这场实现耶稣思想的和平运动的工作交给世俗社会去做，而实际上，实现耶稣的思想乃是教会本身的任务！

XXII

尽管情况是这样，我们也不过分指责。教会已经变得不聪明了，它已不再走在人民的前头了，它把自己关闭在过去中；它让新的精神在教会之外形成，而不进行干预；它企图维持现状，它诅咒一切变革；这些情况，都是事实。可是，这个新思想是很令人头疼的，是革命的；长期以来，哲学进行了大量的破坏，而各个国家都浸染了哲学用来破坏和推翻王座和祭坛的可怕的溶剂。

尽管已经有了非常明显的进步的倾向和愿望，哲学由于没有清楚地认识到人的命运和实现人的命运的和平的和正确的道路，所以只好开动革命的天才。它把革命的思想和改革的思想结合得如此之好，以致使政府和人民都以为革命的理论和社会进步的理

① 我这段话是在1835年写的。这段话所指的顺利的改革运动，从那时以后又取得了新的巨大成就。（1848年版）

论完全是一回事，结果，人民都热衷于搞革命，而被吓得惊魂不定的政府对一切带有改革和进步的特点的事情，都一概激烈反对。

尽管由于组织观念和真正的社会科学的理论取得了进展，这种不良的革命精神近来大大失去了它的劲头，但它依然是相当强的，是足以在颠覆性的政治领域中使人产生盲目的和可悲的仇恨情绪的。此外，尤其重要的是，在今天应当向舆论界指出，使它有所提防；社会科学已开始在世界上扩展，有些人想把这门科学的各个方面所包含的力量都抓在自己的手里，加以利用，并想改变它们基本上是和平的特性，最后以导致社会和谐的理论导致混乱和战争。不幸的是，政府和官僚阶级的行为使这种革命的理论一天比一天行时，变成了几乎是必需的东西。

我们看到有一些著述家，一方面被革命的偏见和我们的先辈留下的现今应当抛弃的政治仇恨弄成了瞎子，另一方面又不得不承认傅立叶提出的伟大的协作的理论的威力，因此，千方百计地（这种做法和这个理论是相矛盾的）想把它变成一种革命的酵母。他们企图以这个可以使各个阶级互相联合和团结的思想去加剧阶级斗争和互相冲突的利益之间的矛盾。

耶稣的教义的基本思想，无可争辩地是赞扬和平、仁慈、人与人之间和人与上帝之间的联合；但是，在耶稣的教义每天被当作革命的武库使用的世纪，公然有一个教士，一个说起话来慷慨激昂但思想却动摇不定并走入了歧途的教士，把这个已经成为爱的最完善的表现和最纯洁的流露的人的名字，向感到惊恐的人们说成是让人去破坏、复仇和屠杀的可怕的信号；在这种情况下，出现前面所说的那种现象，又有什么可奇怪的呢？

唉！把使人类团结和幸福的神圣理论，和革命人物的带血腥味儿的学说不可想象地硬凑在一起；把社会进步的天使荒谬地变成破坏的魔鬼；这些做法，无助于启迪世人，也不能使混乱的情欲趋于平静，更不能促使社会的权力机构来赞助人类的进步和幸福的事业（其实也是他们的事业，除非他们不愿意把自己看作是人类的一分子）！你们在脱离隐修院的苦修生活之后，突然被一种酒灌醉了（在现今这个时代，成熟的人们的头脑是不会被这种酒灌醉的）；如果你们能够胜任交给你们的光荣的使命，如果你们能够抛弃那种虽然听起来激烈但很空洞的毫无结果的暴动的喧嚣，致力于培养和丰富在教会的下层中呻吟的人的精神，你们的荣誉岂不是更大得多！你们不应当把耶稣套在革命的战车上，而应当向你们在其中享有很大权势的教会指出：耶稣的教义是号召人类走社会改良的和平道路，在将来得到公正、自由和幸福！基督的教士和人类的使徒必须战胜那个迷惑你们的谬误，战胜那个用利剑和火炬武装进步人物的愚昧的和野蛮的思想；必须使这种人物在人民、教会和国王的心目中是为人造福的，手里拿的是橄榄枝和葡萄枝，他们将实行基督的律法，谴责暴力、破坏和战争！你们应当使教会认识到并正式承认倒退的道路同革命的道路一样，是错误的道路；上帝应许的福不光是来生才能享受；这个世界是属于上帝的，它将接受他的律法，并且同天国一样，沐浴着他的慈爱和庇佑！

你们的话，即使教会迟迟不接受，但只要为世人所采纳，也是可以结出美好的果实的。但是，要做到这一点，必须懂得……

我们之所以着重谈到这个特别的事实，是因为它是社会进步的理论和革命的理论有害无益的结合的具体体现和最突出的形

式;其次,是因为它在现代思想倾向的产生中起到了本文所指出的那种不良影响。喧嚣的暴乱,耶稣的教义和最激烈的、最具颠覆性的学说的奇怪的结合,对世界末日的狂热的赞歌(在这种赞歌中,革命的报纸上的最平淡无味的陈词滥调,有时以纯粹的诗歌的形式出现,有时又降低成庸俗的情节剧的说白似的宣言),吵闹和空洞的言辞,哲学和神秘主义的影响,爱和恨的冲突,所有这些,推迟和损害了宗教内部进行的有益的运动,并为人类智慧的两个在今天还是互相敌对的表现——理智和信仰——的接近做好了准备。在教士中,有许多人深深关心人类社会的得救;他们已经开始懂得:人民的财富、自由和幸福,真正的进步,人在地上的种种能力和光荣,不仅没有受到上帝的谴责,反而使基督的教导得到了广泛的传播。在他们当中,那些为未来的精神所感动和鼓舞、并能运用其影响把未来和过去联系起来的人,看到目前这种极其混乱和流血的现象,便怀着恐惧的心情回顾过去。在他们看来,如果利未人转向进步,自动向凶暴的上帝奉献革命,向他奉献耶稣的教义,那么,进步这个词便纯粹是一种有害的诱惑之词,意味着暴动、混乱和破坏。

因此,一个人如果充当和平的中间人,充当过去和未来之间的中介,使天主教、基督教和哲学的相敌对的教义和学说,在上帝的保佑下和人类的祈祷下,团结起来,互相补充,那么,这个人在教会看来便纯粹是一个可憎的人,一个制造恐惧心理的人,一个倒退到赞成按宪法建立政府的人,赞成搞乱社会和同情哲学的人——因为哲学的先进的代表(他们在今天已经抛弃分离精神,认识到重新组织和建设的时间已经到来)很高兴地欢迎基督教的教士有赞助社会进步和向往未来的初步表示。但是,如果他们看见他走入迷途,试图用耶稣的教义去重新燃起已经在过去的废墟中熄灭的火,他们便将轻蔑地摒弃他。

XXIII

如何为人类灵魂的两种优越表现的高度结合做好准备工作,虽然还没有为人们所充分理解,还遭到误解和损害,但在知识发展的现时代,仍然是那些一心从事哲学和宗教思考的人的首要任务。

我们敢这么说:这种结合,只有在完成了巨大的变革,在地球上展现了秩序和自由的协调,在合乎人道主义的生活的各个方面实现了和谐之后,才能得到人们的认可。只有从活跃的和谐制度中出现的理智和信仰的结合,才能发出光芒,为所有的人的心灵所理解[①]。人们在努力使这两种能力日趋接近;人们在做种种工作,以便使大家认识到社会发展的理论不仅不与基督教的根本思想相冲突,反而正是它想得到的结果;认识到真正进步的特征,不是革命,而主要是社会的组织和安定;认识到社会不能依靠动乱和暴力而只有依靠科学、经验和吸引人的美,才能走上幸福的命运的光辉前程:所有这些按照理性、智慧和思想倾向筹划的工作,都将为人类实现社会的和谐扫清道路——这条道路现在还障碍重重,有旧偏见的障碍,也有新偏见的障碍。

正是抱着这个目的,我们才写这么几段话来阐述救世的宗教

① 和谐与幸福是人的目的,单是和谐观念便可解决迄今一直是像绝对无法猜破的谜似的哲学问题和宗教问题。对实现这种和谐制度的工作的参与,便普遍体现了人们对这样解决问题的办法的认识。

学说和极其有利于人类命运的发展的特征——使耶稣的《启示录》的基本思想与其他各种思想大不相同的特征。只有使这个思想恢复它原始的纯洁意义，认识到它对现今人们的思想的有效的影响，并赋予它进步、自由和发展的概念（我们这个时代的哲学就是在这个概念上发展起来的），人们才能看到那根把现在和过去、把未来和上帝从前的应许联系起来的链条。

我认为：既然本书所阐述的是人类的命运（强加在人类命运上的封铅，已经被傅立叶的天才所打碎），因此把这个对过去和现在的宗教的和哲学的观念的总的看法作为绪论，放在阐述社会和谐的结构的文章的开头，是有用的，因为对社会和谐结构的认识，通过简单的归纳，将使人开始产生对未来的信念。如果大家愿意抛弃那些谁也不能再为之真正辩护的谬误，就可认识到建立在一种传统和一个应许之上的基督教，以及以一种对人类的发展的模糊的、出自本能而不是出自科学的认识为基础的哲学，将联合起来，共同实现正义的戒律和伟大的愿望——实现人类的团结和幸福。傅立叶的思想带来了利用吸引人的美来保证执行戒律和实现伟大愿望的手段。因此，如果有人问我们：傅立叶的思想怎么能与人类的过去相联系，我们将这样回答：正如一个重大的事实的实现，是与按上帝的应许而向往这个事实的伟大愿望相联系一样，傅立叶的思想也是与人类的过去相联系的。

XXIV

抱有善良愿望的人现在可以看到，我们并不是对过去的一切都加以不公正的指责，相反，我们决心要论证那个给过去增添了光辉并开创了和谐时代的光明纪元的思想是如何使我们能够对人们的巨大努力作出公正的评价的，证明这些虽掺杂了错误并在敌对的阵营中培养起来的真理，终将在和谐制度的阳光下茁壮成长，汇集在一起，在光辉灿烂的土地上，彼此枝连着枝，开出芳香的花朵，结出丰硕的果实。天主教徒将发现他们勇敢地在世界上为之辩护的秩序和统一的原则得到了完全的满足。耶稣教徒将发现凭理智或经验判断的原则得到了完全的满足；哲学家将发现他们为之战斗的人类的自由和发展的原则得到了完全的满足。所有这三种人，在不远的将来，总有一天在傅立叶所发现的和谐制度的法则指引下，高兴地看到耶稣所指的目标得到实现，福音书向人类天才提出的问题得到解决，福音书上所写的："你们首先去寻找上帝的国和他的正义，所有的财富便会接着来到你们身边；你们去寻找，就一定能找到；你们敲门，门就向你们打开"，成为现实。

此外，正如我们已经说过的，这个尽善尽美的教义，是能够满足人的灵魂的一切需要的；迄今为止，各种各样的哲学学说和宗教学说都只不过是它的零零碎碎的表述而已，而且还或多或少地是武断的表述；这个教义将充分表达团结一致的人类的感激和爱的心情，成为社会和谐的生动的高度概括，因此，在光明的和谐制度在地球上建立之后，这个教义将自动地到处传播。迄今为止，一切教义上的问题都应当严格限制在精神和科学的领域，因为在实践上，与此有关的讨论在今天只是在培养能了解和接受新的社会经济学的知识界人士方面才有意义。傅立叶和他的正宗弟子从来不、将来也不向现今的社会宣传任何一种类似宗教信仰的东西，不想在现今的社会中建立任何一种类似派别的组织。他们的宣传工作的目的，是要进行一次把谢利叶秩序应用于一个纯劳动组织的有决定意义的试验，而且这个试验还要完全限制在我们进行试验的国家的民法、道德法、政治法规和宗教法规的许可范围：不管我们进行试验的国家是法国也好，是俄国、英国或土耳其也好，也不管那个国家信奉的宗教是罗马天主教也好，是希腊耶稣教、基督教新教或回教也好。我们再说一次：我们的目标，我们当前唯一的目标，是对工业和劳动的条件进行改革；这种改革将成为人类将来的进步和以后的巨大发展的坚实基础；经过这种改革以后，人们还将修改一切民法、政治法规和宗教法规，尽管这些法规适合于目前的情况，并或多或少地表达了人们的意志和需要；未来的风俗，在各种关系中都和过去或现在的风俗大不相同，我们对这一点是毫不怀疑的，我们甚至认为，只有疯子才对这种看法表示异议。但是，可以预见到的和预言的风俗、法律和公众信仰的今后的变革，是随人类今后的知识和意志而定的。今天它们还处于思辨的范围，它们还不应当超出这个范围。

我们希望，这些解释已足以使任何一个有真诚信仰的人对我们所传播的学说的特点和它的批判的性质不会发生误解。我们传播的学说，把社会连同它的风俗、它的信仰，甚至它的偏见全都原封不动地接受下来了；它只希望取得必要的信任，以便把它的组织原则应用于一个按一定条件建立的农业和工业公社的工作安排。它之所以批判现今的社会和法律，并不是为了挑动人们用暴力把它们两者都加以推翻，因为它已言明，而且从它的理论本身也可看出，真正的进步，是通过吸引人的改革的道路而不是通过推翻的道路而取得的。这个学说像一位贤明之士那样指出不良的法律的弊端，甚至还严厉地批判它，但是，只要它还没有为另一种法律所取代，并仍然是人类社会的准则，这个学说就服从它。

XXV

在世界上，不少的人对傅立叶的思想根本不了解，对这个伟大人物在他的书中阐发的如此新颖的情欲引力感到迷惑，因此认为他脱离了真理的道路，使他的思想过分浸染了自由的理论。这些人的看法是很错误的。贯穿傅立叶的思想的理论，不是自由的理论，而是秩序的理论。只有瞎子才看不到这一点。傅立叶怎么一开始就认为有关人类灵魂的自由的理论是对的呢？因为他根据秩序的最高概念，认为上帝并未使那些在地球上肩负着代表他的责任的聪明人的心中产生任何本质上是坏的情欲。他又怎么由果溯因地认为这个自由的理论是对的呢？因为他提出了一个使情欲的一切力量都自动转向善并产生一种良好秩序的社会结构。难道证明最完美的秩序、统一或和谐所使用的手段，正是在正常情况下发展起来的自由，而引起抵抗和反应的压制手段，正好表明存在着混乱，这样论证就有损于秩序的理论吗？

这个理论，按照傅立叶自己的说法，应当叫做宇宙统一论；它首先是一个秩序的理论，而且向人类明确表明他的自由将充分发展；在傅立叶和那些理解他的人的心目中，正是在探讨秩序或统一的过程中，才证明了自由的鲜明的合理性的，因此，他们认为，在正常的社会状态下，对自由的需要尽管是合理的，但在实践上应当始终从属于秩序的需要。

傅立叶的思想之所以达到最完美的地步，并具有科学的绝对特征，恰恰是由于它按照自然的秩序的理论去组织各种关系和事物，从而在社会中实现通过最完全的自由去达到最完善的有效的秩序。

对第一卷的回顾

> 当人们必须用全部精力去建立对人类的幸福无比重要的工业秩序时，却一心只考虑什么政治秩序，这岂不令人感到惊讶吗？
>
> 阿尔方斯·达米西耶

在我们开始在第二卷讲协作制度的世界的构成和论述人的情欲的美好的和谐如何平衡地迅速发展之前，最好让我们作一个简略的回顾，把第一卷讲的东西扼要重述一下。为了更好地理解第一卷的结论，我们心里应当时刻想到我们的前提；现在就让我们很快地看一下我们讲过的东西。

前奏。在宣布了本书的目的之后，我以假设的形式勾画了一个经过适当的和合理的组织的社会的轮廓。对于这个开头，那些还没有弄清楚事情的实际情况的人，那些还在波涛中游泳的人，或者说得更确一点，那些还淹没在水中的人，难免要说："这已经走到了过去的乌托邦的尽头了！"

这种看法，暴露了他们完全无知，所以一点也不奇怪。他们不知道，按照严格的科学意义来说，一般的解决办法，当然是首先要以问题能够解决为前提。因此我们把问题提出来，要面对面地解决它，要确定它的条件，要设法找出问题的未知数。克普勒正是通过这种方法确定现代天文学的三大定律的；牛顿在他的书中开始也是通过一个假设来论证自然哲学的数学原理，从而建立天体力学的。我们可以说，哥白尼之解释视运动，也是这样；哥伦布之发现新大陆，也是这样；总之，一切对人的智慧开创任何一种事业的天才，都是这样。

这个给我们提供了关于社会科学的目的的明确定义的方法，除了另外几个结论以外，还给我们提供了以下几个定理：

一、人在世界上的任务，是治理这个作为给予人类的财产的地球的表面；这个任务的完成，要依靠个人的种种才能的发展，互相井然有序地作出安排，汇集于人类的活动的中心；

二、因此，只有在组织一个能够按照从人的天性本身产生的法则安排人的劳动的社会之后，人才能走上通往他的真正的命运的道路；

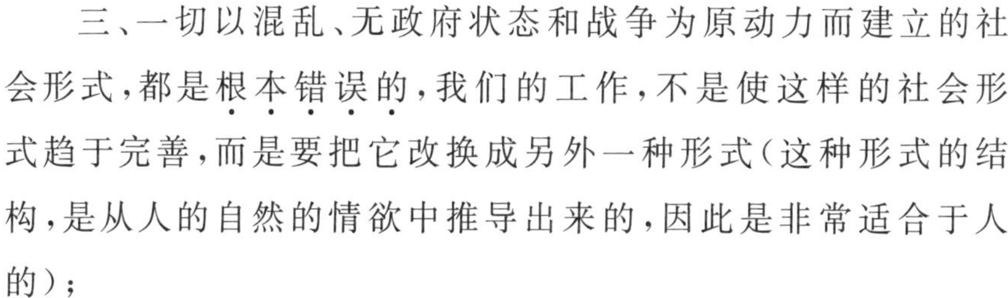

三、一切以混乱、无政府状态和战争为原动力而建立的社会形式，都是根本错误的，我们的工作，不是使这样的社会形式趋于完善，而是要把它改换成另外一种形式（这种形式的结构，是从人的自然的情欲中推导出来的，因此是非常适合于人的）；

四、不论什么样的社会改革，都首先应当以公社（社会的蜂房状的基本单位和合乎人道主义的劳动的第一个车间）的和谐的组织为基础；

五、这个假设给我们提供了一个确定的依据，去批判今天处在最高的发展阶段的国家的社会，并估计在这个阶段之前的各个社

会时期的价值。

我们接着就进行了这一批判；这个批判自然而然地分成了两个截然不同的部分。

批判。第一部分。在第一部分中，我们实事求是地按社会的现实状况对待这个社会，对待欧洲各国人民在其中活动的社会环境；我们非常鲜明地具体指出了这种不良的社会环境把多么多的人的活动或者用之于破坏，或者用之于根本就不生产任何东西的事情，而没有真正用于它们的正当用途：创造普遍的财富和取得物质上与精神上的幸福的手段。此外，我们还指出：有许多人的力量，由于生产活动的缺乏组织而被浪费了。

我们还使人们看到：由分散经营制度而产生的这种力量上的浪费，就明摆在我们的眼前；由于今天人们称之为自由竞争的无政府状态的巨大混乱，这种浪费在我们的工业和商业等关系中，比比皆是；然而愚蠢的学者们还竟然那么无知地宣扬自由竞争，他们扛着政治和经济主义的大旗，还想教训各国政府和人民哩。

这一部分批判可以使一切通情达理的人认识到：就人类今天在科技方面所拥有的工业手段和技术来看，由于管理、生产、分配和消费的制度不良而造成的财富上的浪费，已经到了最大的程度。

批判。第二部分。在这一部分中，我们对不同的社会形式进行了研究。我们开头就提出了运动的普遍适用的简明的公式，接着，我们便把这个公式用来阐述人类在我们这个地球上的发展①。

我们依次论述了人类在地球上所经历的一个又一个的时期；我们描述了这些时期所构成的链条的主要环节，并指出这个链条是如何从颠覆的形式到和谐的形式，一直延伸到未来。我们这样做，就给出了进步的标准，论证了人类在不同的地方经历那些时期的最终目的，是要找到一些办法，以便组织复合的、协作制度的或和谐制度的社会形式，在这种社会形式中，协作的原则将取代分散经营的原则，人类力量的聚合和协调一致将代替人类力量的分散和互相斗争。

我在结束第一卷的时候，曾着重指出：文明制度在它达到欧洲人所达到的成熟点之后，便到了关键的时期。我通过历史事件的证明，尤其是更加科学地通过对事物的评价，使人们看到：我们的社会如果不上升到一个更高的阶段，就有倒退或堕落到低级阶段的危险；如果出现这种情况的话，人类便只好花新的代价，重新开

① 不言自明，这个总公式具体用起来是有所变化的。我们可以说，它本身就含有它的改变的规律，即含有使它在不同的场合应用起来有所变化的各种函数，而这一点，正是它普遍适用的最大特征。

只要认识到这个规律可以确定一个旋涡中的各个星球的等级，并按照每一个星球在这个等级制度中的称号和地位来管理它的创造系统，人们就会懂得我在这儿提出的论点。由此可见，应用于一个星球上的人类的社会运动的总的公式，必然包含有一个这个星球的称号和它创造的财富的函数，因此将随着这个等级的次序和这个特别的称号而修改。所以，命运的这个总的规律对不同的星球上的社会运动应用的结果，即使彼此是相似的，但不会是完全相同的：掌握了这个规律，就有了确定差别和关系的手段了。顺便说一句，正是由于不了解这个总的规律，所以傅立叶以前的宇宙起源论都是错误的，都是凭想象或经验的零零碎碎的论述。我的意思，并不是说傅立叶的宇宙起源论是十全十美的；但是我支持他的总的论点。

始痛苦的试验过程①。

把否定的或批判的部分讲完之后,我们便开始进行肯定的或有关组织的论述。

组织。第一编。在这一编中,我们把一个健康的社会经济赖以建立的各种主要原理都提出来加以讨论。我并不是随意武断地首先探讨有关协作制度的工业和物质结构的理论的。社会生活,同人的生活一样,是复合的,然而在实践的次序上,把关心灵魂和心灵享受的事看得比提供生活第一必需品还重要,那就可笑了。肚子都没有吃饱,哪里还顾得上讲礼义。宣扬轻视物质的政治上的精神至上主义,恰恰表明对事物根本不了解。

过去的和现今的哲学理论的那一大堆废话、政治上的浮夸和道德上的荒谬主张,在今天把公众的心灵搞得混乱不堪,因此我们不能不详细谈一下社会问题和物质利益问题的巨大重要性。我已

---

① 如果欧洲的文明制度在政治和社会动荡之后开始衰落,由此而产生的野蛮制度当然不会像西亚、埃及和罗马帝国的文明制度之后的野蛮制度那样粗野。其所以有这个差别,是由于我们的文明制度有科学的固定的机构,是由于有了印刷术,使文献如此普遍地传到各地,所以不可能在衰落的过程中完全毁灭。可见,人类之所以有一个最后的一线希望,全靠一个物质上的发明——印刷术。至于我们的蹩脚的文学家和政治学家大肆吹嘘的美妙的道德、哲学和宗教观念,上帝是知道它们在大动乱中将变成什么样子的。很有可能,这些不良的残余将引起新的争论,使已经熄灭的狂热行为又重新活跃起来,给人类提供新的血染大地的借口。

然而,尽管有印刷术和科学的机构,但很有可能由于地球上出现了灾难性的物质大破坏(在今天,破坏的程度比以前的社会革命时期尤甚),堕落到低级阶段,便会产生可怕的后果。因此,我不怕在这里表明我的看法:如果文明制度扩展到美洲,在新大陆上也像在旧大陆上那样砍伐树木和大破坏,则地球的生命必将遭到几百年动乱的严重危害。——不过,协作制度的发现,可以使这些情况不至于发生。

着重指出，对任何社会观念的阐发，都是从属于这个问题的，尽管人们装模作样地轻视这个问题，满口宪法的或共和国的空洞漂亮的词句，大谈人权和公民权，撰写讲道德的论文和别的什么东西，但人们一直是在争夺人间的帝国，把我们这个虚弱的、好空谈的、自由放荡的、唯利是图的和讲博爱的时代，变成了人类最可耻的糟糕的时代之一。

这个问题是社会科学的基石。在论述组织问题的头两编中，我把这个问题提出来了，并对它作了基本的阐述。

无论从哪个角度来研究这个问题，我们都认识到，劳动的组织是它的真正的基础。我们的论述，只不过是用散文的形式对人类在地上的命运作一个概括的描述罢了；因为人类要实现他对地球的治理，充当协调人、统治者和这个地球的国王，他就需要把他的一切力量组织起来，使它们统一行动，通通用之于他的事业，一句话，他必须组织合乎人道主义的大工业。

如果有人想在这个问题上写一篇怀疑论或无神论的坏文章，企图否认人类有预先安排好的命运，我就要这么回答他：如果人类没有获得统治这个地球的使命，如果上帝没有深谋远虑地预先安排他承担这个任务，他就应当发挥人类自己的深谋远虑，自动拿起这个任务。还有什么事情比在地球上建立秩序、和平与幸福更好的呢？除了把人的力量和才能在一个能够创造巨大财富的大活动系统中协调地组织起来，实现普遍的和谐，还有什么别的办法能取得这样的结果呢？

在蜜蜂的蜂箱中就可看到秩序、联合劳动与和谐的模式。从七月初起，当乡下的花逐渐稀少的时候，我们发现那些没有足够的食物储备的蜂群中就开始发生猛烈的斗争，当它们把储备吃完的时候，它们就去侵入别的蜂群。在这个时候，那些没有远虑、过一天算一天、但遵守蜂群规矩一直是在田间觅食的小胡蜂和大胡蜂，便开始进攻，抢夺别的蜂群的食物。这是博物学上讲过的，就人类和蜜蜂来说，都是这样。蜜蜂要想和睦相处，它们就必须酿蜜，而不能把春天的时光用去听什么讲道和翻来覆去讲过多次的废话，说什么要蔑视物质利益、花儿和财富，听天由命地作牺牲。最漂亮的道德和慈善的说教，在它们的蜂箱中和在我们的社会中都一样，结果总是引起混乱和战争。因此，现在让我们把应当解决的社会问题总起来概述如下：

要把人类在地球上的活动系统，组织得能取得最大的有益的效果，这就是说，要行动统一，一切力量集中；劳动的方式应和人的各种天然的倾向相谐和，使人得以发展、利用和满足它们，从而使它们发挥正当的作用；此外，人们齐心协力制造的产品，应当根据他们在总的行动中各自所起的作用按比例分配给每一个人。

在这种情况下，人们自然会凭上帝在他们心中产生的爱互相团结起来，而不会成为由于食物不足便彼此残杀的猛兽。

如果在人的身上有些情欲根本是坏的，如果上帝没有把人造好，那么，旧教义的道德学家和传教士，你们当然是有权改正上帝的作品的，你们就会比今天少花许多力气，而且还能取得无比好的结果。我们也会衷心和你们和解。

在第一卷中，我们在论证了我们刚才简略重述的精确的和实证的理论之后，便接着指出：社会劳动的组织这个大问题，首先是初级车间的组织问题，是蜂房或公社的组织问题。

我们指出，人们在公社中的行动可以采取两个彼此相反的办法：一个是分散经营的办法，这个办法将造成力量的分散、人与人之间的摩擦、贫困、利害冲突和情欲冲突，结果造成一片混乱；而另一个办法，即协作制度的办法，则可以使一切力量汇集在一起使用；使它们互相促进，创造秩序和财富，给人类打开通向未来的平坦道路。

组织。第二编。我们按协作制度的理论描绘了法郎吉的具体布局。本编所陈述的一切工业的、建筑的和农业的安排，就是协作制度的理论的具体化，就是根据事物的性质和人类组织的实质而作的恰当的表述。

现在，我们来到了一个可以观赏和谐制度的土地的地方了。由简陋的茅屋和破房子构成的文明的村庄，连同分散经营制度必然产生的种种难看的样子和丑恶的东西，全都没有了。乡间一片富裕的景象；出现在平原、山谷、山坡上和河边上的法郎斯泰尔，使生活舒适的、受过教育的和心情愉快的人都住上漂亮的住宅。他们是人，而不是长着人样的畜生，他们之所以能办到这一点，首先是因为贫困已经从世界上被赶走，是因为这个世界已经不可能再使按照上帝的样子创造的人变成堕落、粗野和道德败坏的人。

在这里，我的任务是，给文明人在这个他们从未见过的世界中当导游，引导他们参观这个比真正的世界还真实的世界，因此，我当然要描绘，要说：“你们看。”可是谁也不看，有许多人甚至带着嘲笑的样子把这幅画图推开，在画图的背后写道：“乌托邦！梦呓！幻景！纯属子虚！……因为，尽管这幅画图是经过详细论证的理论的逻辑结果，也是枉然，转变太突然了，在理论和结果之间还存在着巨大的鸿沟。”因此，我们要一步一步地走，我们要推理，要论证；然后才去看，才去参观。我们不先让读者看和谐制度的全景，而是有条不紊地、自然而然地一幅一幅地展现一个法郎吉的劳动的和社会的组织图。

我们已经讲过了一个法郎吉的具体安排。假定这些安排已在某个地方实现，环境已经形成；一个法郎斯泰尔有三百到四百家人数不等的人家居住着；投入协作制度的资本、土地和一切财产都分成有抵押品担保的股份，交给协作制度的社员，每一个人按他投资的多少分得股票；我们也研究了在这样安排的环境中，一千八百到两千个年龄、性别、财产和性格不同的协作制度的社员是如何乐于经营他们统一的领地的。

如果你要穿舒适的鞋子，你就要请人家量你的脚有多大；如果你要穿合身的衣服，你就要请人家量你的身子有多高；如果你想睡觉睡得好，你就要请人家给你做一张好床。因此，如果你想使法郎斯泰尔中的人愉快地劳动，你就不应当硬要他们采取一种违背他们的倾向和爱好的工作方法；相反，你应当采用一种在各方面都与他们的要求相符合和适应的方法。这就是说：法郎吉中的劳动组织的法则，应当符合劳动者的天然的引力。

为了要发现和认识这个符合人的天然倾向的劳动法则，我们没有别的办法，只能按照劳动者的自发的冲动行事，倾听引力的声音，密切注意大自然的迹象，根据事实来制定这个法则。这个方法，就连小孩子也是懂得的。

下一编的目的，是确定劳动组织的自然法则；我们的方法是：

在计算上完全采用从对自发的冲动的研究中所得到的各种数据。我们从第一章起就开始勾画这个公式的总的轮廓，然后用连续近似法得到一幅更加清晰的图画；每一个近似法都与天性所要求的基本条件中的一个条件相对应，使劳动对人有一种不可克服的魅力，单单是劳动的乐趣就足以使人尽情劳动。一句话，我们要研究劳动引力的条件，并从中找出一个总的公式。

第二部分

组织(续)

说劳动不是人的命运,这等于是否认事实。

说劳动是人的命运,说它能成为幸福的源泉,这等于是在诬蔑上帝。

因此有两个劳动的法则:

由于人的无知而产生的强制的法则;

由于神的启示而产生的魅力引诱的法则;

从而产生两种结果:

贫穷或富裕;压迫或自由。

克拉里士·维古赫

第三编　自然的社会结构的确定。谢利叶的法则

第一章　对小组和谢利叶的普遍倾向

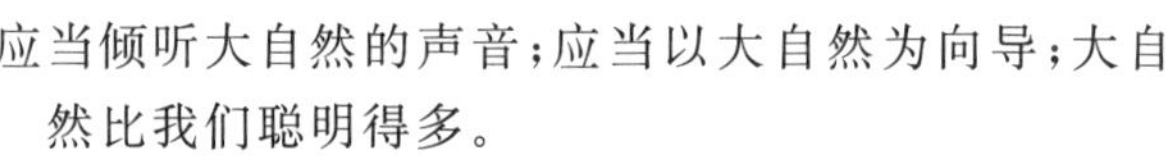
应当倾听大自然的声音；应当以大自然为向导；大自然比我们聪明得多。

全体哲学家

哲学家这样装模作样地尊重大自然，有什么意义呢？既然他们认为在研究人和社会命运的时候应当以大自然为向导，他们何以又说引力不是人的天性的一部分，说在研究人的时候可以不研究情欲引力？在他们的千百个体系中为何对情欲引力一个字也不提？

沙·傅立叶

§ I

请向我们靠拢，壮大我们的快乐的队伍。

阿·德·缪塞

很显然，我们要对协作制度的环境的形成进行理论研究，探讨劳动组织和功能的自然的基础。请不要把这个一般的问题和第一个法郎吉的建立问题混淆起来，也不要和通过试验的实现的方式

问题混淆起来；实现的方式问题，是一个极其特殊的问题，我们以后在该讨论它的时候才讨论它。

现在，我们来面对面地研究这个基本问题：“人类活动的最好的使用方式如何确定，换句话说，劳动的组织如何确定。”

既然法郎吉是基本的社会车间，我们就用明确的措词首先把这个一般的问题陈述如下：

四百家人在一个他们以股东身份拥有的区里联合起来组成一个法郎吉，并像我们在前面所讲的那样，建立一个既适合于劳动者的爱好和倾向，又能自由发展他们个人才能的劳动组织，用一句话来说，就是建立一个能使他们的劳动具有吸引力和魅力的劳动组织。

这个问题的这种提法，直截了当地给了我们一个特别重要的回答；这个回答一开始就明确谴责了文明人的劳动制度；你们切莫以为在法郎吉中爱怎么组织就可以怎么组织他们的活动的劳动者，会把他们自己分散开，以便彼此孤立，这个人单独在一个田里，那个人单独在一个车间里，像大多数文明的劳动者那样七零八散的……不，当然不会这样做。你们不要抱这种看法。

在一个协作制度的环境中，每一个人都享有自由，单单这个事实就可以向你表明，小组，即一定数目的劳动者自愿结合的组织，将自然而然地代替孤立的个人去承担各种适合于它们的工作，也就是说，承担农业、制造、家务、教育、科学和艺术等方面适合于它们的工作。

人的自然倾向将促使他参加许多组织，在组织中安排他的活动,运用他的才能,发展他的高尚的情操。

而文明制度则给人画了一个自私自利地只顾个人利益的小圈子,切断了他与外界事物的联系,把人关在小圈子当中;当他被牢牢地束缚于他的职业,孤独地工作的时候,对这个可怜的孤独的奴隶宣讲什么道德好呢?讲热爱劳动……是的,文明制度正在他的耳边大叫大嚷地说他应当喜爱这种把人弄得昏头昏脑的、令人讨厌和不可忍耐的劳动!这种荒唐乖张的作法,应该给它一个什么名称好呢?

所以你看,分散经营制度的理论(我们在论述社会经济的性质时就已经非常清楚地看到了它的极大的危害了)还继续在如何使用文明制度中的人的活动方面起颠覆性的作用。在劳动关系中,我们又发现它毫不留情地把人投入孤独的境地,就像它从前使人(这个地球上的国王)饱受灾难和折磨一样,把人弄得昏头昏脑,疲惫不堪。我们在这里又发现,颠覆性社会的这个基本理论阻碍了人的倾向和才能的发展;它把人的天性放在普洛居斯特的床上[①]衡量,它要阉割人的天性;正如它阻碍财富的创造和幸福的物质要素的产生一样,它使生产的一切源泉都枯竭了。

你们现在来看协作制度的理论和由它产生的活泼愉快的心情是多么地有助于亲密关系的发展,有助于情操和才能的发挥作用,有助于只有在人类的大规模组织(其中最基本的组织是小组)中才

① 普洛居斯特,希腊民间故事中传说的开黑店的强盗,他让旅客睡在他的铁床上,身子比床长的,截去其过长部分;身子比床短的,便强拉使之与床一样长。——译注

能产生的集体的和社会的情欲达到高潮。

但是，在谈结论以前，我们应当先用充分的论据论证我们为什么说人的天性倾向于组成小组（在情欲科学中，这完全是一个技术性的词，从现在起，我们就按这个意思来理解这个词）。

我们还要研究在各个小组的形成和它们在它们相互接触中所表现出来的现象；要研究这些现象，是极其容易的，只要善于观察，注意每天在你眼前发生的事就行了。你想了解天性冲动的规律吗？那就请你研究这些冲动在它们不受约束和压抑的环境中所产生的效果。

§ II

> 人是倾向于联合的。这个倾向将按照或多或少地接近于他们的天性或他们各自的资质的比例而增加或减少。
>
> 沙·博勒

在舞会上——我指的不是那种冷冷淡淡的十分拘谨的舞会，不是文明制度经常举行的那种舞会（这种舞会是文明制度可羞的事情之一）；在文明制度举行的舞会上，一个年轻人带着他的舞伴跳舞，只说两句话："请跳舞"和"谢谢"；或者三四个妇女一个挨一个地坐在一起，自始至终彼此一句话也不说，也不点头打招呼或露个笑脸……在这种愁眉苦脸、死死板板的舞会上，大家的心里都感到腻味；他们尽管表面上沉着，但从他们的脸上是可以看出他们腻味的心情来的；看这样的舞会，比看埋死人还难受……我不谈这样的舞会；我要谈的，是大家欢欢喜喜的活泼的舞会，在这样的舞会上,谁也不受什么礼节的拘束,大家都认识,每个人都感到很自在。在这样的晚会上,你将看到参加的人自然而然地很快分成不同的小组——有的在游艺厅,坐在铺有绿色台布的桌边玩纸牌;而坐在旁边一桌的人就比较安静,上了年纪的妇女和老爷爷、老奶奶们则玩惠斯特牌和波士顿牌。有些人被乐队的演奏所吸引,来到音乐厅里;在音乐厅里,戴着闪闪发光的钻石首饰和鲜花的妇女们在跳四人对舞、华尔兹舞或快步舞。在这里有一小堆人在对舞会发表评论;在那里有人在谈论文学;再远一点,还有些人在那里情绪激动地谈论政治。

用夜宵时的情况怎样呢?用夜宵时,人们又分开了,各自去找一个挨着他所喜欢的或愿意交往的人的位置。在一个自由自在的环境中,人们自然而然地要去寻找彼此相亲近的或经过挑选的人凑在一起。

你想观察一下另外一种性质的集会吗?你想观察政治集会或代表会议吗?你去看一看,在另外一种情调下,也是能见到这样的效果和这样的倾向的。

首先是分成截然不同的三部分:中间和两翼——左翼和右翼。其次,在这分别代表三种主要的政治色彩的人当中的每一种人中,还要按不同的观点细分,每一个代表都和与他观点相同的人站在一起。而且,尽管已经细分了,但每一个人还要选择与他性格相投的人坐在一起,和政治上的朋友坐在一起;这种复合的组合形式,充分表明了小组的亲和力的两面性。

个人的喜爱或性格的投合,观点的一致或劳动的亲和(请允许我在这里使用这个很一般性的词),将自然而然地确定小组的形成，确定它们的类别和等级。这些分成上升的和下降的等级、侧翼和中间的小组，构成一个谢利叶；它在代表会议上的形式，比在娱乐会上的形式明确得多，因为代表会议是一个定期的集会，相同的和不相同的意见和性格都有时间表现出来，让大家更好地了解和评价。

在中学和大的寄宿学校里也出现同样的倾向，也是自然的冲动在引导（视环境的状况而或多或少地有些混乱）年轻人和儿童像成人那样组成小组，由小组再结合成学习、工作或娱乐的谢利叶。

特别是在休息娱乐的时候，倾向的作用表现得最为明显，因为在这种时候，个人的引力不会受到强迫划分和规章的严格限制。

请你回忆一下你在中学时候的情况，你必然记得：中学生一下了课，就飞快地跑出教室，跑到空气新鲜和阳光充足之地，跑到体育场，马上按不同的类别组成小组。第一个分组的办法是**按年龄大小来分的**，这种分法并不是任意的，人们到处都是自然而然地这样分的，而且总是先按年龄大小分，然后再按其他方法分。在学生人数多的学校里，每一个学生，也像一个士兵一定要属于一个连队一样，不属于大班，就属于小班或中班。在按年龄分组之后，还要按其他的方法细分；每一个细分的组都有一个用每个学校的暗语取的特别的名称。

在按年龄划分的小组的内部和外部，“朋友们”都各到各的地盘，再细分成更小的组；这是惯常习用的分法。按年龄、性格和地位来划分，并不妨碍他们在游戏时再分成其他的组，结合成新的谢利叶。

这里是玩弹子的地方；这块地方很干净，画好了方格，挖了洞，大家一盘一盘地玩弹子戏。在那里，有人在玩拔塞子游戏；再远一点，有人在玩球。有两队人在玩追逐捉人的游戏；每个学生都可参加一个队，和他所喜欢的同学在一起，而不和他不喜欢的同学玩，并尽量挑选他喜好的、能发挥他的力气和才能的东西玩。

在凡是不受修道院似的规章约束的地方，人们能自由按个人的爱好行事，都是这样组合的，不论什么样年龄、个性、性别和地位的人，都是这样组合的。

分成谢利叶、小组和更小的单位，这是大自然启发人们这样做的；这是它所教导的分法；它毫无区别地使所有的人都照这个分法去做。大自然的这个办法今天之所以在孩子们的游戏和学生的体育活动中，也就是说在他们自由活动的时候，能够得到极其明显的体现，而在他们父辈的活动中却完全两样，这是因为孩子们更接近自然，文明制度还没有使他们产生狭隘的利害观念和沾染分散劳动使大多数人养成的孤独习气。

根据人们熟知的这些事实和千百个其他同样性质的事例，你可以无可辩驳地作出如下推论：

∀. 凡是强使人在一个与他的天性相违背的位置上工作的劳动环境，都将不可避免地使人**对劳动产生厌恶心**，因此，在使劳动者陷入孤立境地的分散经营制度中，对人的活动能力的使用方式，是完全错误的，已经为实践证明是很糟糕的；

A. 如果你想使人有一个能够吸引他并使他感到高兴的劳动环境，你首先就不要认为必须使人孤孤独独地劳动，你应当抛弃这个想法，并**致力于发展人的组织才能，让人们自由组成小组和谢利叶**。

总起来说，在法郎吉中，每一个人可以参加在人员和劳动情况方面都使他感到高兴的小组。

在个人的活动能力的使用上，这种充分的自由将使个人的爱好得到发展。这是一个大问题。这个大问题迄今还受到人们的怀疑。对于这个问题，目前我们还只是在这里提一提。

在一个与我们开始描绘的组织相似的组织中，无论男人、妇女或小孩，谁也不会被强迫去干他不愿干的职业，这一点，难道还不明白吗？人的出身、地位和境遇，没有任何关系。人已经摆脱了事物的束缚。所有的谢利叶，所有的小组，都向你敞开大门，任你选择。

你到处都可以走进去要求工作做，只要能表明你有本事，人们就会接纳你。没有任何事情可以强迫你担任不适于你的职务。因此，从童年时候起，每一个人都专心做可以发挥他的天资的工作。引导人去做工作的，是他的爱好。

你不要以为把事情交给各自按各自的爱好和兴趣办事的人去作，会把事情搞得更糟糕。由于大自然并未使人们在兴趣、才能、看法和爱好方面都是一般齐的，所以人们可以在一千八百个人当中挑选充当各个谢利叶的干部的人才；谢利叶的工作的开展，是法郎吉所需要的，对法郎吉是有益的。这个问题，我们以后还要重新谈到的。

因此，除个别例外，各种性质的工作在法郎吉中都是由协作制度的社员即由于感情倾向和对小组的工作有共同兴趣而自愿结合的人组成的小组做的。做自己选择的工作，心里之感到喜欢，与分散经营制度中个人孤独工作之令人苦闷和厌烦恰成对照；因为，在人数众多而且彼此十分协调的组织中,是必然会产生快乐和干劲的。

§ III

> 我觉得,永恒的智慧只能给人以符合人的天性的东西,而且,它应当使它的律法适合于它所创造的人。
>
> 斯比尔赞

我们既然认识到人对小组和谢利叶的倾向,是普遍的情欲造成的事实,我们当然就明白:最高的智慧是必将用这两个倾向来塑造我们的天性的。

既然人类被召唤来治理他在地上的领域,在地球上活动和进行工作,他就应当按某种活动的方式和一定的工作规律行事;如果不是这样的话,上帝就是很荒谬的了。

在宇宙万物中,一切都是按谢利叶的秩序分类的。动物、植物和矿物这三界,按纲、目、属、种和变种等区分,分得非常之细,以致在研究工作中不得不把它们分类编目,照它们在大自然中的情况,按小组和小组谢利叶加以排列。这样来分类,人们给它取了一个名称叫自然分类法。

科学在起初还处在蒙昧状态的时候,是一个既包含有某些真理而同时也有许多错误的大杂烩;但是,随着它们的发展和人的思想扩大了科学的领域,科学便愈分愈细。例如,在几个世纪以前还遭到人们怀疑的电学,在今天就已经有许许多多的分支学科,而且每一个分支学科都需要专门人才进行专门的研究。人们在科学的领域愈向前进展，便愈是相信一切事物在大自然的体系中都是有联系的。所有的知识都应当按系统或谢利叶分类。就连艺术也是需要按类似的分类法办的。这些都已经成为人人皆知的平常事了。

在宇宙万物中，在人的活动和知识领域内，一切都要遵从这个谢利叶的法则；它是最高的法则，没有它，则宇宙的秩序、和谐和统一，便成为一句空话。

如果说人类应当运用其体力和脑力加以改变的一切事物都是按谢利叶分类和排列的，那么，人的工作也应当按这种谢利叶形式来分类和安排，否则就会违反自然的秩序，超出宇宙统一的框框，搞乱万物的体系，从而失去通往人的命运的道路，无法为实现他的命运作出成绩。

如果以上所讲的是对的，就可看出人的情欲结构是早就安排得符合于这种谢利叶形式了；人由于天性的驱使，自然会把他的力量均衡地使用于他应当加以改变的事物。

刚才在这里着重阐述的这个问题的意义，在具有一定才智的人看来也许是多余的。然而，须知此事涉及的是一个完整的社会系统，而不是一个人创造的系统；它是上帝所设想和上帝所希望的系统，上帝已经使它表现在所有的人的面孔上了。

总之，我们从本章的叙述就可看出，总的说来，劳动引力的普遍条件是：劳动应按小组和小组谢利叶进行——这是有择亲和势直接向我们提示的合乎自然的办法。

现在让我们进一步研究引力的各种特殊条件，以便准确地确定这个公式。

第二章 第一个近似法。把工作分成许多份

人们愈是采用这种把工作分成许多份的办法,让每一个人承担他最擅长和最喜欢的工作,则信任和友好的气氛便愈增加,劳动愈有乐趣。

沙·傅立叶

§ I

你爱干什么就干什么

从现在起,谁要在心中想象一个运动中的法郎吉是什么样子,他就应当记住:它的每一种工作都是安排一个谢利叶去做的,而所有的谢利叶都是有工作安排的,这就是说,在每一个谢利叶中,由不同的劳动者组成的小组都想得到各种工作和细分的工作做,所以可以把细分的各种工作和职务在谢利叶和小组之间进行分配。

现在,你愿意做什么工作呢?你熟悉什么工作呢?你喜欢什么工作呢?你有什么专长呢?——你想找一个工作岗位吗?有的是,你可以随便挑选。可挑选的工作可多了:艺术、科学、教育、行政管理、制造和农业……凡是您想担任的职务,你想从事的活动,这里都有,都可让你干一番事业。

你首先想搞农业吗?——随你的便。啊!你不会像今天这样去看管农庄,也不需要去监督农场工人干活,也用不着养

一大帮仆人。你不喜欢种地和管理牧场，也不喜欢管马具和牲口吗？好，你可离开农田和牧场，离开马具房和牲口棚；你就别再去为小麦、草料和马厩操心了：你放心好了，这些事情，有人去管的。——果园在吸引你，看管果树很有意思。好，你参加果园谢利叶吧。是的，管樱桃树和李树不需要什么技术；你觉得没有什么意思，管苹果树也没有什么趣味；那好，看来你是喜欢搞渔业了；你就参加渔业谢利叶吧。你对捕鱼工作有一种偏爱，这项工作在吸引你，你就参加这个对你有吸引力的小组吧。

你是否认为这样做，已经给你一个相当大的选择余地了？你是否认为这样做，就足够保证你的自由，满足你的爱好，你爱干什么就干什么了？啊，不；因为这在你看来，锄草、栽树、修剪枝条和侍弄果树是很枯燥无味的……而你喜欢搞嫁接，你在这方面很有才能，很自信。那你就参加你所喜欢的桃树小组，参加这个小组的嫁接组；你还可以到其他小组去发挥你的嫁接专长，它们的工作和人员，对你是很有吸引力的。

在选择工作上的充分自由，已经以农业为例子讲过了；在其他方面也是这样。你已经看到，为了满足个人的爱好，满足产生这种爱好的天性的要求，不仅需要把劳动和工作分成谢利叶和小组，而且还要在小组内部把工作**分成许多份**，以便每一个人能够自己去做他有专长的工作。

这样安排，不正是在自由的环境中自然而然地产生的吗？不正是制度精神的体现吗？——**制度精神**和**固定的观念**！在世界上有好几百个好卖弄学问的无知的学究想用这些话来抹杀傅立叶的发现！因此，让我们来研究一下。

§ II

> 劳动生产力的愈益发达，也就是说，按今天的方式运用劳动和指导劳动时所表现的愈益熟练、灵巧和有判断力，都完全是由于分工的结果。
>
> 亚当·斯密
>
> 去追赶猎物，便必能捕获！
>
> 阿·德·缪塞

在十月晴朗的日子里(十月是放假的时间)，往往在清晨三点钟，我们八九个同学便背上背着猎袋，肩上扛着猎枪，出发去打猎。我们都是十四五岁的小伙子。我们顶着满天星斗高高兴兴地在汝拉山的山坡上顺着我们熟悉的乱石嶙嶙的路前进。我们必须在太阳初升的时候，在伊渥利或马拉东高地上安放好镜子，让它们照亮这两个高地——这儿是云雀常飞过的地方，我们准备在这里打个痛快。我们开始打猎了。

当火红的太阳升起在地平线上，大约在九、十点钟的时候，我们看见在山坡上有些人的连衣裙在随风飘动，有些人戴白草帽，有些人打小阳伞，小阳伞在天空的蓝色和高山的阴暗的山色的衬托下特别显眼。这些人原来是我们的姐妹和她们的朋友；她们是来参加打猎的。我们为了使她们高兴，把打猎的时间又延长了一会儿。她们转动镜子，在打猎活动中得到了快乐。

不久以后，就该吃饭了；一般地说，肚子总是先知道饿的。

你看地上乱七八糟地堆满了好多东西：首先是打猎的成果，其中最好的是大云雀；谁打的大云雀多，谁就最神气（每个人都知道他打中了几只）；其次是猎袋、猎枪、肩带、草帽、火药和从城里带来的食物，例如面包、酒和羊腿……因为也有云雀不从这儿飞过的时候……事先谁也不知道会不会碰上这种情况。

现在开始做饭。我们一共有十五到二十个人；每个人都开始行动起来。

“我们来生火。”——于是，有的去拾柴，有的去收拾做饭的地方，用石头砌灶，并在灶的前面用两根树枝交叉地插在地上，支撑着猎枪筒，把枪筒当作烤云雀的叉子用。

给我们做饭的姑娘们说：“还需要黄油、碟子、土豆、煎锅……先生，你们还忘了带盐来，谁到村子里去找一点盐来？”

有几个人被派到村子里去了；当他们穿过田野回来的时候，真是满载而归，有的扛着蒸锅，有的手里拿着煎锅，有的手里拿着食物和用具；我看，也许有人还以为他们是偷庄稼的人，是抢劫农作物的哥萨克骑兵。不过，别人怎么说，都没有关系。

大家都动起手来。在这里，有三个姑娘在拔云雀的毛；在那边，我们有几个人在帮助姑娘们削土豆皮，并把土豆切成块。这个人专管烤云雀，那个人专管炒菜，另外一些人在打杂儿：挑水啦，洗碟子啦。在这块野外空地上，这些事情都做得干净利落，十分顺利；没有一个人说感到厌烦，说不喜欢干，或者干得不起劲，因为每一个人都很快乐，干得挺欢。大家心里都很高兴。我认为，我走遍了全巴黎也未见过哪一个晚会有十年前（第一版，唉！）在我们老家山坡上举行的这种打猎野餐会这么漂亮，哪一个舞会也没有它那样快乐。——我这个人的性情还不是特别偏爱乡村的呢。

这样的聚会在同样的情况下反复进行几次，这些人就会自动承担他原先的角色，在共同的劳动中做他原来做的那一份活儿。他们的本事得到了承认，得到了证明：结果每个人都获得了他应得的权利，整个工作也进行得很快，活活泼泼，一气呵成。和谐形成了。

这段叙述——你当然在其他地方也见过这样的叙述——的寓意，就在于此。

有一项工作需要人去做：要准备一顿饭；

为了做这项工作，就需要有一个小组的劳动者自由自愿地承担。

由自由自愿的人组成的这个小组，还要分成做不同细分工的分组，从而产生总的和谐。你别以为我们是出于制度精神，是为了证明《论协作制度》的作者是正确的，所以才在打猎的时候这么做。

我请读者花点工夫去看孩子们做游戏，并回忆一下你们在中学时候的情形，就可以找到我所说的这些例子。如果说文明人的劳动被局限在分散经营制度的狭窄的范围，它的组织是那么的荒谬和违反它的天性，以致举不出它有任何一个自动组成小组的例子，这是不能怪我的。在乡村中，在车间中，在大人的办公室中，天性得不到表现，所以只好到孩子们的游戏中去起作用；我们今后要研究的，正是这一点。要借助于孩子们的游戏，用吸引人的活动作例子来论述自由的天性的要求，这种作法的本身就是对我们现今的劳动组织的严厉批判。再也没有什么东西比我们从观察中得出的结论更有意义了；因为，我并不认为在社会问题的思考方面，人们还能举出什么事情比用天性的要求和情欲使制度臻于和谐更有意义。重要的是:观察要认真,推理要正确,观点要使大家都能明白。如果我愿意的话,我也可以像第一位有成就的形而上学家那样卖弄学问和头脑糊涂①。

因此,我们可以把谢利叶之分成小组,在小组中之把工作细分成许多份,看作是协作制度的劳动分类和组织的普遍适用的方法,是符合逻辑和天性要求的方法。

你可以看出,在这件事情上,如同在其他事情上一样,人的天性和理智的作用十分和谐,完全吻合。你听从了天性的话,你始终按照它最微妙的冲动、最细微的迹象和变化无常的现象行事,因此它领着你前进,向你指出这个谢利叶的法则和它向下细分小组、细分工作的方法,就是组织的法则。

这就是说,只要你对天性的冲动进行了研究,并衷心接受了适合于你的志愿和爱好的那一份工作,你找到了一个可应用于一切工作的方法,即著名的劳动分工法;然而,尽管这个方法是非常有利于生产,但文明的工业只能把它应用于一个劳动部门,即产品制造部门,而且应用起来反使工人大受其苦。

人们在读完本章的时候就可看到:在小组中把工作分成许多

① 一连桥梁工程兵在一条河上进行作业的情形,就是小组再分成分组的很好的例子。搭浮桥的工作是分得很细的:有安放浮船的,有系粗绳的,有下锚的,有架工字梁的,有铺木板的,等等。连队分成若干个专做一样工作的班;各个班同时投入工作,各自做自己承担的事情。整个工程进行得又快又协调。当他们你追我赶地同时在搭两道桥的时候,如果旁边有人在观看的话,搭桥的士兵为了显一显自己的本领,干起来就更干得欢,整个工程就完成得比预料的快。凡是看过或参加过这种作业的人都懂得在小组中把工作分成许多份的用意,都知道在整个工程中这样分工进行的重要性。可惜的是,我没有用这个例子来论证自发性的作用。

份,这个办法是劳动者的个人独立和个人爱好的自由发展的真正保证,因为它允许每一个人只干他觉得有兴趣而且有本事干好的一小部分工作(而不是几项工作)。

一个小组争取到一项工作后,便让它下面的每一个分组承担一份细分的工作;一个小组是由几部分人组成的一个整体,他们齐心协力地共同行动,你追我赶地互相促进。每一个人在他专心致志地干他喜欢的工作的过程中,可以得到他周围的人的帮助;个人依靠群众,在小组中大家互相支持,紧密团结。人与人之间很友爱,很接近;共同的目的把大家联系在一起了;团结激励着人们,每一个人的心中都有步调一致的感觉;工作中洋溢着一片热情,有了热情,什么困难都是可以克服的。

无论是维护和平还是打仗,只要一个部队的各个部分共同行动,每一部分都积极执行各自的任务;只要各个部分的行动能汇合成一个统一的行动,集中于同一个中心,大家便能协力一致,互相配合,心中充满热情,全力以赴地努力工作。这是规律,这是必然的,不可抗拒的,而且是出自天性的。人就是这样从一个极端走到另一个极端。最冷漠的人也不能不受这个由许多和谐的部分构成的整体所产生的齐心协力的情景的影响。当所有的分组协同动作,一起进行作业的时候,在小组中就会首先出现这种热烈的场面。

如果你不让接触,不让不同的部件起它们各自的作用;如果在工作中没有这种由各个部分的协同动作而产生的劲头;如果你把劳动者放在文明的工业的环境中,让他们孤立地工作,每一样细微的事都要由他做,一件一件依次慢吞吞地做,没有与之相竞赛的对手,没有人帮助和支援……则一切都会完蛋。厌恶和烦恼将代替干劲和快乐，劳动又将成为一件苦事，成为令人厌烦的事和痛苦的事。

总之，本章的目的，是希望人们在小组中采用把工作分成许多份的办法，这个办法是获得个人自由的必要条件，是满足人的心愿的手段，是劳动引力的第一个特别条件。我们已经论证，采用把工作分成许多份的办法，将使人们同时进行的努力和谐地集中于一个共同的目标，因此是实现和谐一致的根本模式；和谐一致的实现，将激励人们，使人们对一项事业怀抱热忱，并产生能克服一切困难的激情。和谐一致的气氛，将随着它所影响的群众的热情的高涨而高涨，而当它达到一定的强烈程度的时候，它就会像宗教信仰那样产生超出常人想象的强大的影响力，搬动山岳。

当我的任务进行到一个部件一个部件地建造谢利叶的结构的时候，我衷心希望读者严格检验我的论据，因为，既然我们不愿意讲任何任意的和想象的东西，不愿意讲任何没有事实和理论根据并为天性明确许可的东西，我们当然也不愿意让你往后有权利回过头来对一个你已经承认其一切细节的东西表示非难。不过，我并不把你当背信弃义的人看待，而只是在现在告诉你：既然每一个数字你都承认，那就不允许你不承认由这些数字加起来的和。这是很公正的；我们接着讲下一章。

第三章　第二个近似法。工作的交替变换

上帝所做的东西都做得很好。

《常识》

如果谢利叶的劳动时间也要像文明的工人的劳动时间那样，长达十二到十五个小时，从早到晚老干一种枯燥无味的工作，没有任何娱乐，则上帝也许就会使我们具有爱好单调和害怕变化的思想了。

沙·傅立叶

上帝的选民的幸福在于：上帝是无限的；他们在沉思上帝的时候，得到的快乐总有一番新意。

圣·奥古斯坦

§ I

唉！道德学家，如果你希望人们喜爱劳动的话，你就要想办法使劳动值得喜爱。

沙·傅立叶

如果你希望人们喜爱劳动，希望劳动对他们有吸引力，使他们感到快乐和入迷，简单的办法是：让每一个人做他最喜欢做的工作，并且和他最喜欢的人一起工作；你采用的分配工作的方法，就是从自然的冲动本身推导出来的方法。

跳舞、骑马、打猎和滑冰，这些事情本身是很快乐的吗？不，它们本身是一种枯燥无味的、消耗人的体力的活动。你从来没有看见过哪一个年轻的姑娘——尽管她爱跳舞——在她的房间里单独一个人跳的。嘿！只要有乐队演奏音乐，舞厅又漂亮，你去瞧，年轻的小伙子和漂亮的姑娘跳四人对舞一直跳得满头大汗、精疲力竭的，岂止一个、两个。要是孤孤单单没有舞伴，小伙子们是跳不起来的。舞还是那些舞，没有什么不同，但附属的条件变了；这就是舞会！配成了组，人与人有了联系，就会活跃起来，在运动和接触中产生火热的快乐心情。

文明制度是如此地想方设法去掉劳动中的使人快乐的因素，以致在我们的语言中，“苦”和“劳动”完全成了同义词。这个同义词，从相对的意义上看，在野蛮的或文明的环境中是对的，但从绝对的意义上看，是不能接受的。首先，为了要弄清楚“劳动”这个词的真正含义，我们要指出，这个词的意思，用确切的话来说就是：运用人的体力或脑力去达到某种预期的结果，不论这种结果是不是生产性的，是有用的还是有害的，都没有关系，这个定义都适用。演剧也应当算作是一种劳动。达拉伊德姐妹[1]也是在劳动。文明人往往就是像达拉伊德姐妹那样劳动的，而且其后果还更糟糕；因为，宁肯把水注入无底的桶，也不可像文明人那样用八十万人和二十万匹马去蹂躏人民，烧庄稼，毁农村，焚烧城市，互相残杀。在力学上，要测量一股水或一部机器所做的功，人们就让水或机器提供力，而不管它们提供的力，用于什么目的。

正如好的机器，就是从它们的动力中获得最大的有效功率的机器，好的社会是这样的社会：把一切工作都用之于大量培养具有良好的体力、道德和智力的人，用之于生产尽可能多的产品。既然生产纯粹是为了供应人的需要，使人们得到享受的乐趣，则乐趣的获得，便不能以苦和忧伤为代价，这就是说，劳动应当成为吸引人的事情，因此，良好的社会秩序的特征，是全面组织吸引人的生产劳动。

可见，劳动——体力和智力的运用——对人来说应当成为“快

[1] 关于达拉伊德姐妹劳动的故事，请见本书第一卷第12页译注。

乐"的同义词;这是我们每一个人在生活中都见到过有千百个事例证明了的。

在这里,我不讲艺术家在构思和创作的时候的快乐,也不讲学者们在多少个孤寂的夜里废寝忘食地进行研究和探索时候的对工作的热爱……当然,这是锲而不舍地入了迷的情形。人们也许会说艺术家和学者的情况是例外,他们的工作是特殊的工作。这种说法,只能说暂时是对的。

因此,我要以农民为例子;并且顺便说一句,我们之所以举而且往往举家务劳动或农业为例子,并不是因为它们最为普遍和十分重要,而是由于人们天生就很讨厌这些活儿,觉得它们很苦。然而,一旦以农业、家务劳动和制造为例子来论证了劳动的吸引力,人们就可以从而推想到科学和艺术工作的乐趣。这样来论证是更说明问题的。反之,如果我们从科学和艺术工作中找例子来论证,人们就会拒绝把我们的论点用来说明其他的工作。现在就让我们来谈一谈农业和家务劳动。

一个农民成天赤着脚在冷冰冰的泥土里一个人耕地,用鞭子抽打已经精疲力竭的拉犁的牛,对这个农民来说,日子当然是很不好受的,很苦的;劳动是很令人讨厌的。对一个孤单单地在主人的葡萄园里干活的人来说,劳动也是很苦的,很令人讨厌的;他也是从早到晚面对泥土,没完没了地翻地的。

不错,情况是这样的;但是,当收庄稼或收葡萄的季节到来时,日子就会像过节那样欢腾了。

你看在地里的那一排胳臂有力的年轻人,他们走在前头,用长柄镰刀割地里的麦子。在他们的后面,妇女们不停地用叉子和耙把割下的麦子搂在一起，堆成许许多多的小堆。这些工作，人们干起来很快活，很起劲。大家有说有唱；人愈多，活儿干得愈快，干得愈欢。当车子来装麦子的时候，所有的人，男的、女的、老的和少的，都拥过来围着车子，高高兴兴地装车，装得多么快，多么好啊。凡是熟悉乡村风俗的人都看见过我描写的这段情景；我本人就不止一次地使用过割麦子的人用的长柄镰刀和妇女们用的叉子干活。现在该收葡萄了！

在贡德，在收葡萄的时候，住在山上的人，男的、女的和小孩一队一队地从山上走下来，沿汝拉山一带到各个区去和当地的人一起收葡萄。他们在葡萄园里排成行，彼此间隔几步远，有一个人带队。每一个人有一个篮子，一边摘一边往前走，把摘下的葡萄倒在背筐里，等搬运的人来背走。只要山坡上走来大批男的和女的收葡萄的人，又赶上九月的晴朗的好天气，山坡上便一片欢腾，到处都听到有人在笑，在放声歌唱。城里的太太和先生们出于好玩，也往往来参加。孩子们简直高兴得发了疯，手里拿着截枝刀和小篮子，起劲地一连干好几个小时。所以我告诉你，这真是像过节的日子。

收葡萄也如同收其他庄稼一样，是许多人快快乐乐地在一起劳动的。

你也许会说，这是劳动的性质决定的，收庄稼或摘葡萄当然使人高兴嘛……那些收庄稼的人，摘葡萄的人，割麦子的人，如果为别人劳动，情况又该怎样呢？我曾经看见过有些农民被市镇当局派去干修路的苦活，他们去的时候，很不满意，叫苦连天，因为他们知道，这种劳动只对市镇有利，对村子里的人似乎一点好处也没有;然而,当他们一和小组中的人相接触,他们便感到高兴,悻悻不满的情绪便消失,又现出乡下人粗犷的快活样子。

在结束的时候,再阐述一点如下:

你把小组都通通解散,把男的和女的割麦的人或摘葡萄的人分开,把他们远远地分散开,使每一个人孤孤单单,什么活儿都得一人干,这时候,你看他们还笑不笑,还唱不唱,日子过得轻松不轻松,劳动会不会马上变得死气沉沉的,因而令人讨厌。

§ II

老千篇一律,总有一天会令人感到厌腻的。

布瓦洛

劳动是人的命运,上帝是不会诅咒他所创造的人的命运的。因此,有两种劳动:一种是死气沉沉的、没精打采的、自私自利的、孤独的和强迫的劳动;另一种是高高兴兴的、自由、齐心协力的和充满生气与热情的劳动。

在这两种劳动中,上帝希望人们把自己的全部精力和天性的爱好用之于哪一种劳动呢?是用之于第一种还是用之于第二种?既然是不合理的社会用层层束缚把你捆得紧紧的,使你不能受你的生命的力量的驱使,去从事令人感到快乐和喜欢的劳动,那你就别说是上帝硬要人劳动,有一个悲惨的命运;其实是你没有按上帝的意志行事嘛。引力已经不断地向你显示了上帝的意志,向你非常清楚地揭示了他的旨意,你为什么还硬要去碰墙呢?

人原本是很爱劳动的,所以只要他没有事儿干,他就会没精打采地懒洋洋地混日子，心里厌烦得要死。唉！一个无事可做的人！在世界上，还有什么事情比一个身体健康但又无事可做的人更令人发愁和令人讨厌的？他对自己和别人难道不是一个背不起的大包袱？

人是巴不得有工作做的。小孩、妇女、富人，甚至国王，都要给自己寻找乐趣，或者看看书，或者找点事儿做。路易十六是一个很高明的锁匠；路易十五在特利亚隆有时候成天忙着做饭，其原因并不是由于厨师做得不好。你每天都可看到一些很有钱的人喜欢捣鼓点什么，做点木工活儿啦，侍弄菜园啦，搞树木嫁接或锄草啦；有些妇女喜欢养花，辛辛苦苦地自己种。我再说一遍，许许多多偶然的事情证明劳动是人的需要，劳动可以变成很有趣味的事情，无论是体力劳动或脑力劳动都可以变得很有趣味。

——“是的，是的，偶然的事情，不过，纯粹是偶然的；因为……”

——“唉，天啊！说文明的劳动组织得很好的人，是我们吗？我们难道因为它**有时候**也提供一些吸引人的工作就不能谴责它吗？”

——“好，你说得对。你证明在某种情况下劳动可以引起人的乐趣，愉快地进行。如果只劳动一天，或只劳动一小时，是可以做到这一点的。现在，硬要你所说的热爱劳动的人承担一件非连续干下去不可的工作，每个月天天都从早到晚地干，月月干，年年干，一辈子干；一项工作……”

——“啊！！！这么说，你是承认有硬要人非连续干下去不可的工作了，承认有你所说的那种要天天干，一辈子干的工作了，你已承认这种工作是一条套在脖子上的链子,是系在脚上的脚镣,是压在胸口上的一块大石头,是一种刑罚!!! 你承认对一种工作只能在一个时候感兴趣……好! 太好了,太妙了……你把话真说到家了;这个话是你说的……说得很干脆:不应该硬要这个人一生都坐办公室,不应该硬要那个人一生都在地里种庄稼,也不应该硬要他一生都看机器或者一生都站柜台,总之,不应该像今天这样……硬要一个人老干一种工作……"

真是奇怪! 一出美妙的戏——我请雨果先生原谅我举这个例子——一出美妙的戏演四个小时,那是会使观众看得精疲力竭的;如果演六个小时,那是会把观众的身体拖垮的;如果把戏院的大门关上,硬要观众把这种乐趣享受八个小时,十个小时……啊! 他们将发火的,甚至打架的,在戏院里掀起一场大风暴的[①]……既然认识到即使是快乐的事,如果持续的时间太长,那也会使人受不了的,会使人感到厌腻的,为什么又不愿意承认:劳动的时间太长,这副将把劳动人民的脊骨压弯的重担必然会使他们感到他们所干的工作是令人讨厌的;必须砸碎这副重担,人民才能竖起腰板儿来! 啊! 这太过火了! 其实,令人讨厌的,并不是劳动本身,而是把人累死的持续的时间太长。你们荒谬的劳动制度把持续的时间和劳动结合起来,这等于把变动和生命与不变动结合起来,与死亡结合起来;因此,应当把这种结合加以分离。

如果你在一个礼拜天的夜晚到巴里耶尔去,你将看到有许多人在郊区的小咖啡馆里跳舞。你仔细观察,并挑出其中跳得最欢

① 请参见《工业改革》卷二中傅立叶关于演四十八小时的歌剧的论文。

的人。这个人如果是一个在菜市场或港口扛大包的，扛三百法斤大包，每天挣三个法郎，那你就向他提出建议，也一天给他三个法郎，请他到你家里来跳舞，他一个人在你的房间里跳，一天跳十二个小时，上午六小时，下午六小时。我敢打赌，他是宁肯到港口或菜市场去扛大包，也不愿意到你家里来跳舞的！退一步说，即使有一天他答应了你，但第二天他是一定不会再来的。

既然无论是做工或是做其他事情，单独一个人连续不断地劳动的时间过长，就会使人感到枯燥无味和腻得要命，你就应当听一听大自然的声音，它的意见是，有效劳动如果要使人感到乐趣，就必须具备两个条件：（一）聚集在一起劳动的人要多；（二）劳动的时间要短，而且要有变化。

在法郎吉中，劳动就是这样进行的。当各小组结束了它们的一次劳动（通常至多是两小时），它们的人就分散，到其他的组去做另外一件也像先前的工作那样顶多延续两小时的新工作。工作就是这样一个接一个地替换进行，以消除疲劳。上了一堂课，听一位老师讲一个半小时，或者自己讲一个半小时，之后便到果园的朋友们那里去，去和园丁一起种花、剪枝、锄草，和他们或她们一起浇水或搞嫁接，那是最愉快不过的了。

在和谐制度下，你再也见不到哪一个园丁是成天侍弄果园，非要做许多细微的工作不可的；也见不到哪一个种地的人成天翻地、哪一个木工是从早到晚都手里拿着刨子刨木头的；他们是不会像鞋匠那样老拿着锥子做鞋，商人老拿着尺子量布，政府公务员老拿着笔和刮字刀没完没了地写，老干同一种活儿。

这些情况是再也见不到了；所有的劳动，所有的工作，都分了又分，分成谢利叶和小组，每一个人可按照他自己的爱好、志愿和才能参加能引起他的兴趣、对他有引诱力的小组和谢利叶；这些小组和谢利叶的工作的开展和交叉进行，可以向他提供千百个适合于他的能力的不同的工作，千变万化，足以刺激他的兴味和热情。

把和谐制度下的人的命运，与现今的大批工人的命运加以比较，就可看出：贫困与文明制度这两个孪生姐妹把大批的工人终生关闭在工业的牢房里，或者驱赶到大街上，没有文明的工作给他们做，让饥饿迫使他们到处去讨乞。

协作制度的劳动按小组进行，小组的工作时间短，而且工种有变化。至此，我们在本章中已经阐明劳动引力的条件中的第二个条件，写在我们的公式中就是：交替做各种工作，在工作中得到乐趣。

第四章　第三个近似法。劳动竞赛

> 为什么上帝使人，尤其是使女人，如此之爱搞计谋？……为什么要这么竞争？……为什么不使人们成为兄弟，大家意见一致？为什么？这是因为在人的身上有适合于上帝给我们专门安排的协作制定的活力。如果上帝创造我们，是为了让我们处于分散的家庭制度，则他也许就会使我们具有哲学家所希望的那种委靡不振和麻木不仁的心了。
>
> 沙·傅立叶

§ I

一匹套在参加赛跑的马车上的马，突然一下冲在其他的马的前头，拉着马车在又惊吓又兴高采烈的人群的掌声中越过了栅栏。这是一匹老练的赛跑的马。这头勇敢的马，等等……

录自一家报纸

我们将继续研究劳动引力系统的组织的条件；但是，由于我们完全要根据事实来构造这个谢利叶结构的不同的部件，所以我请读者允许我使用一些事例，甚至引用一些数字。必须使用事例，才能确切阐明一种思想；当你根据事例懂得了这个思想的时候，你就可以很容易地普遍应用它了。这种把一个事例普遍应用到其他事情上的能力，人在幼年时候就有的，每个人都可以做得到的，因此，根据一个事例阐明一种思想，或者通过一个抽象的公式普遍应用它，这是两个不同的陈述它的方法。有些人自以为很有本事，自高自大，如果真要他们用普通的词句表述这个以特殊的形式陈述的思想，那是会将他们一军的！——现在，让我们来研究情欲在谢利叶中的作用。

我们已经说过，每一个劳动和工作部门的生产分得多么细，就可以有多少个小组；以农业为例，有些谢利叶有七个、九个、二十四个或三十二个小组——或多一点或少一点——分管七种禾本科植物，九种不同的醋栗，二十四种不同的桃子或三十二种不同的梨，等等；家务劳动、科学和艺术等，也是这样。

在谢利叶中，如果两个小组彼此相邻，同在一起，将产生什么结果呢？这两个生产的东西虽差别不大（有时候甚至完全一样），但所用的方法和手段却大不相同的组，是否合得来呢？每一个组有它专用的旗帜，邻近的旗帜表明那儿有对手。——这是很自然的事情。

在这两个相邻的组之间将出现不和,出现激烈的竞争。他们之间说的话,当然是批评的多,表扬的少。

这种不和的现象,由于谢利叶的逐级安排而不可避免地产生的奇妙的比赛,在劳动上会产生什么效果呢?在能够用来回答这个问题的许多事例中,我举出我从一位我们派在东方国家的领事那儿听到的事——此事,我不知道他是在爱奥尼亚岛的哪一个港口见到的。

有两只法国的三桅战船停泊在港口里。它们的人力、装备和桅杆数都差不多;一只是由普罗旺斯人驾驶,另一只是由圣东基的水手驾驶。

这两只战船在港里停的时间那么久,所以是不能不发生互相挑战的。有一天早晨,两只战船上的参谋人员在一起吃早点,在把每一只战船的经历都夸赞了一番之后,就开始谈论两只船各自的优点。于是大家就打赌。所有的军官都参加,每个人都说自己的船会赢。打赌的钱是一百路易。第二天,当太阳升起的时候,两只战船都已做好了准备,比赛就按照商定的办法开始进行。我无法告诉你们商定的是什么办法,但我可以告诉你们,在一边旁观的水手——划船的苦役犯——都说他们从来没有看见过那么漂亮、那么紧张和动作麻利的动作。讲这番话的苦役犯,还是俄国人和英国人哩……

双方都表现了强烈的团体精神和竞争心;每一只船上的军官和大、小水手都全神贯注,摩拳擦掌,鼓足了劲,按司令官的指挥行事:此事牵涉到战船的荣誉,所以大家只有一个想法,一个心,都巴不得取得胜利！两只船的船员都以这一天为荣：赢的一方给每个船员一份相当丰厚的奖金——一百个苏。得胜的一方和输方都举杯，亲切地互致敬意。

每一个人都看见过这种奋发竞争心的例子。我再举另外一个例子；这个例子从前曾经用来做过试验，检验我在本书从理论上阐述的事情。

这个例子发生在梅斯（首先要说明，工兵团每年在天好的季节都要演习与进攻和防守要塞有关的作业）。我们制作围城用的器材。

有一个星期，我让我的连队制作柴笼。头三天，我放手不管工作的进度；像往常一样，所有的人都集中在一个场地上干，把柴笼合放在一堆。工作照例进行得很慢，没有干劲；因为是奉命做的，强迫干的话儿是没有趣味的；甚至小组里的快乐心情也受到军队纪律的约束，不能表现出来。当然，在我的掌握下，纪律的约束还不太严厉。

第四天，我把他们分开。我让他们分十个场地，排成两队，在两条线上面对面地并排在五处。我命令每个场地的人把他们的柴笼做好后就放在他们的身后边，并告诉他们，在收工的时候——把十个堆的柴笼加以比较之后——把每一队的五个场地的柴笼集中起来，再看一看……我只是规定场地的安排，而不说任何鼓励打气的话。

好嘛！这些人一开始干活，你就可以看出这样安排的效力。在每一队中，首先在相邻近的小组之间，竞赛的气氛就很明显；每一个场地和对方与它正好面对面的场地也展开了激烈的竞赛；接着,这边的五个场地与那边的五个场地都一起竞赛起来了。在每一个场地里,彼此鼓励,展开批评,并向这个或那个小组挑战。这一边五个场地之间内部的竞赛,竟最后发展到联合起来向对方的五个场地挑战。结果,这一天工夫,就把柴笼做完了。

这一切,都是在防御工事前面的空地上进行的,那时正是七月的大暑天,火热的太阳直射在每一个人的头上。连队里的其余的人在阴凉地收拾捆柴笼的柳条——现在已经没有柴笼要捆的了——热烈的情绪持续了两小时,第三个小时还有点儿竞赛的气氛,但工作明显地慢起来了;他们已经搞得满头大汗了。

第二天,情况相同。在这互相竞赛的两天中,干的活儿比那平平静静的三天中干的活儿多两倍。那一堆堆的柴笼就是证明。此事,我这个团的同事们是亲眼看到的。

我在我们连队中进行的试验,可以专门写一本书来讲。单单对我刚在所讲的那个星期所取得的效果进行详细的分析,便已经是够长的了,已经能够充分证实谢利叶的理论论断是正确的了[①]。

我已经举了一些在和谐冲动下进行竞赛的例子。在每一场陆地和海上的战斗中都可见到这样的例子,只不过是在颠覆性的情欲冲动下进行的,是用之于破坏的;但是,尽管它们是颠覆性的,但冲动的力量和强烈程度则是一点也不差的。

§ II

……人类的子孙是很好的,应当由人类来辨别谬误,

---

① 参见本编末尾《关于吸引人的劳动的某些现象的研究》的附录。读者在作进一步研究以前,应当先研究一下这篇文章所列举的事例。

发现真理。

大自然将为他们效力……

毕达哥拉斯

推动人们去进行竞赛的情欲和雄心(文明制度使它们十分之九都变成颠覆性的),在使道德学家生气方面起了很大一部分作用;道德学家是情欲的天生的敌人,但他们是社会的朋友。社会束缚着情欲,使它们起不良的作用,产生许多荒谬怪诞的事物,而未产生社会应当经历的变化。

为了要使用我们所讲的情欲刺激,我且问你,而且还要问一个小孩子:上帝既然创造了这种刺激,并用它来装备所有的人的灵魂,难道上帝不给它安排一个与人的力量成比例的用途吗?这种如此普遍和尽人皆知的力量,这种男女老少都有的竞争心,从我们与社会的接触中所产生的力量,难道上帝只创造它,而一点也不使用它吗?上帝创造这种力量,纯粹是为了让人做恶事!——这种说法是不合情理的;你既然认识到了这种竞争心,当它在人的行为和工作中发挥作用的时候,它能使劳动者产生真诚的干劲,使玩游戏的人产生热情,使战士产生勇气,你为什么又不给它安排一些有益的、和谐的与合乎人情的用途呢?既然人是注定要劳动的,同时你又发现在人的身上有强大的可激励的动机,你为什么又不明白他之所以有这些可激励的动机,正是为了达到劳动的最终目的?既然上帝让人在地球上活动并治理万物,难道他不使人有计谋、巨大的力量和行动的手段?从此以后,谁能错误地理解竞争心的合乎神意的最终用途?

这如此普遍和活跃的情欲,将在谢利叶的结构中起一个很大的作用。正是因为有了它,工业、艺术和科学的各个部门才能够不断完善和精益求精,事物才能够进行细致的和明确的分类,小组才能够坚持不懈地努力工作,人们才能积极地进行批评,劳动者才有无限的劳动热情;此外,它还能产生我们即将在后面谈到的其他各种和谐的良好效果。

因此,大自然是希望情欲在谢利叶中能生动活泼地自由发展的。

一个谢利叶(做什么工作的都可以,但必须是正规地建立的)中的两个相邻的小组,生产的东西是很相近的,是没有多大差别的,有时候甚至是完全一样的。既然这样,你怎么能够指望这两个小组能协调一致,不互相嫉妒?竞争心是逼出来的。

一个小组中的人受到两面夹攻:左边有敌人,右边也有敌人。两边都同时在与他们争高低;这种复合式的拼搏,在整个阶梯上都有。应当牢牢记住这一点。

因此,在谢利叶或劳动分类的自然阶梯上,每一个组都和它相邻的两个组不协和,同音阶或音乐声音的自然阶梯上的每一个声音都是和它相邻的两个声音不协和是一样的,也同棱镜或颜色的自然阶梯上的两个连续的色调不一致是一样的。请注意,我说的是色调。

可见,一个谢利叶是一个音阶。同音乐的音阶一样,它应当有能力形成协调、不协调与和谐所包含的种种变化。

如同音阶是声调和谐的基础,太阳光谱是颜色和谐的基础一样,谢利叶是社会和谐的基础。我们对这个结构进行仔细的分析,是完全必要的。读者如果要我努力为他清除在这门科学和有关论文中遇到的障碍,我就请他细心阅读第三编结尾的那几章。这是唯一需要加以研究之点。这是一个基本问题:谁懂得谢利叶,谁就懂得一切。

"谁懂得谢利叶,谁就懂得一切!"傅立叶的伟大发现归纳起来就是这么一句话吗?谢利叶!这很简单嘛,很容易嘛,很自然的嘛……

啊!是的,这是自然的,很自然的……你不喜欢它是这样的吗?社会的和宇宙的真埋,是不像那些先生们的玄学那样精雕细琢、含含糊糊谁也搞不懂的;你认为这样太令人遗憾了吗?好吧,对于这个问题,请你听一听傅立叶的论述:

"我应当有所预防:人们难免不对我称之为小组谢利叶的新的家庭秩序表示反对。有人会说:发明这么一种秩序,这简直像做小孩子的算术题;它的安排像小孩子的游戏似的。没有关系,只要它能达到目的就行了:能产生劳动引力,使我们乐于从事农业劳动(对高贵的人来说,农业劳动现今还等于是受罪哩)就行了。农业上的活儿,例如耕地,的确是使我们感到讨厌的,都怕干这种活儿。一个受过教育的人,当他到了靠耕地过日子的地步,他是宁肯自杀也不干的。对农活的讨厌的心情,用谢利叶产生的巨大的劳动引力是完全可以克服的。关于谢利叶的情形,我以后即将谈到。

如果这种秩序的安排以小孩子的算术为基础,那正好说明是上帝的旨意:他希望对于我们的幸福至关重要的科学是最容易懂的。从现在起,人们如果再指责谢利叶的理论太简单,那他就会犯两个说话轻率的错误：既批评了上帝，说他使我们在计算我们的命运方面太容易；又批评了文明人，说他们太笨，没有把最简单的和最有用的东西算出来。如果说这是属于小孩子的算术题，那就可以看出，我们的学者还不如小孩子，没有发明这种只需要很少一点儿知识就可发明的东西；这是文明人的共同的缺点。文明人满以为自己懂科学，办事硬要远远超出他们的目的；由于讲科学讲过了头，以致没有把大自然的最简单和容易的办法弄懂。

最明显不过的例证无过于马镫子。这种东西很简单，连小孩子都会做；然而人类是经历了五千年才把它发明出来的。古代的骑士累得不得了，因为没有马镫子，他们吃了很大的苦头：人们在沿路一带都安放了踏脚石，帮助骑马的人骑上马背。听我讲完这段故事，人们都会对古人之愚笨感到吃惊。这种愚笨的状态竟持续了五十个世纪，尽管如今连小娃娃也不会这么蠢了。人们即将看到，人类在谢利叶问题上也犯了同样愚笨的毛病，因为要算这么一道小小的算术题，是只要有很少一点儿学问就可以的。懂得了这一点，就可看出有些人批评谢利叶说它太简单，这真让人好笑。那些爱取笑他人的人应该明白，这样的批评正是在取笑他们自己，取笑二十五个世纪以前那些还不会说这种笑话的学者。”

（《四种运动的理论》）

需要补充的是：虽说通过理性的推演，或是凭天性和本能，而掌握谢利叶的思想，是很简单的事情，但还是要花相当大的创造性的天才的力气才能计算出谢利叶和它的各个项目的结构和关系，才能首先确定它的法则。每一门学科的基本思想都是一种非常清楚的事实。还有什么东西比天文学今天所依据的关于引力的思想更清楚的呢?

本编的目的,虽然不是发展这门科学和深入研究它的各个分支学科,但它要详细陈述傅立叶的发现,使人们了解它和接受它。我们只是对谢利叶的关系和法则讲几个为了了解谢利叶的结构所必须知道的概念(我们在下一章就将讲到这些概念)。在结束本章的时候,我们只需说明这一点:我们把竞争心的应用引进了我们的劳动组织——它构成了吸引人的劳动制度的第三个特别条件。

第五章　谢利叶的法则。和谐制度的关系的一般公式

> 有一条法则统治着精神世界;和统治物质世界的法则一样,这条法则从事物一开始出现就存在了。
>
> 巴朗什
>
> 在一切亵渎宗教的言论中,最坏不过的是这种粗暴的偏见,硬说上帝创造了人、情欲和劳动的材料,但没有为他们的组织制订任何计划。
>
> 沙·傅立叶

§ I

必要的例子。

在开始研究谢利叶的结构和它的各部分的作用以前,让我们用一个例子来说明这些思想,从而弄清如何把谢利叶的办法应用于一种劳动。如果女士们愿意的话,我们就以她们的工作为例,讲一讲做饭和做糖果的事情——做饭和做糖果!! 在一本自称是研

究社会科学的书中讲这种问题!!! 是的,做饭和做糖果;是的,研究政治经济学的先生们,你们吃得很好,穿得很好,可是在有关动物油、肥皂、煤、棉花、糖、植物油和亚麻等问题上,你们写的文章却很糟糕。是的,我们要讲做饭和做糖果,讲做糖果和做饭。

首先要讲的是,一切在今天属于厨房的工作,都有许多大的谢利叶承担;人们参加这些谢利叶,谁也不觉得不好意思。处于协作制度下的人,谁也不轻视或贬低这个在一切制作工作中可算是为头一个最庞大的制作工作的。这项工作制作他们吃的东西,使他们每天都得到真正的享受,因此,处在协作制度下的人,是不会像文明人那样看不起这项工作。再说,炊事和卫生学有十分重要的和科学的联系,它是化学当中最有用的和最有趣的部分。是的,在一个富裕的法郎吉中的大厨房里,云雀、鹌鹑、山鹑、山鹬和沙雉,挂在锃亮的长长的烤肉铁钎上在一个炉前烘烤;在铺有瓷砖的灶面上,大盆子里装着已经烤成金黄色的小鸡和鸭子;在闪闪发亮的架子上还挂着许多牛排……所有这些都值得你去参观;我看,这些东西的样子之好看,并不亚于装有氨水和钙的蒸馏甑或乌尔夫的装有硫化氢的瓶子。在协作制度下的某些厨师,肯定比巴黎大学教授、男爵、法国贵族院议员泰纳尔先生高明,尽管这位先生能使向日葵生长茂盛,能指出两根试管里的东西哪一个是活的,哪一个是死的! 以下接着谈我们的谢利叶。

我们的区出产很好的红色水果。这儿的土地非常之适合于生长这种东西,使它结的果子有美妙的香味。山坡上种满了樱桃;春天,在草莓地里,在树丛和醋栗丛中,在法郎吉的林间空旷处的覆盆子地里,到处都可看到许许多多年轻的姑娘和小孩子在劳动。

女士们，由于你们的才能和我们的泥土的质量好，我们每年都要生产好几万听果酱，不仅使我们的法郎吉在法国出了名，而且在国外也挺有名气。我们的法郎吉非常重视这门工业，重视这种给它带来财富和名声的产品。

这个谢利叶的成员有二百四十个人之多，都是妇女和年轻的姑娘；小孩和小伙子顶多只有二十五个——他们到这个谢利叶来工作，纯粹是出于对果酱的喜爱；这一点，不说大家也是知道的。

不管怎么说，谢利叶是组成了，小翼、翼和中心都有了——樱桃在中心，覆盆子和醋栗在两翼，草莓在小翼。每个人都按自己的能力参加工作。

这样就组成了一个劳动部门，组成了一个由二十五个分工很细的小组组成的工厂。详细拟定了工作的步骤和方法，千方百计地提高产品的质量，鼓动各个小组的工作热情，让它们发挥它们的本事；在工作中可以发表评论，说说笑笑，爱讲什么就讲什么——讲的都是妇女们做的事情。需要补充的是，她们都是很公正的，对别人的才能总是大加夸赞的。在谢利叶中，各人有各人的级别；一开始行动，队长和士兵就各到各的岗位上工作。

我想，人们对这一点已经很清楚了，即：不论干什么工作，不论是农活、家务劳动、教育、艺术或科学研究，也不论有多少人，有多大的力量和有多少小组，谢利叶都是按照这个方法组织的。我们在以下几节中将研究谢利叶内部将如何处理工作中的协调一致和不协调一致（在谢利叶中出现这两种情况是难免的）。我请读者仔细研究这个结构。这是个基本问题。

§ II

我们现在跟上帝一起来处理事情。

约·克普勒

世界的和谐与音乐的和谐没有什么不同。

毕达哥拉斯

当谢利叶通过细微的差别有规律地从第一项逐步安排到最后一项时,相邻的产品之间的差别,和风琴或钢琴键盘上的连续音的差别,没有什么不同。这样,它的二十四个小组——假定它有这么多小组——便构成了两个连续的八音程;为了便于我们理解,我们可以给它们以相应的音符的名字。这就是我们的二十四个小组构成的谢利叶。

Si, UT, ut^d, re, re^d, Ml, fa, fa^d, SOL, Sol^d, la, la^d,

Si, UT, ut^d, re, re^d, Ml, fa, fa^d, SOL, Sol^d, la, la^d.

我们来看一看第一个八音程中的 Ml 组。这个 Ml 组和它相邻的 re^d 和 fa 必然是很不协调的;因为产品差别很小,所以竞争很激烈。同样,第一个八音程中 UT 和 ut^d 也是很不一致的。至于 re,请你注意,它的产品和 Ml 组与 UT 组的产品太相像了,所以不可能相协调。不过,Ml 和 UT 在梯级中相距甚远,所以不会互相嫉妒;相反,你将看到它们联合起来反对共同的敌人,反对 ut^d、re 和 re^d 这几个组。UT 和 Ml 喜欢互相表扬,互相激励,彼此认为气味相投,看法一致。在 Ml 组和 UT 组之间有一个相对照的协调一致;它们订立攻守同盟,为了对付所有其他的组,它们互相支持它们的工作和生产;它们互相帮助,但有时候也不免和邻近的组开个玩笑或提个意见。

Ml 和 SoL 是能够协调一致的，因为这两个组的对手都是 fa 和 fa^{d}。因此 UT、Ml 和 SoL 结成联盟并完全协调一致。在上边的八音程中 UT、Ml、SoL 所占的位置，和在谢利叶中的位置差不多，在结成联盟时是谁也不能少的。不过，你将看到：这个联盟所反对的小组也是彼此互相支持的，例如 re、fa、la 联盟在两个八音程中都有：re、fa、la，re、fa、la。

这些新小组之间形成的联盟，这个联盟的音调，无疑和前面那个联盟的音调是有所不同的。

这一切，都是由情欲的作用在完全自由的环境中产生的，因此没有任何生硬或强迫的现象。当然，一个小组与它的紧邻的小组自然是不一致的，和它的次邻的小组也是很难谐和的；由三至四个色调变化或半音构成的间隔，往往有助于使它们形成一致。因此，从 UT 到 Ml 我们有了一个由四个间隔或四个色调变化或四个半音形成的协调一致；从 Ml 到 SOL，间隔要短一个色调变化，因此，用这个方法构成的总的谐和，相当于音乐上由一个大三度和一个正五度构成的和弦，也就是说相当于全大调和弦。

以上是自然的协和音的组合的一般规律；它让你看到的联盟，正好相当于不同音调的全大调和弦和全小调和弦。缩短这些间隔，人们就会陷于不和谐；间隔愈缩小，不和谐的程度便愈强烈。正如这些不和谐的音的组合在音乐上不断使用一样，正如一个谢利叶中存在着不同的竞争一样，我们常常看到与完全和弦不同的和弦将同时形成；正如在音乐中组合成不和谐的声音与不和谐的和弦一样，竞争心的变化将组合成劳动上的不和谐。

这就足以证明一个严格地逐级安排的谢利叶之有一致与不一致的现象,同音乐的音阶之有和谐与不和谐的音是一样的。

正如UT音和它自己形成一致一样,同一个小组的各个谢克塔也同它们自己形成简单的协同一致;

它们也像UT和UT(上边的八音程上的)音那样,同较远的八音程上的小组的各个谢克塔形成复合的协同一致;

它们像UT、Ml、SoL音那样,同三度音和五度音的小组形成对比的一致;

它们像Ml音和re、re[d]、fa音那样,同紧邻的和次邻的小组形成或强或弱的不和谐。

不要忘记的是,这些小组是属于同一个谢利叶的,它们集合在同一面旗帜之下,同连队一样,尽管互相之间有竞争,但在争取全团的荣誉时,它们彼此是大力支持的。这些互相竞争的小组并不是敌人,尽管互相协调一致的情形是更多地见之于较远的三度音程、五度音程和八度音程的小组UT、Ml、SoL、UT、re、fa、la、re等,但在涉及翼和谢利叶的利益时,其他的组也是很够互相支持和互相帮助的,这就是说,在由谢利叶演奏的各种音调变化中,一切可能产生的和音都能出现,而且都应当出现。随着时间的推移,在劳动的战斗中出现的事情和优势都将消失,大家分享胜利,而且,由于胜利是属于一个联盟的,由于是一方获胜,某种和音占主要地位,这一天的音调变化就按这个联盟的声调进行,按这个和音所属的调式进行。因此,不仅情欲的谢利叶的阶梯像音阶那样,有和谐一致与不和谐一致的现象,而且由于逻辑的必然,指导声调组合的和声规律,与指导情欲键盘的和谐组合的规律是完全一样的。

很显然，谢利叶的小组愈多，愈是严格地逐步安排，它的和谐一致与不和谐一致的现象也愈多；这种情形，与有四十二根弦的新式竖琴比只有四根弦的旧式四弦琴能奏出更多的和声是一样的。

在这个问题上，没有任何随兴之所至凭想象安排的情形。你把谢利叶一组织起来，你马上就会听到自然而然地爆发出来的协和和音与不协和和音：和谐一致与不和谐一致的现象就会在你的眼前出现；既互相支持又互相竞争的联盟就会产生：它们将把你卷入它们的运动，让你在不同的音调变化中发挥作用；它们将激励你的使人喜悦的才能，使你身上的弦都振动起来，从而促使你前进。

可见，一个谢利叶宛如一个社会和谐的乐器，与能够发出响亮的声音并奏出各种音调与和音的键盘是一样的。

由许多谢利叶联合组成的、而且在由各个谢利叶自由选择并得到各个谢利叶热烈拥护的领导机关的指导下变化音调的法郎吉——按一定节奏行动的法郎吉，是一个有一千八百位演奏者的大交响乐团，是一个大合唱团：你将听到几百个浑厚洪亮的男声，再加上甜蜜清脆的女声和银铃似的女孩与男孩的童声……

如果每一个法郎吉都成了一个大交响乐团，则一个省将变成什么样子呢？国家又将变成什么样子呢？……如果地球在它的几个大陆上都建立了城市、首府和三百万个法郎吉，而且每一个法郎吉都参加从地球响彻云霄的爱和欢乐的大合唱，地球又将变成什么样子呢？

啊！它将成为一个又光荣又庄严的合唱队——它无愧于演唱

的人,也无愧于听它演唱的上帝!这时候,每一个人都将明白毕达哥拉斯的天才所预料的、古代的智者所一再说的、克普勒所深信不疑的、傅立叶所明确提出并十分精辟地论证的:

大自然按其规律来看是统一的,而按其业
绩来看则是相似的;宇宙万物是一个
大合唱队,其中每一个部分都有
一定的数量、重量和长度,
所有的和声将汇合成
一个单一的和声

§ III

> 只要我们不善于识别物质的有节奏的和谐中的神的精神,我们就不能把我们提到情欲的高度,也不能探讨其制度。
>
> 沙·傅立叶

谢利叶的结构是协作制度大厦的全部基础,因此,我们不在本章中把它的全部数据讲完,就不结束。为此,我从《四种运动的理论》中摘录了一段话;须知,早在1808年傅立叶就已经在这本书中把这个基本的计算作出来了:这一点,可以使某一位新闻记者感到很有趣的。现在,让我们来看傅立叶是怎么写的:

一个谢利叶,是由在年龄、财产、性格和知识等方面均不相等的人组成的……形成了不平等的对比和等次。不平等的对比和等次愈多,谢利叶便愈好进行工作,生产财富和使社会臻于和谐。

谢利叶分成许多小组，小组的秩序和军队的秩序是一样的。为了说明它的情况，我将假定一个大约有六百人（一半是男人，一半是妇女）的人群，他们都非常喜欢做同一种工作，例如种花或种植果树。假定这个谢利叶是种梨树的，就把这六百人分成小组，种一种或两种梨。一个组种酥梨，一个组种红皮梨，等等。每一个人可以选择，他觉得哪一个组种的梨好，他就参加哪一个组（一个人可以参加好几个组）；最后，这个谢利叶便可组成三十来个小组（它们各有各的特别的旗子和装饰），并结合成三个、五个或七个大组，例如：

由三十二个小组组成的种植梨树的谢利叶

大组	级数	梨的种类
1. 前卫	两个小组，	榅桲和硬质杂种。
2. 上升小翼	四个小组，	熬果酱用的硬梨。
3. 上升翼	六个小组，	脆梨。
4. 谢利叶中心	八个小组，	多汁的酥梨。
5. 下降翼	六个小组，	密结梨。
6. 下降小翼	四个小组，	淀粉质梨。
7. 后卫	两个小组，	欧楂和软质杂种。

不论谢利叶是由男人组成的，还是由妇女或小孩组成的，或者男女各半，这都没有什么关系，它的安排都是这个样子。

无论是在小组的数目上，还是在劳动的分配上，谢利叶差不多都采取这种安排；在上升的梯级和下降的梯级方面，它愈是按这个规则办事，它便愈加和谐，工作愈是进行得顺利。收入最多的、并使人人都有同等的机会得到最好的产品的区，它的谢利叶的梯级必然划分得最细,对比必然最鲜明。

如果一个谢利叶是像我刚才所列举的谢利叶那样组成,你将看到相对应的大组结成联盟。上升翼和下降翼将结成对抗谢利叶中心的联盟,而且一致行动,使它们的生产优于中心的生产;两个小翼彼此也将联合起来,和中心一起,与两翼进行竞赛。有了这样的结构,其结果必然是:所有的组都争相生产最好的水果。

一个大组的各个小组之间同样有这样的竞赛和联盟。如果一个翼是由六个小组组成的,其中三个组是男人,三个组是妇女,则男人和妇女之间也将展开劳动竞赛;其次是,在中心的第二组和联合起来与它对赛的两端的第一组和第三组中的每一种性别的人之间的竞赛;然后是,两个第二组(男人和妇女都有)结成联盟,对抗第一组和第三组(男人和妇女都有)的努力;最后是,整个翼联合起来,对抗小翼的各个小组和中心的努力。这样一来,单就梨树的种植来说,一个谢利叶的联盟和竞赛的计谋,比欧洲各国的政府的计谋还多。

此外,还有谢利叶对谢利叶的竞赛计谋,还有按同样方法组织的区对区的竞赛计谋。可以想象得到:种梨树的谢利叶将和种苹果树的谢利叶进行很激烈的竞争,但它将和种植樱桃树的谢利叶联合起来,因为这两种果树没有任何可以引起种这两种果树的人互相嫉妒的瓜葛。

愈是善于挑起情欲的火,挑起小组之间和一个区的谢利叶之间的斗争和联合,人们便愈是比干劲,使他们所喜爱的那门工作达到更完善的程度,而整个生产也将因之得到普遍的发展,因为每一个劳动部门都是有组织谢利叶的办法的。如果种的是一种杂种树，例如榅桲，这种东西既不是梨又不是苹果，那又怎么办呢？让这个组处于两个谢利叶之间，把两个谢利叶联系起来。这个榅桲小组，是种梨树的谢利叶的前卫，是种苹果树的谢利叶的后卫。它是介于两个类之间的混合组，是由一个类到另一个类的过渡，它与两个谢利叶都挂钩。人们发现，在情欲中有些是特别喜欢混杂和离奇古怪的东西的，正如我们发现有一些混合物归哪一类也归不上是一样的。协作制度将从这些爱好古怪的癖性中得到好处，并充分利用一切可以想象得到的情欲；上帝创造的情欲没有一个是没有用的。

我已经说过，谢利叶不可能总是像我刚才讲的那样正规地安排的，不过可以尽量接近于这样安排法，因为它是自然的秩序，是刺激情欲奋发、并使它们趋于平衡和用之于工作的最有效的办法。勤劳的人一组成进步的谢利叶，劳动就会变成一种很有趣味的事情；他们劳动的目的，出于想得到报酬的时候少，出于竞争心和谢利叶精神固有的其他旨趣的时候多。

因此，产生的效果，同协作制度的其他效果一样，是很惊人的：每个人愈不在乎自己得多少好处，他得的好处反而愈多。通过种种巧安排而干得最欢的谢利叶，为了干得很体面而宁肯少挣钱的谢利叶，是生产东西最多的谢利叶；它不计较自己的利益而一心只想发挥情欲的作用，结果，它得到的利益最多。如果它没有什么竞争心，不巧于安排，也不和别的谢利叶结成联盟，缺乏自尊心和干劲，不是出于特别的情欲而是为了得到好处才劳动，则它生产的东西也将同它的收入一样,是一定比那些千方百计地干好工作的谢利叶生产的东西差得多的;它愈是想多得好处,它得到的好处反而愈少。

我已经说过,为了使谢利叶能更好地出主意、想办法,使它的每一个小组生产的东西都达到尽可能好的程度,就应当尽量协调它的上升级数和下降级数。对于这一点,我将再用一幅图表来把它的具体安排深深地刻画在读者的心里:

检阅的谢利叶

在一个协作制度的区里,经营这个区的土地的劳动法郎吉的成员,将按不同的年龄分成十六个特利巴。每一个特利巴有两个队:一个队是男的,一个队是女的。一个法郎吉共有三十二个队,其中十六个队是男的,十六个队是女的。它们各有各的旗帜、标记和军官,并且有特殊的服装,冬天有冬天的服装,夏天有夏天的服装。

我们将在这里用图表说明的谢利叶,是按年龄的梯级排列的谢利叶。我们已经讲过,孩子们是有住寄宿学校和中学的自然的倾向的。我们的社会和我们的团体,也常常有足以显示这种倾向的迹象;在符合于人的天性的协作制度的自由的环境里,这种倾向将像我们即将看到的那样,自行调节和表现。当然,这种划分法排除了任何强迫行事的可能,谁也不会因为到了一定的年龄就非得在一定的日期从一个特利巴转到另一个特利巴不可,尤其是转到下降翼,是更不能强迫的。每一个队都有它特别适合于不同年龄的人的乐趣、精神和心情的地方;个人可根据自己的年龄和天性的爱好、精神和心情参加适合于他的队。至于不太愿意说出自己年龄的女士们，也请她们放心，请她们记住，在和谐制度下，无论办什么事情都是自由的，通过引力的作用实现的。不对任何一个人实行强迫。

二十岁以上的人的编排是完全自由的，所以表上没有列出二十岁以上的人参加的特利巴。

现在，请爱逗乐的人、爱开玩笑的人和各种各样的机灵的文明人注意：傅立叶为了要建立一种有规律的和自然的分类法（在他之前还没有任何一个人懂得这种分类法咧），便给分类中的各个类取了特别的名称；他制定了一套专门词汇——与他同时代的拉瓦锡在化学上也给矿物界的东西制定了一套专门词汇；林内和德·朱西厄给植物界的东西也制定了一套专门词汇；最近，居维叶还给旧大陆的动物制定了一套专门词汇哩——这当然是极其奇怪的！需要补充的是：傅立叶在谈到小孩子的时候，他没有从拉丁文或希腊文去找称法，而是从母亲和乳母的语言中去找称法；在谈到其他的人的时候，他从普通人的语言中去寻找称法；所以这个表就变成了**超金字塔形**的样子，而且比那个高高的可笑的东西还高……

规模庞大的法郎吉

分成 16 个特利巴和 32 个队

级别	类	年龄
上升的补充者	乳儿……………	0 岁至 1 岁
	胖娃……………	1 岁至 2 岁
	顽童……………	2 岁至 3 岁

特利巴和队

上升的过渡,1个特利巴|1 男娃和女娃……3岁至4岁半

上升小翼,2个特利巴
- 2 男小天使和女小天使……4岁半至6岁半
- 3 男六翼天使和女六翼天使……6岁半至9岁

上升翼,3个特利巴
- 4 男中学生和女中学生……9岁至12岁
- 5 男高中生和女高中生……12岁至15岁半
- 6 男少年和女少年……15岁半至20岁

中心,4个特利巴
- 7 男青年和女青年
- 8 男成年人
  - 和女成年人
  - ×行政管理处
- 9 男力士和女力士
- 10 男勇士和女勇士

下降翼,3个特利巴
- 11 男雅士和女雅士
- 12 男稳健人和女稳健人
- 13 男明智人和女明智人

下降小翼,2个特利巴
- 14 男名士和女名士
- 15 男长者和女长者

下降的过渡,1个特利巴|16 男家长和女家长

下降的补充者
- 病号
- 老弱
- 缺席

检阅的次序是:小孩、小伙子和年轻的姑娘、男子和妇女、老年人;两个按年龄和性别分的自然等级;十六个特利巴和三十二个

队，穿着样式不同的服装，举着大旗、小旗和旌旗，簇拥着法郎吉的有三十二道盾形花纹的方旗前进，围着行政管理处转，好似所有的行星围着太阳转一样！请你把进行检阅的法郎吉中的人们的面貌，和我们乡下和城市中的虽穿着节日服装但显得很厌倦的人的面貌比较一下吧……

当法郎吉把它的三十二个队展开的时候，它便是一个完整的、强有力的和永存的人道主义的单位；它宛如一个人，但不是一个孤立的和文明社会的人，不是柔弱无知的、贫穷的和受苦受难的人，不是行事虎头蛇尾的人，不是虽生但终归要死的人。法郎吉将永远存在而不会死亡的。老一代的人去世之后，年轻的一代又成长起来。干部永远是齐全的。人类将在雅各所看到的那个接连天与地的梯子上不断地上去下来的[①]。族长在梦中看见的在神秘的梯子上不断地上去下来的天使，如果不是这个世界上的人，在和谐制度建立之后，和另一个世界上的人互相不断地迁移，又是什么呢？

当法郎吉把它的三十二个队展开检阅的时候，也就是人类在展现他不朽的生命和永恒的力量，在地上展现他的国……

当法郎吉在宗教节日把它的三十二个队展开，用三十二个声音赞美上帝的时候，也就是人类——地上的王——把王冠奉献给他的君主上帝，并团结在他的身边合唱欢乐、智慧和爱的歌。啊！他不再是那个在上帝面前发抖、匍匐在石头上祈求把他的灵魂从魔爪中抢救出来的孤独的人了。宗教将失去它的严酷、恐怖和幽

① 据《圣经》上说：雅各从别是巴向哈兰走去，到了一个地方，因天色已晚，便“在那里躺卧睡了，梦见一个梯子立在地上，梯子的头顶着天，有神的使者在梯子上上去下来”。（见《旧约全书·创世记》第二十八章）——译注

暗的神秘的色彩:它将脱下它的丧服。它现在将打扮起来,像地球在春天那样戴上鲜花,像阳光灿烂的夏日的晨曦中的广阔的天空那样微笑!人类在欢乐了!他不再忧郁,不再为了奉献祭物而向上帝唉声叹气,流泪诉苦……人类在肉体和灵魂方面作出牺牲的时间已经够长了!上帝再也不愿意看到人们哭泣和咬牙切齿地发出怨声了。他再也不把人罚入地狱。地狱将被拆除,魔鬼也将得到宽恕。

法郎吉成立了,它把它的三十二个队都排列出来,加以检阅:男女老少都穿着颜色和谐的服装,在去圣庙的广场上摆上鲜花,三十二个声音向上帝齐唱神圣的颂歌!啊!有十六个特利巴和三十二个队的法郎吉成立了,解放的时刻到来了!

不过,我们不能在这里把时间花在咏诵从谢利叶制度下的人类活动中像喷泉似的涌现出来的诗篇,因为我们有一项研究工作要做。

在参加检阅的十六个特利巴中,只有十二个特利巴(从 2 至 13)参加队形变换和大型活动,构成**积极的和谐制度的**干部。第一特利巴太年轻,不能参加这些活动;第十四和第十五特利巴是**当顾问出主意**,而**不实际活动的**;第十六特利巴是退休人员。

我们刚才所讲的谢利叶,给我们展示了一个我们在前面的例子中尚未研究过的和谐体系。显而易见,谢利叶是按下列方式变化的:

1. 2. 3.　4. 5. 6.　7. 8.

16. 15. 14.　13. 12. 11.　10. 9.

上、下两排中相对应的特利巴,它们之间是渐次形成和谐一致的。小孩和老年人，年龄最小的和年龄最大的这两种人之间显然是互相亲近的；因此，在第一和第十六特利巴之间，即在男娃和女娃与男家长和女家长之间，是完全和谐一致的。这种和谐一致的情形，将延伸（但将逐渐缩小）到中间的特利巴，即第八和第九特利巴；在这两个特利巴中，和谐的程度是最弱的。

一个谢利叶中的和谐的分布，与磁棒或电池中的引力的分布是极其相似的。我们知道，在磁棒或电池中，两个极彼此是相亲近的，而那些与两个极距离相等的元件，彼此之间的互相吸引的力量是逐渐减弱的，一直减弱到中心点——磁棒或电池中的惰性点。

§ IV

> 我把谢利叶的安排所使用的四个方法称作和谐制度的转调。
>
> 沙·傅立叶

从我们前面的论述就可看到：谢利叶，尤其是按七个或十二个音阶整整齐齐地排列的谢利叶，将产生三种和音：

一、"大调和小调循序对比的；这种对比的和音，是与音乐上的三度音、四度音、五度音和六度音相对应的；

二、"循序联合的或一致联合的；这种联合，我们刚才已经讲过了；

三、"循序交替的；按照这种循序交替的和音，同情心将从对比的变换到联合的，从大调变换到小调，等等。"

我们将不再进一步深入研究谢利叶的结构。以上所述，已经足以使人想象得出协作制度的安排,深知对谢利叶进行研究,就可了解谢利叶的组合,并解决许多又长又复杂的计算问题。

在结束本章的时候,我们将谢利叶的安排所采取的四种不同的方法或转调,胪列如下:

1. 简单的转调,
2. 混合的转调,
3. 有节奏的转调,
4. 强有力的转调。

这四个转调,与语言的和谐是相似的:第一个转调与散文相似,第二个转调与散文诗相似,第三个转调与自由诗相似,第四个转调与分成许多诗节的长诗相似。这四个转调将用来确定各种谢利叶的布局。

"简单的方法,是文明人描述自然的方法,他们只分纲,从纲就到目,从目就到属,从属就到种,等等,忽略了其间要有过渡。"关于这个方法的例子,请见本书第一卷第159页的破产系列表。

"混合的方法,比简单的方法有更多的和音;它在递增和递减方面表现得比较明确;它使属和种的再划分有更鲜明的对比;此外,它还突出了过渡,把它们分开,分到两端,分成两类。"关于这个方法的例子,请见本书第一卷第157页的商业罪恶名称表。

"如果采用第三个转调,即有节奏的或通过八度音和基准音分配的转调,我们还可得到更多的和音,得到一个更细致的和变化多样的分类。"

关于强有力的转调,傅立叶没有详细谈。这个方法可以使谢利叶的组合产生有节奏的或没有节奏的变化。

关于转调的论述，是谢利叶学的真正基础。对这个问题感兴趣的读者，可以进一步阅读傅立叶在《论协作制度》第二册卷三第五编中就这个重大问题所写的那篇短文，并参阅新《法郎吉》丛书中发表的傅立叶对这个问题的手稿。凡是认为只有认真地计算才是科学的人，将发现傅立叶的文章中是有许多题目要计算的。

第六章　关于谢利叶的法则的组织条件的简要叙述

> 新的法则将向你揭示。
>
> ……
>
> 它像油橄榄一样，给人以养料和光明；它像油橄榄一样，给世界带来和平。
>
> 克拉里士·维古赫

§1　引力的条件

> 世界或宇宙只有通过引力在当中起桥梁作用，才能与上帝相联系；宇宙万物，从天上的星星直到地上的昆虫，只有按照引力的冲动行事，才能达到和谐；如果人类除了引力以外，还可以通过其他的道路达到上帝的目的，达到和谐与统一，那就应该有双重制度了。
>
> 沙·傅立叶

如果我们现在用几句话来归纳一下我们论述过的东西，我们将发现，我们已经用各种各样的部件建造了一个首先具有这种性能的结构：它能激励人们对它致力的目标感到兴奋、热爱和入迷。

这个结构,我们在建造它的时候,便简明扼要地逐项陈述了人类的天性经常向世界各地的学者和无知的人展现的引力条件,因此可以说,我们的学说,不是英国的学说,也不是法国的、俄国的或易洛魁人的学说,因为我们不是从英国人、法国人、俄国人或易洛魁人的角度来考虑问题,而是从全人类来考虑问题。我们单单从这个原则便能完全推知:不能粗暴地逆着人类天性的冲动行事,而应当欢迎天性的冲动,让它发挥作用,看一看满足它们的要求是否是一件容易做到的好事。我们完全是从天性的冲动来观察问题的。没有任何东西是我们想象出来的;我们只不过是明智地听从了大自然的声音,因此,你可以用明确的语言表明:再也没有比这更好的哲学了。

大自然告诉我们,人——无论是从个别看[①],还是从集体看——往往受到两种主要的动力的驱使;这两种动力是:

从和谐的行动中产生的昂扬的热情,

从不和谐的行动中产生的强烈的竞争心。

大自然还告诉我们,这两种强烈的感情(一个是盲目的,暴烈的,能冲破一切障碍的;另一个是经过思考和计算的,是很顽强的)不能无限期地老向着一个目标;正如在音乐引力的条件之外一样,在情欲引力的条件之外,和谐与不和谐可以互相支持,超过一定的时限;一个延长号应该有一个终止;正如耳朵老听某一个声音便感到厌腻一样,老做同一件事情心里也是会感到难受的。从以上所

① 几种强烈的情欲感如果合起来协同发挥作用,也是可以使孤立的个人产生热情的。至于个人对个人的竞争,那是最清楚不过,众所周知的。

述，我们懂得了交替作各种工作的必要性，认识到就引力来说，不仅需要和谐与不和谐，而且还需要音调变化——这个词在这里应按它最普通的意义来理解，指声音（和音与非协和音）的综合的连续。

如果你能够使一群人在某种行动上表现出总的和谐，则人们将怀着激情执行这项行动，而群众也将被吸引到这项行动中来。

如果你能够激励一群人怀着强烈的竞争心和斗争精神投入行动，则在行动的执行过程中必然会出现如火如荼的热烈场面；而群众也将被吸引到这项行动中来。

在这两种动力分别[①]或同时发挥作用的情况下，引力将成为加速活动的推动力，因此，引力的力量将与两种动力的总的强度成正比。

如果你现在想利用对许多人的行为都起作用的有完整系统的引力，你就应当考虑如何安排变换、交替、变化和对比，一句话，应当考虑如何交替使用音符、和音、非协和音、调式和声音。

和谐　　替换　　不和谐

① 在大多数时候，这两种动力将同时发挥作用。你想以巴黎的市民为庆祝共和节在香德马赫热火朝天地进行的土方工程作和谐的特别例子吗？——但在参加工程的各个队之间肯定是有竞争的。你想以街垒战或一场斗争或战斗作不和谐的特别例子吗？——但在这样的行动中，除了在强迫的情况下，每一方在对对方的行动中都是有和谐的；对于强迫的情况，我们是不打算研究的，因为我们要研究的是自由的天性，或者说简单点，我们要研究的是天性（自由的天性纯属冗言）。在小组或群众中是很少找到纯粹的或简单的和谐或不和谐的例子的。至于这两种动力在孤立的个人身上的发展，只不过是两个分隔的音符，分隔的声音；既不是和谐，也不是不和谐，而是和谐与不和谐的萌芽，是和谐的因素或社会的不调和的音节；如果它们之间结合得很好的话，就可成为和谐的因素；如果结合得不好，就将成为不调和的音节。

这就是引力的活的结构的三大手段。

这三个因素相当于灵魂的三种原始的情欲或活的力量——这三种原始的情欲,傅立叶称之为机械的或分配的情欲。这样称法,正好表明了它们的作用和性质。傅立叶还非常巧妙地给每种情欲取了个特别的名称:

组合情欲;它需要和谐、协同一致的和复合的感情和行动,它将产生盲目的、热烈的和带诗意的激情;

计谋情欲;它需要非和谐、阴谋煽动、竞争和有谋略的斗争,它将产生经过深思熟虑的、精明的和有心计的激情;

轻浮情欲;这是情欲之中最浪漫的情欲的浪漫名称,它需要替换和变化,以便保持运动、生命和魅力,像春天种花草那样播种各种乐趣,并审慎安排宇宙中的和谐①。

如果我没有搞错的话,我认为,我们正是从对这三种动力发生作用的一般环境的论述中推论出引力结构的公式的;因为

第一个引力条件。——光线向同一个中心的会聚,一个整体的各个部分向一个共同目标的同时动作,包含在一个总的行动中的小部分行动,这些就是和谐、意志的和谐、情欲的和谐的条件,从

① 我在这里指出这三种分配的情欲,只是为了提起注意。没有这三个词,我也许论述到这里就告一段落了,因此,人们可以把上面这四段话看作是另加的注释。我之所以这样说,是为了不让有些不怀好意的人找到责难的借口,议论有关法郎斯泰尔的用语。在各种学科中都有一些稀奇古怪的词,而且大量使用。天哪!却不让社会科学用十五个词:它们在法文里都是有相似的词的,而且是一看就懂的。再说,它们都是有明确的解释的。我还要指出,人们天天在学外国的语言,很费劲地阅读每一页都要查字典才能读懂的书;而对于傅立叶的著作,竟公然以他为了表达新的思想而非常精辟地创造的十五或二十个词作理由,便表示反对!——克里斯托夫·哥伦布和瓦士科·达伽马不是也给他们所发现的陆地取个名字吗?

这些条件产生热情和狂热——这个情欲现象——原理和结果——我们在小组的构成中，在它的分子的有系统的聚会中，已初步把它列成公式了。

第二个引力条件。——只有在都作用于相似的或差别不大的目标的条件下才进行竞争的两种敌对力量之间的竞争，是不和谐、意志的不和谐、情欲的不和谐的条件；它产生的强烈的斗争精神、党派观念和审慎的激情——这个情欲现象——原理和结果——我们在小组的音阶或我们称之为谢利叶的细细划分的梯级的分配中，已初步把它列成公式了。

第三个引力条件。——要使和谐或不和谐这两种现象不至于使人感到劳累、单调和没有趣味；不至于一个变成狂热，另一个变成乖张和恨，我们就应当倾听自然的声音，它采用变换工作的办法，把工作分成许多份，使个人可以从事许多种分成一份一份的工作，让自由的个人以各种各样的方式和组成整体的其他人相结合，允许小组流动和谢利叶的交叉衔接，因此：

谢利叶是激动的、竞争的、交叉衔接的。

它为组合情欲和它的和谐所激动；

它受到计谋情欲和它的不和谐的竞争；

它通过轻浮情欲和它的变换工作而实现交叉衔接；以上就是引力结构的公式。

这个能如此有力地发展和谐与不和谐以及情欲活动的结构，你把它应用于一切本身是好的、生产性的和对人类有益的事物，应用于一切有关地球的治理的事情，应用于人道主义力量的发展,一句话,应用于按最广泛的和最确切的意义(即人类活动的和谐运用)来理解的劳动,你就能找到吸引人的劳动的法则;你就能把人的情欲的力量,并从而把人的一切体力,用之于善,用之于秩序,用之于普遍的幸福和众人的事业,用之于人类的有规律的全面发展。

§II 和谐的条件

音乐是几个不协和的声音的协调组合。

毕达哥拉斯

我刚才指出:把谢利叶的结构应用于劳动,将使劳动具有吸引人的力量。现在再指出:在劳动上,在地球的治理上,在人类的伟大任务上,应用这一结构,是谢利叶能发挥和谐的作用的最重要的条件。

首先要记住的是,尽管我们在分析的时候很明确地把和谐与不和谐加以区别,但这两种情欲的力量仍能在行动中互相结合,彼此增进,一个接一个地发挥作用。在我们所举的例子里,在社会生活中所看到的其他例子里,只要稍为留心观察,就能看到分子与分子之间既彼此竞争,又互相结合成第一级群众;接着,群众与群众之间也彼此竞争,又结合成人数更多的第二级群众;不协调一致的人就是这样从比较小的团体结合成更大的团体,以便最终协调一致或不协调一致。我要指出的是:

只有在所有一切部分的和低级的和谐与不和谐最终构成一个高级的总和谐的时候,情欲的作用才是和谐的。

一个军队的连、营、团和旅的和谐与不和谐，从兵力的运用方面看是构成一个和谐的整体的，因为它们是构成了一个总和谐的。但是，当两个敌对的部队相遇的时候，在每一个部队中，由于它的连、团和旅的联合动作而形成两个大的和谐，便不再构成一个高级的总和谐了。这两个和谐形成一个大的不协和的和音：这种作用是颠覆性的。

两个乐队，每个乐队奏的曲子虽然不同，但在它自己的协和和音与不协和和音上是非常和谐的；然而，如果这两个乐队同时演奏，唱对台戏，那它们演奏的音调便极不和谐。

这个原理，对无论有多少人的单位都是适用的，无论是几十个人还是几百万人，是单个的最简单的声音还是集合的分组的声音，是二重奏还是管弦乐，都是适用的。和谐的基本法则是：不协和和音在一个高级的协和和音上得到补救，所有一切行动最终形成统一的和谐。

各个分组在小组中要和谐，各个小组在谢利叶中要和谐，各个谢利叶在法郎吉中要和谐，各个法郎吉在一个国家中要和谐，各个国家在世界上要和谐，这就是和谐的法则依次提出的要求。

这样依次增强力量的集合办法，是如此之符合自然的意图，所以使我们都具有这种倾向，并通过统一的不断发展的美妙的音阶，使我们具有巨大的中心情欲，使我们有统一的神圣需要，希望建立共同的秩序，达到最终的和谐，使整体的各个部分相联合。

因此，小组之汇集为谢利叶，在情欲上是团体精神的表现和激励的结果;谢利叶之汇集为法郎吉,是城邦精神[①]的表现和激励的结果;法郎吉之汇集为国家是爱国心的表现和激励的结果;各个国家之形成世界的和谐,是共同的统一体的表现和激励的结果。

我只是提出这个统一体的壮大发展的论点,至于谈到它的社会作用,谈到在世上的命运,则还需要对它进行仔细的研究。其次,还需要继续深入探讨它是怎样应用于普遍的秩序的,是怎样应用于共同的生活,应用于这个世界和上帝,应用于今后的命运和完整的统一的。这些问题,我将在另外一本著作中加以阐述;目前我只指出:未来的宗教是完全包含在这些发展中的。我还要阐述这些高级的和谐是怎样使人的心灵感到陶醉的;阐述它们使和谐制度下的人群将产生多么兴奋的情欲的协同行动,沉浸在多么欢乐和幸福的生活的海洋!是的,很久以来,人类一方面在心中蕴藏着对神秘的快乐的愿望,在火热的胸中怀着对从未饮用过的滔滔流水的渴望,另一方面又感到颠覆性的世界的生活对他有难以名状的压力,因此觉得他没有享受他的命运,觉得自己是居住在凄凉的尘世!然而,只要他没有为苦难的日子所吓倒,只要他没有对他应当完成的任务怀有无能为力的消沉心情,只要他懂得上帝——人类的父亲——并未抱有任何迟迟不让其他的生命享受幸福的恶

① “城邦精神”一词,取它原本的和最符合词源的意思,指古代的城邦(civitas)精神。这个词和它后面的“爱国心”在这里都用得很不恰当。我之所以用这两个词,只是为了让人们去推测它们不能表达的意思,因为这个意思完全是属于和谐的世界的,而这两个词是属于颠覆性社会的词典的。——且慢,和谐制度将来会创造它自己的用语的。——在这里,不管怎么说,对这两个词请取它们所含的人道主义的和美好的意思,而抛开它们今天所含的敌对的、仇恨的和荒谬的意思,这样,你就接近于懂得和谐的意义了。

意，只要他懂得他是人，应当用人的意志和力量把凄凉的尘世变成天堂般的乐园，他就一定能得到幸福！

人类对伟大的和谐和它席卷一切的运动是如此之向往和为它而生，所以在 1830 年就看见一个这种类型的和谐（而且还是带有相当多的颠覆性色彩的和谐）使一直过着饥饿日子的悲惨的人们乐得发狂，而且表现得堂堂正正，很有气魄；当时的场面，在平常是需要一万名警察、无数宪兵、狱卒、法官和监狱才能加以控制的；那一年，在高的和低的自由阶级之间短暂地实现了兄弟般的联合，运动的电波传遍了法国，使欧洲各国的人民也一致行动起来，不知道爆发了多少次革命，有多少国王被打倒！不论这些革命运动是不是带有颠覆性色彩，可以肯定的是：人类只有在这种广阔的情欲的领域中才能享受完美的生活，只有在这种领域中他才感到舒畅！我们还要告诉你们：最幸福的文明的财主的最幸福的生活，与和谐制度下最缺乏热情的、最冷漠的和组织性最差的人的生活相比，就只能算作是单调乏味的生活，没有生气的生活了。——不过，这不是我们在这里要论述的问题。

我曾经讲过，谢利叶的活动，不仅要吸引人，而且还应当很和谐；而和谐的条件是：所有一切低级的和谐与不和谐能形成一个统一的高级的和谐；现在，我把我的结论陈述如下：

把谢利叶的结构应用于地球的广泛治理，是获得统一的和谐的唯一的办法；因为整个人类的统一的和谐，只有在**一个对整个人类都有用的目的上**用一种稳定的和持久的办法才能取得。

我针对人类讲的这些话，对人类协作制度的各个梯级都是适用的。

只有在法郎吉所管理的各个谢利叶都实行协作制度,在法郎吉中才能出现持久的统一的和谐;只有在一个对全法郎吉都有益的事业上,才能实现总的集中。至于一个国家中的各个法郎吉和一个洲的各个国家应该怎么做,人们照此类推就可知道的。

由此可见:

谢利叶是一个很好的工具,它可以使它所从事的目的产生魅力,而且,当它从事一切对人类有益的目的的时候,也就是说当它从事劳动的时候,它就能产生魅力和社会的和谐;“劳动”这个词,我再重复一遍,人的心灵活动有多么广泛,它的含义就有多么广泛。

在文明制度中,各种利益往往是很混乱的,人们的见解遭到曲解,人们的情欲互相敌对。大家互相损害,彼此冲突。在他们之间,千千万万个人的声音不相协和,乱成一团,成了一片难听的噪音。

在这一片混乱的情况中,即使有某些例外,有某种形成一体的东西,有一个有组织的群众,那也是为了进行更严重的冲突,是为了从个人决斗过渡到打阵地战。在文明制度中,几乎所有一切有组织的事,如战争、海运和司法,都有一个进攻的、防御的或镇压的目的;它们之所以存在,完全是由于有某种外部的或内部的冲突……

所有的人都是活的和聪明的乐器,巴不得演奏曲调,组成有配合的和音和不协和音,使音乐会有抑扬高低的变化。大家都知道,一个发出响声的音,将使它的泛音也同时响起来。很显然,人也是一样,他们也要呼唤他们的泛音。因此,如果你想得到自由与和谐的话，你就必须打破枷锁，让这些幸福的和自由的组合得到发展，最后实现自由与和谐的条件！你愿意老在愚蠢的圈子里转来转去吗？你不愿意承认声音和情欲一样，协和和音与不协和和音是形成和谐的声音还是形成噪音，全看人们让个人的声音是进入好的还是坏的组合而定吗？啊！我认为，只有那些被老的或新的哲学的和道德的谬论弄得极其僵化的头脑才看不清这个如此简单的和自然的真理！

我刚才阐述的这番话，本来是可以放在本书第三部分的适当的地方讲的。本编的主要目的，是研究劳动的自然的组织法则，研究它的结构，指出它所具有的给人以吸引力的性能。至于这个法则所产生的和谐的结果，我们以后才对它进行研究。

第二部分附录　对情欲引力的分析和综合

> 要想消灭欲念，这实在是一件既徒劳而又可笑的行为，这等于是要控制自然，要更改上帝的作品。如果上帝要人们从根铲除他赋予人的欲念，则他是既希望人生存，同时又不希望人生存了；他这样做，就要自相矛盾了。他从来没有发布过这种糊涂的命令，在人类的心灵中还没有记载过这样的事情；当上帝希望人做什么事情的时候，他是不会吩咐另一个人去告诉那个人的，他要自己去告诉那个人，他要把他所希望的事情记在那个人的心里。
>
> 卢梭

> 你自己要认识你自己。
>
> 《古神谕》

§ I

没有无原因的结果。

如果从本书一开头起,我阐述的论点能为人所理解,如果我有些话讲得很聪明,人们便会明白社会问题包含:

一、创造一个能产生和谐的社会环境;

二、建立一个将在这个环境中发挥作用的情欲机构。

在第一册中,对第一个问题的探讨的结果,给我们提供的办法是成立协作制度的公社,即法郎吉。

在第二册中,我们彻底探讨了情欲机构问题,探讨了劳动的自然法则,从而认识到:它给人以吸引力的性能,是它的第一个最突出的特征,不可缺少的特征。因此,通过对某些引力条件的论述,我们找到了所要寻找的机构。

找到的机构是谢利叶;环境是协作制度的公社。

人们很容易看出,环境的影响和具有引力的机构的力量是相结合的,因为,正如我们已经论证过的,巨大的财富的创造,首先要以协作制度为基础,以协作制度的环境为基础;创造巨大的财富,是三大引力条件之一,是由情欲科学确定的三种引力策源地之一。因此:

引力的第一个大条件是奢侈。内在的奢侈或个人的健康或精力;外在的奢侈或个人活动的环境要干净和漂亮,而且每个人都要能享受普遍的财富。普遍的舒适,普遍的富裕和普遍的健康,这三者显然是第一个条件,是基本的条件。要贫穷、饥饿和受苦的人讲究快乐和美，是不可想象的；这一点是非常清楚的。然而，奢侈，引力的首要条件，只有通过协作制度才能实现，只有在一个以法郎吉为基础的社会中才能实现，对于这一点，我们已经不厌其烦地一再论证过了。

引力的第二个条件是自由结合的小组，自由的和令人喜悦的组织；在这样的组织里，同情、善意、行会精神、友谊、爱情、雄心和家庭的联系，将得到培养和发展。

引力的第三个条件是小组之结合成谢利叶，事物的纳入正规和自然的安排，协和和音、不协和和音与音调变化的产生。

第一个条件——奢侈——专门满足感官生活的要求；

第二个条件——小组——专门满足感情生活的要求；

第三个条件——谢利叶——专门满足小组结合的要求，满足社会生活的要求。

如果感官在劳动中为劳动所损害，如果劳动没有得到足够的报酬，以满足生活和感官快乐的需要，这就会成为劳动令人厌恶的第一个原因；

如果心灵的爱在劳动中受到压制，如果劳动者为他的工作所束缚，不能和他所喜欢的人接触，得不到他心中渴望的感情，这就会成为劳动令人厌恶的第二个原因；

如果劳动者成天平平静静的，没有协和和音与不协和和音的积极作用给他以激励；如果他的生活单调，老干一种令人沉闷的工作，这就会成为劳动令人厌恶的第三个原因，而且是最严重的原因；

但是，如果在他看来劳动是感官享受、感情愉快和情欲激发的

源泉,则劳动便具有巨大的魅力;这种魅力,与结合在一起的动力的多寡成正比,随着动力的力量的增加而增加。因此:

奢侈　　小组　　谢利叶

是三大引力条件,是三个引力的策源地。

如果你削弱这三个策源地中的这个或那个策源地,如果你减少它们的材料供给或助燃剂的剂量,则吸引力的力量也将减少。如果你再进一步削弱它们,扑灭它们的火焰,那你就会使劳动令人感到厌恶;你将发现:随着上述条件之逐渐为相反的条件——文明的和颠覆性的条件(贫困、孤独、单调)所代替,令人厌恶的程度将愈来愈强烈。因为文明的和颠覆性的条件完全是消极的。正如寒冷的形成是由于缺少热,黑暗的形成是由于缺少光一样,这些条件的形成是由于缺少生活和幸福的基本条件。令人厌恶的原因来自分散经营制度所产生的消极条件,而引力则是来自相反的条件,来自谢利叶的秩序的积极条件。劳动在法郎吉条件下是吸引人的,而在相反的条件下它便不能不成为令人厌恶的;在当前野蛮的或文明的社会条件下是令人厌恶的,而在法郎吉条件下它便不能不成为吸引人的。——这是证明和反证明——这是非如此不可的,是不可克服的。你把这个论点放在铁砧上用铁锤打,用拉丝模抽,用轧机轧,使劲敲,使劲砸,你都白费力气,休想动它一根毫毛。你现在想一想那个臭名昭著的论点的效力:说什么劳动永远不可能是吸引人的,因为它始终是令人厌恶的。这十年来我听见文明人老是用这个愚蠢笨拙的"因为"来回答傅立叶的深邃的推理,把它当野蛮人的剑,扔到天平的盘子上!头脑狭隘的人,你们应当去探讨一下原因;你们愚蠢地使劲反对这些结果,好像这些结果是没有

原因似的……唉！当然，按照野蛮人或文明人的方式组织的劳动，过去是，现在是，将来在任何时候也都是令人厌恶的。谁能否认这一点呢？是谁在否认这一点？你说说，是我们吗？——我们？然而，阐明这个事实的人正是我们。我们把它到处大讲特讲。我们以它为中心展开对野蛮的和文明的状态的批判……你们现在拿这一点来反对我们！由文明人的安排所产生的这种文明的后果，你们竟公然把它推到我们身上，说是反文明的安排的结果！真的，谁也不会说这么愚蠢的话。——要凭神圣的逻辑行事！整个问题在于弄清楚法郎斯泰尔的条件和文明社会的条件是不是一样的……啊！它们正好处处都是相反的。

把太阳的情况弄清楚，这是一件很合情理的事情；我觉得，这是弄清楚白天和黑夜的问题。如果有一个人告诉你说："即使太阳升起来，天也不会亮的，因为，当太阳落下去的时候，天就黑了。"你是不会接受他的论点的。——你还有别的话要说吗？说"谢利叶的劳动——在有引力的条件下进行的——不会是吸引人的，理由是因为文明的劳动——在与引力相反的条件下进行的——是令人厌恶的"吗？我向你们保证：在你们的那些思想家中，在那些誉满全欧的著名人物中，有许多人往往被你们看作是了不起的人，我的善良的读者，你走近他们身边一看，也许还以为是傻子；这些著名的思想家竟这样思考问题和推理——竟说出这样的话来。啊！约克里士，约克里士工程师，他为了不让你被雨淋，就把你扔进水里，结果使你一身都是水！有许多思想家、大作家、科学院院士和进步人士，他们是有力量把你磨得精疲力竭的。

引力产生的原因，是情欲的、永恒的和合乎天性的乐趣能得到

满足；

令人厌恶的原因，是情欲的、永恒的和合乎天性的乐趣受到了损害。

构成三个引力策源地的情欲的乐趣有三种：

一、五种感官(味觉、视觉、听觉、嗅觉和触觉)的乐趣使人有五种需要和愉快；我们称这五种需要和愉快为感性情欲；这种情欲与人的内心生活和肉体生活有关，它使人一心向往奢侈。

二、心灵的乐趣，或四种情谊——友谊、爱情、雄心(行会精神)和家庭——的需要和愉快；我们称这四种需要和愉快为情谊情欲；这种情欲与人的外部生活有关，它支配着人与人的结合、联系的建立、使人喜悦的组织的建立、小组的建立。

三、行政才能和社会生活的乐趣，与这些情欲有关的是：分类编排、事物的调整和处理、基层小组的分级组合、友善的和不友善的人员的配合、交替变换的协和和音与不协和和音的运用。这些都属于分配情欲。它们支配着谢利叶的建立，是社会的以及和谐制度的大推动力。

这三种情欲，与人的天性的三个方面相对应，

起感触作用的感官——物质的领域；

产生喜爱之情的心——心灵的领域；

进行综合与衡量的头脑——理智的领域。

这三个领域之间，以及它们与外部世界和上帝之间的和谐的需要，构成统一欲；这是最高的情欲。在宇宙中，只有被召唤来参加上帝的事业和担任治理工作的人才有情欲。统一欲是种族中的王权的特征。在地球上只有人在额头上带有它的神圣的标记。

因此有十二种基本的情欲：

五种趋向奢侈的感性情欲；

四种趋向小组的情谊情欲；

三种趋向谢利叶的分配情欲；

这十二种情欲汇合成统一欲，如同太阳光谱的七种有色光线之汇合成白色光线一样。

以上是对人的情欲的性质的分析；这是社会科学的真正基础。

§ II

> 不要把情欲和它的高潮混为一谈，不要把原因和结果搞混了。
>
> 沙・傅立叶

也许有人会说：你凭什么说这十二种情欲是基本的情欲，凭什么说除了这十二种情欲以外就没有别的情欲了？人类的种种行为的主要动力就是这些吗？

我还是请你来回答。过去和现在的以及你周围的人的天性，你自身的天性，除了物质的、心灵的和理智的这三个方面以外，还有别的方面吗？除了这三个领域以外，你知道还有别的领域吗？请你仔细想想还有没有？——没有，不是吗？

再说：

一、在物质的或感性的领域中，除了视觉、嗅觉、听觉、味觉和触觉这五种感觉以外，还有别的感觉吗？

二、在心灵的领域中，除了友谊（男女都一样的感情，尤其是在人生的童年时期占主导地位)、爱情(两性的感情,在青年时期占主导地位)、雄心(行会的感情,在成年时期占主导地位)、家庭观念(传宗接代的生育的感情,在老年时期占主导地位)这四种情欲外,还有别的情欲吗?在心灵的感情领域里,哪一种感情不是这四种分别在人生的各个时期里占主导地位的感情中的一种或几种感情的结果或综合?

三、在理智的领域(它主管事物的分配和情欲的声音的结合)的需要中,除了协和和音、不协和和音、音调变化、和音、不谐和音和调式轮换外,你还知道有什么别的因素吗?在分配情欲的领域中,除了产生不和谐的计谋情欲、产生和谐的组合情欲和产生变换的轻浮情欲外,你还发现有什么别的情欲吗[①]?

所有这些只有通过普遍的和谐才能同时得到满足的情欲,难道不受这种高级的和谐的需要的支配?不受作为它们共同的策源地的统一欲的支配?

"是的,说得很好。不过,如果仇恨、愤怒和恐惧等不是情欲,那你又把它们叫作什么呢?"

所有这些运动,以及其他许多种运动(无知的哲学家称之为情欲,并视之为人的天性的动力),只不过是不和谐的高潮的结果,原始的情欲的再现。当你受到抵制、阻碍和伤害,不能满足你的感官的欲望,不能得到友谊和爱情,不能实现你的雄心和享受家庭的乐趣,不能发挥你的基本情欲中的任何一种情欲时,你就愤恨,要报

① 在写完本书之后,我通过对人的情欲系统的实体论法则的研究,发现在这里用由果溯因的办法论述的内容,也可以用以因求果的办法论述。不过,在一本基本读物中,用这种由果溯因的办法论述,已经足以说明问题了。

复，要发脾气。同样，你担心你自己，担心你的享受，担心你的感情受到损害。恐惧心往往是缺乏情欲的结果：最柔弱的人，当他们心中激起了强烈的情欲的时候，也是能变得很勇敢的。在自然界中，你看母畜或母兽在喂小畜小兽的时候，母性的情欲一激发起来，它们的勇气就发挥出来了。

不管你是多么地不留心，你也会看到：迄今还被人们视为情欲的颠覆性运动，都不过是十二种情欲的或多或少的不和谐的冲动；明白了这一点，你就知道人们硬说人的天性原本是邪恶的，这一说法是完全错误的。我们的目的，并不是在这里要研究一切与我们这段论述有关的问题；这些问题，我留待以后另外写一本书来加以研究。我们在这里，只是要从劳动引力的角度来研究情欲，因此，让我们把我们的分析作一个扼要的归纳。

有三种情欲对应人的天性的三种领域，或普遍地和绝对地对应宇宙的三个方面，对应构成宇宙的三种起源：

物质，被动的和受动的起源；

精神，主动的和推动的起源；

数学，中立的、仲裁的和起调整作用的起源。

这三种中的每一种都有它特有的情欲，它们汇合成三个引力的主要策源地；从下表可以看到，它们在更高的一点上将联合成一个共同的高级策源地。请读者对下面这张表多加玩味。（见下页）

如果我们要对关于人的天性的分析作些补充的话，那就需要在这张关于情欲力或推动力的三个领域的表之外，再作一个表，胪列这些情欲力所推动的官能。人是赋有体力（肌肉的力量）、情感力和智力的。这些能力是人在科学、艺术和劳动（最后这个词应严

情欲系统的分析和综合表

	种		类	普遍策源地	高级策源地
	情欲				
起源	被动的:	感性的（物质的领域）……	视觉；听觉；嗅觉；味觉；触觉；	………奢侈：	
	主动的:情欲:	友谊的（心灵的领域）……	友谊……男女都一样的感情；（童年时期） 爱情……两性的感情；（青年时期） 雄心……行会的感情；（成年时期） 家庭……生育的感情；①（老年时期）	小组：	普遍的和谐所有一切情欲的以后的目的和共同的策源地统一欲的需要
	中立的:	分配的（理智的领域）……	计谋的；不和谐 轻浮的；音调变化 组合的；和谐	……谢利叶：	

① 这个词用来表示传宗接代的感情是相当差的。

格按具体的意义来理解）这三个方面进行活动的手段发展。需要指出的是，我刚才所说的这些能力，是我们的行动的手段，而不是行动的原因。体力、艺术才能和智力，只要情欲不去刺激它们，它们就处于沉睡状态。情欲是先头的动机，是运动的原因。官能按情欲的要求行事，执行它的命令。这些官能既服务于情欲的和谐的冲动，也服务于它的颠覆性冲动。它们在情欲面前是一个完全被动的因素，听命于情欲——它是给它们以刺激的主动的因素。这三种官能都是情欲的代理人，是它的工人，它的士兵，它的职员，它的尖兵。要在这三个领域中的官能与它们各自的情欲之间找出绝对吻合的情形，那是完全错误的，因为感性的、情谊的和分配的情欲在驱动体力、情感力和智力方面不是那么决然分开的。当感官产生一个愿望的时候，它就使精神的官能活动起来，同分配的或情谊的情欲有某种需要时，就使肌肉的力量发挥作用是一样的①。

情欲的主动的特征，是那样的明显，以致我们几乎可以说才能

① 如果在这儿合适的话，对这一点我们要多谈几句，指出有一种理论对人的科学的这些首要的因素是多么无知，它使整个社会科学围绕它从人的官能中抽出来的一部分官能转，而且还以为按照它们工业的、艺术的或科学的作用的地位把人的天性加以分类，就算是制订了一个社会组织的公式；正如只研究非金属物体、金属物体与气体的化学不能算作社会科学一样，这种理论也是不能算作社会科学的。是的，在这种概括一般的人性的分类后面，人们想出了一种教皇的天性，它像古代戏剧中的神一样，在适当的时候从后台走出来；有了它，人们就可以解决一切问题，因为它是无所不能的。举凡人的种种潜在性、自发性和意志，它都具有。这样一种奇怪的东西，人们竟用它来代替我们每个人身上的情欲的力量；情欲的力量是倾向于和谐的，是能够在适当的环境发挥作用的，而对这种环境的研究，正是社会科学的一个课题。文明制度在它的鼎盛时期同时产生了激进党人的平均主义的荒谬主张和圣西门派的无所不贪的教皇，这真是好得很。而更妙的是，在今天有许多人竟有办法同时参加两个党，唉，真是世道不古，人心日坏啊！（第一版）

是由情欲创造的。一个富有情欲的人是不会缺少才能的。说有志者事竟成,大体上就是这个意思。谁都亲身经历过:在情欲激动的时候,就比在沉静和怠惰的时候能干得多。由于情欲的推动,将获得多么大的思维能力、艺术灵感、技能和体力啊;在兴致勃勃、心情喜悦的情况下,所做的工作比冷冷淡淡、一肚子怨气的时候做的工作好得多!

我们对情欲已经作了一个表,如果现在要我们也对官能作一个类似的表的话,我们就列表如下:

官能①系统的分析与综合表

	官能		一般策源地	高级策源地
起源	被动的:身体的:	从事具体劳动的能力	具体的劳动	普遍的劳动,地球的治理
	主动的:情感的:	从事艺术活动的能力	艺术	
	中立的:理智的:	从事科学工作的能力	科学	

只要是在**劳动**或**行动**,就是在运用人的官能,在使用人的体力、智力和艺术才能。不论使用得恰当还是不恰当,也不论活动是有用还是无用甚或有害,总之是一种活动,是在消耗力量。

和谐的秩序的条件是:活动是有益的,效果是好的,换句话说,能力要应用于普遍的劳动。此外,活动的本身应当是一件愉快的

① 在这一段里,我要特别讲一下"官能"这个词。对这些词要正确理解,而不要对它们加以挑剔;我知道,根据这个词的一般的意义来看,人们也许会说情欲就是官能。在这一点上的任何争论都是毫无意义的。不要把这个表上的官能和思想的才能(感知、认识和判断等)搞混了;思想才能的范围也是从情欲系统推演出来的。

事情。

要使人活动，使人运用他的能力，办法只有两个：用引力或者用强制。

引力是感情的、情谊的和分配的情欲的直接的和自由的刺激的结果；

而强制则是监工的鞭子、饥饿、生活的需要、道德义务和对生活的极度忧虑；这些都是折磨和摧残人的心灵和智慧的。

由情欲激发的活动，基本上是自由的和吸引人的；

用强制的办法迫使人进行的活动，显然是令人厌恶的。这是明摆着的事情。现在，请你用情欲科学的这些论点来研究这些事情；请看：

§ III

为什么？……

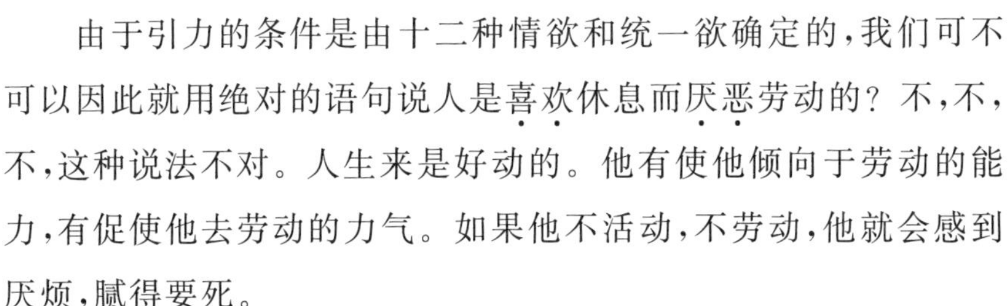

由于引力的条件是由十二种情欲和统一欲确定的，我们可不可以因此就用绝对的语句说人是喜欢休息而厌恶劳动的？不，不，不，这种说法不对。人生来是好动的。他有使他倾向于劳动的能力，有促使他去劳动的力气。如果他不活动，不劳动，他就会感到厌烦，腻得要死。

的确，当劳动的条件和情欲的需要相矛盾的时候，人是宁愿休息而不愿劳动的。人是喜欢快乐的。这句话把一切都说清楚了。我们希望劳动变成乐事，也就是说，变成刺激和满足十二种情欲的手段，这样，人就喜欢劳动了。

那些不愿意或不善于剖析道理和追究原因的人,在这里提出了一种奇怪的论调。他们把一切活动分为两类,一类是效果好的活动,一类是没有任何结果或毫无意义的活动。进行第一类活动,他们称之为劳动;进行第二类活动,他们称之为娱乐或快乐。他们在今天看见人们追求快乐(不产生效益),而只是由于需要才从事劳动(生产效益),便公然认为我们这些说可以使劳动变得有吸引力的人缺乏常识。

你给他们举一些极其普通的例子,举他们自己的例子,来证明人们往往是自己找事干,证明有些人专心致志地搞艺术,搞科学,搞建筑,搞园艺,做木工活,去捕鱼或打猎,等等;这些活动,人们本来是可以不干的;虽说有生产效益,可是为了进行这些活动,人们每每搞得精疲力竭,还遇到许多困难和障碍,要使劲去克服……他们却回答你说这些事情是娱乐。唉!我也希望这些事情是娱乐。不过,为什么这些活动是娱乐呢?这个问题应当弄清楚。当你弄清楚这个“为什么”以后,你也许就会琢磨:难道就没有任何办法能使科学、农业、制造和艺术等方面的劳动也变成娱乐。全部问题就在这里。

在目前的情况下,人们追求快乐而逃避劳动,这是不足为怪的。工人、农夫、手艺匠、机关职员……一句话,文明的劳动者,觉得他们的工作总得按某种不符合他们的口味和乐趣的死板的框框进行。这个框框不可能带来乐趣和刺激情欲;相反,它和情欲的愿望是背道而驰的。

A)人的天性是喜欢漂亮、奢侈、富裕、健康和感官快乐的;——V)分散进行的文明的劳动却往往伤害感官,败坏机体,摧残健康，仅仅够养活劳动者本人和他可怜的家庭。群众的劳动条件就是这个样子。随着你在社会的阶梯上一级级上升，这种条件将得到改善。劳动也一样，随着你一级级上升，劳动也愈来愈不那么没有效益，愈来愈不那么令人厌恶。一个坐在店铺或办公室里的市民，他厌烦的心情，有那个为了挣三个法郎在冬天也要进入齐腰深的冰冷的塞纳河中拉木排的穷人的厌烦心那么重吗？

B）人的天性希望彼此互爱和寻求友情的人，无论是男人、妇女、小孩、老人、朋友、情人、同事、上级和下级，相聚在一起，自由组成与情谊的情欲相对应的小组；——ᗺ）文明的和分散的劳动，使劳动者孤立地干他的工作，或者使他与他不喜欢的人在一起；它扼杀了友谊的情欲，从而使人感到空虚、厌烦、失望或恨，失去了欢乐的心情、奔放的热情和深厚的同情心。随着人们之接近与四种情谊的情欲的冲动相符合的条件，劳动便愈来愈不那么使人感到厌恶，并逐渐使人感到快乐；这一点，在世界上哪一个人竟浅陋到加以否认？读者诸君，我敢肯定，要否认这一点的，不是你们。

C）人的天性要求一个人所处的地位要不断变换，甚至形成对照，要有运动，环境要不时改变，生活要有插曲和内容的替换；这是生活的规律。生活是最怕单调的；——Ɔ）文明人的劳动把人成天甚至一辈子束缚在他的工作上，束缚在同一种工作上。——D）人的天性希望和谐，希望有协同一致的、振奋人心的和情欲激动的大运动；它在大家的心中都安放了能在群众的热情作用下同时振动的弦；它也希望有不和谐，有斗争，有党派阴谋和令人心情激动的诡计，有强烈的意见分歧；它讨厌索然寡味的平静，不喜欢呆板、空虚和昏昏沉沉地过日子；——ᗡ）文明人的劳动令人厌烦，没有活力，使所有的弦都散乱和松弛。而在种种偶然的和超出文明人的规则的情况下，当这些动力或多或少地活动起来的时候，优秀的劳动者难道不是或多或少地专心于工作，不是或多或少地为工作的目标所吸引吗？这种情况，谁能说他没有见过呢？

E)最后，人的天性使一个人需要把他的活动附属于一个总的事业；他要参加大合唱团，在和谐的整体中担任一个角色。人们是否能得到巨大的欢乐，是否能具有崇高的灵感和进行广泛的协同动作，全看这个高尚的需要是否能愈来愈得到充分的满足；——Ǝ)文明人的劳动把劳动者禁锢在他个人的或顶多是他一家的自私的小圈子里。人道主义的活动被分散，分得零七八碎，或者说得更确切一点，根本就不存在有人道主义的活动；不协调一致，没有秩序，缺乏统一：一切都互相阻碍，互相冲突和互相破坏。文明的劳动者将成为强制和自私行为的可悲的见证人，而不能获得统一欲和自由的美满的和谐。

你说人喜欢**快乐**而逃避**劳动**，你现在是否想知道原因何在吗？唉！我的上帝，这是因为在当前的社会形式中，我们不能自由安排我们的劳动，使之和我们的天性相协和，和情欲相协和；劳动的环境无助于我们接近这个我们称之为**快乐**的行为的协和一致。

对一个既工资少，而且又受到风雨的危害(感情情欲受到损害)，处境孤立(情谊情欲受到损害)，束缚于一项单调的工作(分配情欲受到损害)的不关心工作的工人来说，劳动是令人厌恶的。但小小的酒馆对这个工人来说却是吸引人的，因为他可以在小酒馆里躲避日晒雨淋；因为烟和酒能使他兴奋，感到快乐(**感情情欲**的冲动)；因为在小酒馆可以见到许多熟人，和朋友聚会(**情谊情欲**的冲动)；因为在小酒馆里他可以高谈阔论，在纸牌、弹子戏、时事新闻和各种各样的游戏方面总我得到许多可谈的话题；因为在小酒馆里他感到很自由，可以干这干那，变换他个人活动的内容(分配情欲的冲动)。

在资产阶级和社会人士的生活中，你也可以发现这些冲动，而且还更讲究。喝咖啡、社会集会、舞会、戏剧、赛马、谈论文学和政治、打猎、宴会和庆祝狂欢节……只要你对它们进行分析，探索它们的原因，你在其中总可找到十二种情欲中的几种动力。我当然知道：在文明制度中，所有这些娱乐的事情都是很平淡无味的，很糟糕的，令人厌恶的。它们的内容不丰富，没有生气，显得很虚伪和小气。它们的目的是无聊的，环境是分散的；人们花了许多金钱，煞费苦心地在这种环境中举办这些事情，达不到高度的和谐，无法进行复合的竞争和经常的变换。拿这些虚假的快乐与法郎斯泰尔的生活一比，正像蜡做的人与生动活泼的小组中的人相比是一样的：它们显得很苍白和暗淡。我敢说，法郎斯泰尔中的任何一个人一天享受的乐趣，比一个幸福的文明人一个月享受的乐趣还多。只要对人们称之为快乐的事情一加研究，你就可以找到自由的和吸引人的活动的基本原因的。以赌博来说，它不是由人们没有正事可干，才去寻求的虚假的乐趣吗？你能去请做买卖的商人，请正在写书或写论文的文学士，请正在为一项事业出谋划策的谋略家，一句话，请一个手中的正事都干不完的人来打牌吗？戏剧不是虚假的乐事，又是什么呢？你在赌博的时候，还可以当一个赌家，而在剧场中你只能当观众而不能当演员；那些乐趣完全是豪华的装饰、乐队的伴奏、布景的动人的效果和变化多样的场面烘托出

来的。看一本小说或一个短篇故事,或者朗诵一首诗,这不是自己在使自己情绪激动,个人独乐,向情欲打开一个想象的世界,又是什么呢?由于真正的世界不能满足情欲,所以它只好去寻求假象和阴影。

因此,一切能破坏情欲的作用的事物,都是产生厌恶之心的根源;一切能促使它们达到自由的、交替变换的和平衡的冲动的事物,一切能满足它们的需要的事物,都是产生乐趣和魅力的原因。这个论断,我们从普天之下的人的行为中就可以看出来,从对我们的天性的动机的分析中就可一目了然的。

三种情欲汇集于三个我们称之为奢侈、小组和谢利叶的策源地——它们是引力的一般的条件。

如果你完全实现了这三个条件,你就可以支配一切引力;采用使人产生乐趣的办法,你就可以使他使出他的全部精力。如果你背离了这三个条件,你就会使引力的作用逐渐减少;于是只好用**强制的办法**代替**使人产生乐趣的办法**,才能使工作得以继续进行;当你厌恶的程度愈来愈增加,也就是说,当你背离引力的条件愈远,对情欲系统的损害愈大的时候,对人的强制的程度也将随之增加。现在,一端是自由、秩序和幸福,是法郎斯泰尔的协作制度,而在另一端是奴役、无政府状态和苦难,是野蛮的或文明的分散经营制度。请你选择。啊!我希望你选对了!虽说本世纪的聪明人所找到的种子还不能结出美好的果实,但至少它要有劳动、协作制度和自由的倾向;这些倾向今后是有前途的。因此,我们大家要鼓起勇气,催赶行动迟缓的耕牛,把土地整治好;要有美好的收成,就得加油干;到时,让我们这些劳动的人,大家一起来庆贺丰收!

我不知道我讲的话是不是对，但我觉得，你看了这些论述，鉴于列举的事实是那么确切，推理是那么严密，你必然会深信，对情欲引力——人文科学的唯一的真正基础——加以分析和综合，便可找到那个早已奠定的符合人的天性的真正的社会结构，而且深信，把这个结构应用于人的劳动，其结果必然会把人类吸引到他的普遍的事业上来，吸引他去治理地球，换句话说，就是使他在地球上开始进行吸引人的劳动。

我将用一段话（这段话的意义，读者以后是会明白的）来结束这篇附录的论述。我们首先从经济、秩序和统一性方面论证了协作制度的优越性。接着，我们又进而研究了人类的组织，弄清了他的需要和愿望，我们得出的结论是：他希望建立谢利叶。我们天性的情欲所希望的这种谢利叶，显然是只有在一个广泛的环境中，在一个统一的和协作的环境中，才能产生许多小组，实现不和谐、和谐与错综复杂的交叉组合。为了要应用这个结构，就需要一个比家庭（分散性的社会的狭窄的基础）大三四百倍的环境：需要一个由一千五百到一千八百人组成的法郎吉作为第一个活动的基地。

因此，纯粹从劳动方面看，我们已经能够得出结论，要以协作制度作为社会经济的最终目标；现在，再从另外一个角度看，从心理和生理方面看，对天然的情欲进行研究的结果，也使我们认为应当努力达到这个目标。我们的理智，以及在确定最大限度的生产、消费和财富方面所采用的数学法则和普遍的秩序，也要求我们达到这个目标；人类心灵的活力，自发的基本动力，这些遭到无端的诽谤和攻击的情欲，也同样要求我们达到这个目标；需要指出的是：人们对这些情欲的要求，根本就不去研究；道德、法律和宗教竟

相用脚把这些情欲踢出门去,不正眼瞧它们一下,也不给它们取个名称,数一数它们有多少种类。这些情欲猛烈反对社会的形式,是有它们的道理的;聪明的人们今天已经懂得应当衷心按照情欲的启示行事,因为它们教我们如何认识真正的秩序的法则,只有它们才能使我们达到世界的永恒的和谐!在数学、普遍的秩序和理智的要求,与情欲、快乐和幸福的要求之间如此巧合,这难道不是人类有美好的命运的明证?难道不是宇宙万物将按神的律法得到完满的安排的明证?这样巧妙的相互关联,谁敢胡说它不是上天的安排?谁敢否认这先定的和谐?谁能不接受这和谐的和光荣的命运?

对第二部分的附录的补充
关于吸引人的劳动的几个现象的研究

为什么？……为什么？……为什么？

要想安排好工兵团的工作，使它的效率比今天取得的效率高得多，那是很容易的。工兵每年都要完成许许多多的工程：制作柴笼、修掩蔽所、加固战壕的柴捆、构筑栅栏和钉盲障顶板；还要修城防工事、埋雷和设路堑、挖壕沟和坑道、开山、架各种桥梁、修行军灶和搭临时棚屋，等等。

这些工程，每一项都分工很细；连队的每一个人都要会这些工程，能做各种细分的工作。

在军队中，大家对与各项工程有关的技术都精益求精，但仅此而已。要进行某项工程，只需下命令就行了；不执行命令，就关禁闭。谁也不曾想过对工程和工地加以适当的安排，给劳动的人以某些刺激。命令工兵工作，那是最容易不过的事——给各个连队划定他们各自在工地上或战壕中工作的地方就行了。他们在那里孤孤独独地干，在工作中彼此不通消息；各个连队在自己所在的地方好像是一支孤军；它们之间没有任何联系，也不互相进行比较；一个团的各个连队通过协同和竞争而互相影响从而作出强烈反应的可能性，已完全消失。其次，在每一个连队中，工作进行得也很混乱，干的活儿彼此都差不多。

然而每时每刻都有许许多多给人以启发的迹象！首先是每个

小组的人(虽说他们都是被强迫干一些对他们毫无益处的苦差事)都很快乐。其次是对每一个人劳动成绩的大小和熟练的程度的严格评价;另外,在有时候作出了某种有助于进行竞争的安排的时候,劳动的激情便表现得非常明显。此外,我们每天都可在工地上见到有进行竞争的自然倾向。不过它们的萌芽往往受到束缚和按命令行事的极不灵活的安排的限制。尽管这样,我也经常看见他们在干劲十足地拼命劳动。有一天夜里,在一个防御工事的前沿阵地上修罗涅亚防线[①],那两个在战壕中一块儿劳动的营之间也展开了竞争。上午拼命干了六个小时之后,他们那两个工地上的工作全部都干完了。而其他分开劳动的营的工程还没有进行到一半哩!大家把这件事情在团里谈论了三天。大家都说这简直是令人难以相信。唉!再也没有什么事情比这件事情更可相信的了。不可相信的是,每一年都有千百桩这种事情发生在我们的眼皮边,可是人们就从来没有想到过让各个连队和各个工地采用一种适合于激发劳动热情的分工方法;在执行任务方面,劳动热情比威胁手段和关禁闭更有用,比军官和军曹的厉声呵斥更见效——这些方法只可偶尔使用。

我就要这样办;如果由我来安排一个团的工作,我将用两个星期的时间来证明:适当地分配劳动的场地,对劳动进行分类,把所有的小组分成若干梯队,在连队内部同时采用各种不同的技术,使它们展开竞赛;然后,我将把所有的连队面对面地排成三行,比较他们所作的成绩,每天或每周把结果向团里报告,作出详细的计

① 因系罗涅亚将军首先提出这种战壕的修法而得名。

划，适当地让各个连队交替变换工作，我敢说，这样安排，将使各个连队比平常时候在沉闷的气氛下劳动的成果多六倍，惩罚人的事情少六倍，快乐的心情增加六倍，人们劳动的劲头大六倍。如果再加上采用奖励和提升的办法，情况又将怎样呢？凡是对士兵在劳动中的情况进行过研究的军官，都会像我这样说："这太好了，军队在劳动方面作出了榜样，从而开辟了通往未来的大道！"

既然我要用一篇补充的短文来列举和论述一些可资佐证的事实，我就再举几个事例。

大家都知道，矿工在地下劳动是多么的辛苦和感到厌烦。在一个五十公分宽的小支道里匍匐爬行，或者在地下三十法尺的窄小的坑道里挖煤，那是一点也不舒服的。然而我们常常看到一个团的士兵在干这种活儿的时候，却依然很热情，很积极。原因在什么地方呢？

首先，大家都按科学的态度办事，工作非常认真：手里拿着铅锤和角尺，动作干脆利落，甚至可以说是十分漂亮。了解工作的意义而且有兴趣去作，这是产生引力的第一个原因；劳动的人精神振奋，觉得自己的工作很高尚，因此人人热爱自己的事业，把全部精力都用在事业上。请读者注意：这种情况，是和谐制度的劳动的一个千真万确的事实；在和谐制度的劳动中，谁也不像我们今天的无产者干活那样粗糙。在和谐制度下，是再也见不到那种像机器似的工人的；被文明的劳动弄得昏头昏脑的工作消极被动的工人，像牲口、活塞或钟摆那样没精打采地工作的工人，是没有的。没有作为的人一个也没有。采用交替变换工作的办法，使人的一切力量都发挥出来了，一切技术工作都动脑筋巧干。工人是人，要用头脑指挥手。大家都想把一件事情做得十全十美，都想在工作中发挥自己的才智，因为这是在进行创作。人们要成为作品的作者和主人。他要对作品倾注他的心血，对它产生感情。个人是这样，小组和谢利叶也是这样。

我们团里的坑道兵和布雷兵，由于他们从事的工作有多种多样，而且每天要和有文化的军官和军曹相接触，已经在这些需要进行推理的工作方面有所提高。因此，凡是能协调一致地进行并产生成果的工作，他们都非常乐意去做。他们坚决要把工作做好，要做出很好的作品来。有了这种想法，再加上要与别人竞争的心，所以工作进行得又快又好，而且很有把握。在第二团就有一个很好的例子：有一年，有两个连——如果我没有搞错的话，这两个连的连长是约特和比果——奉命共同挖一条沿棱形堡凸角的埋雷坑道。人们把这一条在工事正面的中垂线左右两边对称的坑道分成两个相等的部分，一个连负责一部分。军官、军曹和士兵都展开了竞赛；每天早上大家都干劲十足地来到工地，因此工作进行得很顺利，干得很利落：两个连队都有权利对自己的工作感到骄傲。

在我们的团里，往往出现这样的情况：有些工作，大家本来是很讨厌的，但只要能像我刚才所讲的那种工作一样产生明显的效果，大家也是很喜欢干的。相反，有些工作虽然不算太艰苦，但老不见成效，他们干不多久就会感到厌倦的。有两个连在整个工期每天都能苦干六至八个小时，而且一直是在你追我赶地干。大家都想把已经开始的工作赶快做完，而且要做得很好。涉及连队荣誉的事情，一定要千方百计把它干好。然而，如果你带这两个连队去打靶，开头两个小时，大家还是兴高采烈的。一个人打中了目标，他所在的连队的人都把它看作是连队的胜利，借机向对方说一些杂七杂八的玩笑话。双方都要瞎吹牛（夫人，请原谅，我在这里只好用这个词）。然而三个小时以后，气氛就趋于平静，正如雨过风就停一样，高兴的劲头也没有了。这时，大家心不在焉，思想不集中了。即使有人打中了靶子，大家也觉得没有什么了不起了。其所以出现这种情况，是由于他们所进行的，只不过是一种操练，而不是一项工作。

我没有用埋雷兵积极苦干的精神来否认交替变换工作的必要性，因为任何一样工作开头两个小时总是很起劲的；我只不过是想指出：一个精心安排工作和保持干劲的连队，总是比临时凑合着干而且干劲不长的连队强得多的。在协作制度下，谢利叶的竞争心是永远都有的，一代一代传下去的，正如在文明制度下，党派的积怨、等级的轻蔑和民族的仇恨也是永远都有，一代一代传下去一样。

我已经说过，做一件没有成果的事情，干劲是不会持久的，能贯彻计划的情况是很少的；像我们团队进行的工作，坚持的精神还是比较好的，然而我们团队的工作，本身也只不过是一种操练。操练期间一结束，所有的防御工事、壕沟、挖得那么好的埋雷坑道、铺上草皮或柴排的战壕、临时搭造的木板房和砌的灶与营房设施，都将被填平或拆除，恢复原来的平地；所有一切成绩都将化为乌有。

相反，如果劳动的目的有生命，能够持久，尤其是如果它附属于某一个大的整体，符合大家的想法；如果搞的不是模拟的围城演习，而是真正的包围一个城市，啊！你再看看工兵干起来又是另外一番劲头了！在七月革命的时候，人们谈到在普鲁士人到达梅斯

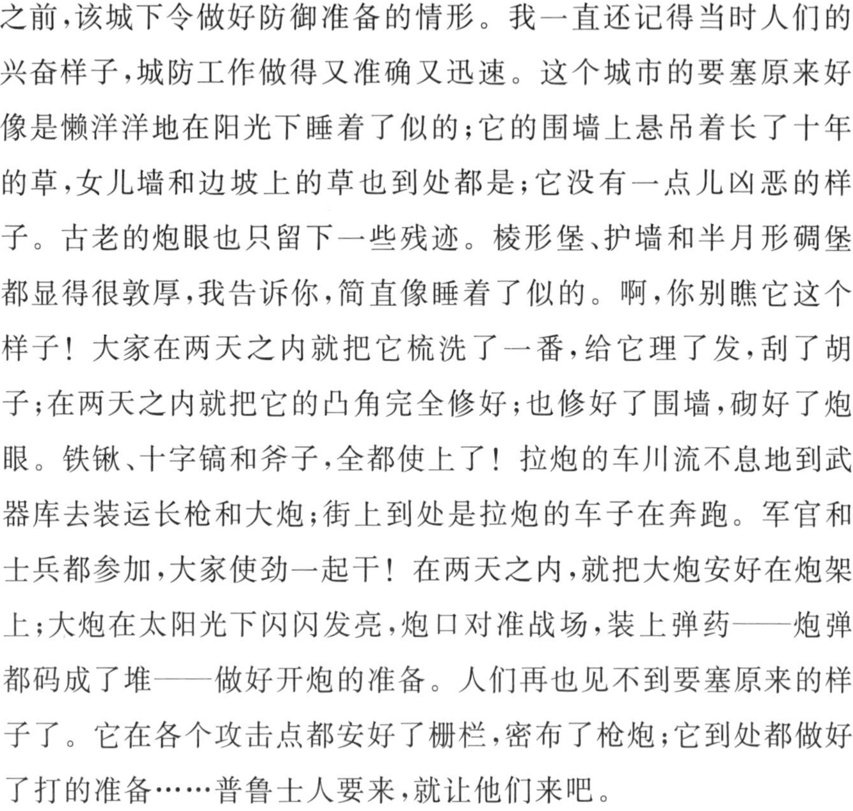

之前,该城下令做好防御准备的情形。我一直还记得当时人们的兴奋样子,城防工作做得又准确又迅速。这个城市的要塞原来好像是懒洋洋地在阳光下睡着了似的;它的围墙上悬吊着长了十年的草,女儿墙和边坡上的草也到处都是;它没有一点儿凶恶的样子。古老的炮眼也只留下一些残迹。棱形堡、护墙和半月形碉堡都显得很敦厚,我告诉你,简直像睡着了似的。啊,你别瞧它这个样子!大家在两天之内就把它梳洗了一番,给它理了发,刮了胡子;在两天之内就把它的凸角完全修好;也修好了围墙,砌好了炮眼。铁锹、十字镐和斧子,全都使上了!拉炮的车川流不息地到武器库去装运长枪和大炮;街上到处是拉炮的车子在奔跑。军官和士兵都参加,大家使劲一起干!在两天之内,就把大炮安好在炮架上;大炮在太阳光下闪闪发亮,炮口对准战场,装上弹药——炮弹都码成了堆——做好开炮的准备。人们再也见不到要塞原来的样子了。它在各个攻击点都安好了栅栏,密布了枪炮;它到处都做好了打的准备……普鲁士人要来,就让他们来吧。

为什么会出现这么热烈的情景?为什么会出现这些奇迹?这是因为在战备活动中,在部队内部,在各个团队和连队内部展开了竞赛,而在共同的目标中又大家配合一致;因为所有情绪激昂的人都协同行动,从事一项贯穿了整体思想和高度热情的事业:爱国主义激励着每个人的心;内部配合一致的程度,由于要对付外来的竞争而更加紧密,决心要和我们的普鲁士邻居比个高低,因为当时我们曾错误地以为他们抱有敌意。

正规的包围战,在文明制度中是最能表现激烈的争夺情况的例子。在包围战中,有攻也有守,情况十分微妙。凡是想读一点儿有趣味(我在这里指的是戏剧趣味)的书的人,请阅读沃邦的《论要塞的攻与守》。我们的小说,哪一本也不如此书好。从开始包围,直到突破内部的防御工事,一步一步的计划,十分周密!一次围城战,就是一首史诗。实际上,《伊利亚特》[*]的主题并不是描写海上航行。经过深思熟虑的事情和突然自发的事情,出乎意料的事情、预先安排的事情、招惹的事情和临时发生的事情,诗中无一不有。被围困的各个部队之间的内部的竞争;围城的各个部队之间的内部的竞争;由于对付外部的竞争,各个部队的内部行动的协调一致,所有这些,在诗中都有详细的描述。这一场夜以继日地连续几个月的恶战,既有长长的忧郁的寂静的时刻,也有万炮齐发震耳欲聋的时刻。寸土必争,好极了!我希望我自己也可用一段篇幅来描写这种战斗,描写人们是如何一步一步地穿过那些像长蛇似的弯弯曲曲的壕沟,描写坑道兵是如何从正面慢慢向枪炮密布的要塞接近。然后,再描写炮兵是如何射击的,各个部队是如何进攻的,被包围的人对包围的人是如何回击的……啊!这是一场激烈的战斗,每个人都拼命要完成自己的任务;这是一场要见个分晓的比赛;每一方都注视着坑道,想抢先占领!双方坚忍不拔的精神都表现得异乎寻常,而且都有非凡的勇气和才智。你以为坑道的沟并不比耕地的沟深,没有它那么坚硬难挖吗?

凡是打过包围战的军人都可讲许多奇迹般的事情,证明我们所讲的情况是真的,证明这些激发情欲和竞争心以及使人的行动协调一致和不协调一致的办法是多么地有助于启迪人的智慧和天

---

* 《伊利亚特》,古希腊诗人荷马描述特洛伊战争的史诗。——译注

才,鼓励人的勇气,使之投入行动。要从这方面来看人的价值,看他有多少灵活的办法!情欲将发现埋藏的财富;同摩西的杖使清泉从沙漠中冒出来一样,它将使潜在的才能显露出来。

我很抱歉,不能把我所知道的有关这方面的情况都列举出来。我在这里只提一件事情:我们的部队曾经在西班牙防守一个要塞,抵抗英国人的进攻。每一个营防守一条战线;各个营之间展开竞赛,想出了许多巧妙的防御办法,取得了十分惊人的效果。

唉!这是**工作**嘛!大家花费了许多力气,发挥了巨大的才智,克服了无数的障碍;这是有组织的劳动,它是吸引人的,但也是颠覆性的,这就是说,它违背了普遍的秩序和人的幸福。应当组织和谐的和生产财富的劳动。你可以找到千百种办法和无限的动力使它和情欲结合起来。

文明人的生产劳动没有这些巨大的冲动的效果,没有这些情欲激动的热情,因为它缺乏组织,不结合成一体。因此,我们期待着我们的法郎吉,我们装备齐全的队伍,我们的劳动大军。不过,从现在到那时之间,劳动将依然是毫无生气,沉沉闷闷,没有任何趣味,而且令人十分厌烦。以打仗为例,如果战士一个个被隔开,彼此之间毫无联系,被限制在狭隘的范围内,只是为了挣饭吃才打仗,不组织起来集合在共同的旗帜之下,没有高尚的和风雨同舟的感情的鼓舞,其结果也必然是完全一样的。

在即将结束这篇补充,开始论述生产劳动的时候,我将举一个很有趣的吸引人的农业活儿的事例。需要注意的是,我们所论述的发生在**我们的社会里**的这些劳动的事例(如收割庄稼或收葡萄),以及我们马上就要谈到的另一件事情,纯粹是偶然的,不合常规的，而且是不能持久的，不可能产生强烈的推动人们前进的效果的。在这些事例中，有许多条件还不具备。

请你拿着一把连枷，单独一个人走进一个谷仓，或者更好一点，走到太阳直晒的地方，去打麦捆。你试试看，这样做是否有趣味。现在，让我们来读一段我们的朋友沙利倍拉罕对他在下布列塔尼所见到的打麦子的精彩的描述：

“在农业上已经有了一些吸引力的萌芽。我在下布列塔尼所看到的农民的这种出自本能的萌芽，没有任何人想到把它们推广到其他的劳动部门去。值得注意的是，哪里有这种吸引人的工作（由于劳动的时间长，吸引人的程度实际上已经很小了），哪里就出现小组；当然，有些小组组织得比较完善，有些就不那么完善。

“用连枷打麦这项劳动，是最艰苦的，需要用很大的力气，胳臂和全身都要很紧张地快速运动。这种活儿，在下布列塔尼大部分是八九月间天气正炎热的时候作的。啊！尽管这样，乡里的人却很喜欢干，尤其是年轻人真是巴不得干。这种活儿，大家并不是彼此孤立地单独干的；在打麦场上至少有十至十二个人面对面地排成两行，进行比赛。在每一行中差不多总是有两个侧翼在互相比赛；当中有一个又有劲又打得好的人带领着他称之为他的“一班人”即整个小组加油干。谁最有本事，谁就有权力指挥一个小组的人，不论他是佣人、雇工或师傅，都没有关系，只要他能鼓动大家干活出力气而又不至于弄得精疲力竭；只要他能抓住时机变换工作，让人们有紧张的时候，也有轻松的时候，就行了。

“有节奏地打连枷，让它发出有节拍的声音，这也是一种减少疲劳的好办法;如果其中有一个人笨手笨脚,打连枷的声音和大家不协调,大家就把他赶走,罚他去打扫场院。尽管他们当中有许多人都是雇工,但只要人员搭配得好,干起活儿来也是挺卖力气的;如果天气好,麦粒也好,再加上主人是一个为大家所喜欢的厚道人,时不时地让大家吃点儿东西,大家干起来就更有劲了。如果参加的人多,人们就往往分成两个小组。在这种情况下,由于两个小组之间有竞争,干劲就更大了。这时候,你看那快活的布列塔尼亚农民连声叫好,夸了这个又夸那个;有时候他们也批评人,而被批评的人心服口服,越来越使劲干;两个进行竞赛的小组有说有笑,你追我赶地努力工作。

“打麦子的活儿是如此的有趣,连小孩子也想来参加。不吓唬他们,甚至不打他们几下,是把他们赶不走的;他们的力气还不够,还没有经过足够的锻炼,还不能和成年人一起干这种活儿。这是不种葡萄的地区的小城市的市民有时候到乡下来参加的唯一的农活。我曾经看到过一些年轻的打猎人,尽管穿扮得挺时髦,也放下猎枪,拿起连枷参加打麦。到劳动结束的时候,他们的手上都起泡了。

“所有这些情况看起来都是很平常的,零零碎碎的,但是我认为,它们非常清楚地证明了傅立叶先生的协作制度的劳动办法的基本设计是很好的。

“我毫不否认打麦子的机器比布列塔尼亚的农民所用的方法好得多;我只是想证明:即使是很累人的活儿也是可以使人感到乐趣的。

“人们可以试一下:这种活儿,让孤孤单单的人去做,或者让三四个人去做，你将看到，他们辛苦的程度即使增加一倍，效果也是很差的。所以，小农户人家并非什么都自己搞自己的；他们去帮助土地多的邻居，而后者接着又反过去帮助他们。这样对大家都有莫大的好处，因为他们知道：'各人自扫门前雪'这句话实行起来，效果并不总是好的。他们发现，不管拉封登[①]怎么说，依靠邻人，甚至等待邻人来帮助，其效果有时候并不坏。要看到这样换工的好处，要看到这种使农村的人互相帮助的效果，而不能光说他们从这个村到那个村花了不少时间；要估计到人数多，家数多，男女老少都有，这种情况对劳动的人的影响，对他们的劳动生产的影响。人不是牲畜，不是机器；在计算牲畜或机器的力量的时候，是不包括什么使牲畜活动或使机器运转的情欲的动力的；情欲的动力只有在一定的环境才能发挥作用，而人们迄今还没有考虑过如何使这种环境得以产生哩。"(《工业改革》卷一第153页)

在这儿谈一谈劳动引力，也许是恰当的。这种现象发生在格里尼翁的模范农庄举行犁田比赛的时候；巴黎的文明人每年到那儿去看了回来都对他们见到的情况感到吃惊，说比他们在法兰西剧院看一场戏还满意。首先使他们吃惊的，是那里一切都秩序井然，到处干干净净，安排得很有条理。尽管我们有文明的偏见，在法国的农村和农人家中已经见惯了肮脏和难看的情形，但也觉得在格里尼翁见到的一切简直是奇迹。他们的牲畜的身上一点脏东西也没有，在畜棚里显得很漂亮；每一头牛都待在指定的地方，旁

① 拉封登(1621—1695)，法国寓言作家和诗人。——译注

边有一个牌子标明它的名字、年龄、品种、饲养办法和产奶的数量与质量。地里也插有牌子标明地名、作物和耕种办法,以及每年的产量。这些措施,使牧牛人和农家的孩子的身上产生了很明显的热情的萌芽;文明人对此感到十分惊奇,因为在他们的仆役的身上是一点热情的萌芽也没有的。然而,最使他们看得入神的,是比赛的情形:一二十把犁都干干净净,闪闪发光,套在马的身上,成一字横队排在一块大田的前面;每一把犁的前面有一个标杆,指示它应该犁的第一道沟:这就是它的战线。人和马都精神集中,作好犁田的准备,焦急地等待着开始的命令。

战斗就要开始了:有时候看谁犁的沟深,犁的沟好,但时间不限;有时候又比谁犁得快,有时候两项都比。"犁田开始!"话音一落,他们便像炮队那样立刻出发。你看他们犁得多么的快,我告诉你,他们的行动就像打仗似的。不过,所有这一切,和法郎吉的劳动大军的大规模行动比起来,又算得了什么呢?一个是击剑比赛,一个是骑士比武;一个是两人决斗,一个是大军作战。一个模范农场和一个法郎斯泰尔无法比。

完全可以做到使人受犁田工作的吸引。曾经在洛维尔模范农场研究过农业问题的朋友告诉我,那里的学生都有活儿做。人们把去劳动的先后次序排好,每个人都不放过自己的机会;如果照顾谁,让他多劳动一次,学生就会大闹大嚷,说是损害了别人的利益。然而在洛维尔,对人有吸引力的事情还是不多的,有许多事业甚至还没有萌芽。

类似的事例还可以举出千百件;对这些事例的分析,非常明确地证明:任何工作,无论是生产性的、非生产性的或破坏性的,也不论是有用的、无用的或有害的，人们之所以对它有兴趣，那完全是由于某种情欲动力发生作用的缘故。如果你想使劳动对人产生吸引力，从而使人走上他的幸福的命运的光明大道，你就应当使情欲在劳动中发挥作用。

这个补充材料，我当然还可以列举许多事实来丰富它的内容，不过，它的目的不在于例举事实来证明，而在于使读者对以前和现在每天都可见到的事实的意义自己去进行研究。

〔附记〕《时代》报今天上午给我们报道了一件也许容易被人忽略的事实；我现在把它作为附记抄录在下面。

“在布发里克的埃尔隆营房附近的储存草料的工作，进行得又快又好。五月二十七日，当第一批装载草料的车子进入营房的时候，人们欢喜的样子，简直是像在过节日。一个亲眼见到这一盛况的人向我们作了详细的描述。现在，谨向读者把他所讲的情形报道如下：

埃尔隆营房，

1835 年 5 月 27 日

“上午十点钟，十辆装载草料的辎重车进入营房，停在码草垛的场上。草料很多，草垛必须码好，并符合总监的意图。一趟车所码的草垛已经大大超过了预料；这开头第一步的成绩向持怀疑态度的人证明：这些人所关心的，不是个人的利益，而是民族的荣誉，是国家的繁荣；为国家的繁荣作贡献，每个人都感到兴奋和喜悦。

“这头一批六辆车，在外籍兵团的莫勒上尉指挥下，一辆接一辆地从码草垛的地方出发；莫勒上尉系奉主管粮秣的拉巴特尔中将之命，在第一骑兵团的沙士坦中尉和博默尔少尉协助下专门负责此事的。在车队的前面，有外籍兵团和第一骑兵团的军鼓、军号和乐队作前导。在车队行进的时候，一直是又敲鼓又吹号，不停地奏乐。

“在头一辆车所装的草料上，有一束鲜花，五颜六色挺艳丽，使车队行进起来既显得神气，又带有春意。割草的人、翻晒草料的人和打捆的人，一共有三百之多，全都是外籍兵团的；他们头上戴着花，手里拿着有绿叶的树枝，作为欢乐的象征，护卫着后面的五辆车子前进。他们的步伐整齐，歌声嘹亮，与乐队的音乐交融在一起，使这次在阿特拉斯山脚下的米迪亚平原上由欧洲人临时举办的盛会更增添了魅力。这些欧洲人，值此一年当中大地向人们奉献财富的这一美好时节，在想象中以为又回到了故乡的土地上。

“车队行进了半个小时之后，便进入了营地，停在罗贝尔少尉预先指定的场地的周围。在场地上，待一会儿工夫就会像用魔法似的堆起巨大的草垛：车子在粮秣处长什奥恩布上校和外籍兵团团长兼埃尔隆营房指挥布列勒尔上校亲临指导下，在军乐和军鼓声中开始卸车；这时候，做农活的士兵还不停地唱着歌子。

“在一旁观看的军人和城里人是很多的。他们的光临使这次盛会更有了生气，同时他们也分享了士兵的快乐。他们的心中还有一个更深刻的思想：勇敢的军官们的高超的技巧和一贯的热心如此有力地激励了我们做农活的士兵们的意志和干劲；在向他们表示他们应该享受的敬意的时候，每个人面对着野蛮人不愿在这富饶多产的土地收获的财富，似乎都回想起了一个演说家在国民议会的讲台上讲过的一句话：‘从此以后，阿尔及尔将归普罗旺斯管辖，而地中海则将成为一个法国的湖。’”

文明人是如此的蠢笨，政府是如此的瞎了眼，以致这一切都未对他们起到任何教育的作用！鉴于士兵们对大规模种植工作如此的热情，工兵团对土方工程如此地拼命干，尤其是这个军队的军官对各种各样的工作和建设如此的积极，政府才开始想修建战略公路。——这么无能，这么软弱无力，真是可悲可耻！

过　渡

回答“是”还是“否”？

> 我不愿意像这个城的或其他地方的愚蠢的诡辩家那样，争论什么**赞成**或**反对**
>
> 拉伯雷

人站在那里，在他的脚下就是大地。

人赋有体力、情感力和智力。

他所赋有的这些力量应当如何使用呢？是用来搞破坏还是用来搞生产？是用来蹂躏这个地球，搞偷盗、抢劫、诈骗钱财和打仗，在国内打了又在国外打，还是用来耕种土地，把它整治得漂漂亮亮的，想许多办法使自己幸福，使自己在物质和精神方面臻于完善？

虽说人注定要从事生产劳动，从事创造性劳动，使自己在物质和精神方面臻于完善,发展自己的才能,但是否因此就应当使劳动成为一种酷刑,把它强加给奴隶、贱民和无产者,让他们受罪,而让少数懒汉享受?

显而易见的是,能使用和发展人的种种才能的生产性劳动是吸引人的,是人在地球上的命运。再说一次:

要么就不使用人所赋有的才能;

要么就用他的才能去杀人、偷盗、抢劫和从事破坏;

要么就用之于生产;

除此以外,还有其他什么更好的用处呢?

因此,压倒其他一切问题的核心的社会问题是:要有益地把人的力量用之于吸引人的生产性劳动。

为了使劳动成为生产性的,能生产最多的东西,就应当对劳动加以组织。

为了使劳动对人有吸引力,就应当按照人的倾向组织劳动。

如果劳动不首先在公社中按照人的倾向加以组织,就不可能在一个国家、在全世界这样组织。

如果公社的土地分散由个人经营,个人盲目地爱怎么办就怎么办,没有一定的计划,听任各家各户自行其是,则公社对劳动是无法加以组织的,也就是说,不能按一定的法则组织,并给以统一的和有计划的领导。

因此,应当把公社中的各家各户联合起来,使公社成为法郎吉。

在法郎吉中,按什么法则组织劳动呢?你们去看一看一个机关(任何一个机关)是怎样组织的呢?你们到各个部、法院、剧院、大制造厂和行政部门去看一看，它们都实行分工和细分工，分门别类地建立谢利叶。军队的情况怎样呢？军队是一支由四十万人组成的部队，也就是说，军队要分成师、旅、团、营、连、排、班；步兵、骑兵、特种兵、炮兵和工兵，全有；还有后勤、粮秣和医院等部门。我看，谢利叶也应当采取这个办法。

因此，如果你要在法郎吉中组织劳动的话，你就按劳动的种类组织各种谢利叶，然后让人们按不同的细分工组成基层小组。这样做，正是“组织”这个词的本义。

应当让人们按不同的劳动组成小组和谢利叶，这样说法，有什么奇怪的呢？你们之所以不这么做，是因为你们不愿意采取对劳动加以组织的办法。劳动是个人和国家的幸福的源泉，你不愿意去对它加以组织，反而认为实行行政管理、设立警察和推行战争是好办法，这就表明你们是非常愚蠢，是在一意孤行。对于持这种看法的人，是没有什么话可说的。

现在，法郎吉中的各个部门、各项事业和工作都层次分明，有条不紊，分门别类地进行；谢利叶和小组的人员都有组织，还用得着强迫人去干活，不顾人的志愿，硬要诺迪埃去饲养奶牛，桑夫人去撇掉炖牛肉的沫子，沃冈松去写歌剧，莫扎特去搞机械，拉斐尔去做蜡烛，米歇朗吉去卖蜡烛，让一个学究先生去画圣母像或者去修大教堂吗？我觉得，应该让每一个人按照上帝赐予他的爱好去做。须知上帝既然要我们从事劳动，使我们具有不同的爱好，他当然知道他给我们的爱好必须要恰当，要和我们的需要成比例。有人说：上帝赋予人的爱好是带有诗意的，他不可能让我们去喜欢犁田！这种说法是不聪明的，因为，说到底，只有吃饱了肚子，才有力气唱歌。

参加小组和谢利叶是自由的。

我们这些自由的劳动者，我们这些耕种我们自己的土地、经营我们自己的作坊、教育我们自己的孩子、装饰我们自己的房屋的自由的劳动者，既然有选择工作的余地，干了这种工作又去干另一种工作，可以参加二十个、三十个、五十个谢利叶，如果我们愿意的话，还可以参加更多的谢利叶，在这种情况下，我们为什么要一辈子只干一种工作，担任一种职务呢？

因此，小组每次劳动的时间要短，而且内容要有变化。

至于施展计谋搞竞赛，就放手让人们去搞！请放心，我们不会进行干预。

一般地说，除了有意识地例外安排之外，法郎吉中的工作都将由既互相竞赛，又互相衬托和互相交叉的**小组构成的谢利叶**承担；**相似时便引起不协和，相衬托则形成和谐一致，有变换就要互相交叉**。

这就是傅立叶的有关组织的全部理论。

你们这些制定宪法的大圣人们，不说梦话的空谈理论家，你们发现它有什么空想、虚构和偏执的地方吗？啊！你们是喜欢英国和美国的法律，还是喜欢九一年的、九三年的、督政府时期的、执政府时期的、帝国时期的、复辟时期的和光荣的宪法？它们每一页上都写有漂亮的许诺的言辞，记载着一些说是永久有效的东西，能保证每一个法国人在乡村或城市都能身体健康，生活舒适，都能受教育，享受种种快乐，一句话，给法国人带来幸福……所有这些，过去没有哪一部宪法不讲，将来也不会有哪一部宪法不提到。正直的政治改革家们，你们真是很聪明的人！英国的和美国的法律，一人政府，或者两人、三人或四人……你愿意多少人就多少人的政府，还有选举制度的改革和许多的其他东西，你们都提到了！因此，饿着肚子辛勤劳动的人民，对于你们对他们的关怀当然是感到很高兴的！他们还没有醒悟到：虽说劳动是人类的需要，但只要他们被强迫去干令人厌恶的工作，只要他们不感到劳动是一件快乐的事，他们就不可能是自由的和幸福的！

在这里，我希望你们对这个问题表示一下自己的看法：在公社里，是否需要对劳动加以组织，把工作分门别类地由谢利叶进行？——你的回答是："是"还是"否"？

是让每一个人按照他自己的爱好自由选择工作，做他喜欢做的事，和他喜爱的人一起干，随他的方便而改换他的工作，还是强迫他遵守一种严格的制度，把一些与他的天性和意愿相违背的法规强加在他的身上？……如果要强加的话，由谁来强加呢？（我很想知道后代的人鉴于我们这一代的人在这些问题上竟要花费这么大的力气来解决，他们将作何想法！！！现代的人笑过去的人……）

人们是否会把谢利叶的法则，像我们阐述的那样，像傅立叶所说的那样，作为劳动组织的自然法则呢？

如果不拿它作劳动组织的自然的法则，你们又用什么东西去代替它呢？你喜欢分散经营制度、劳动者的混战和文明的内战吗？你采用另外的组织办法，而不建立小组，不分门别类地组织各个工作部门和建立谢利叶吗？为了使事物井然有序地进行，使人们能行动自由，在劳动中感到快乐，你还有其他的办法吗？我再问一次：对劳动加以组织，是否必要？请回答"是"或"否"；你是否愿意试一试,采用自然的组织方法?请回答“是”或“否”。

这些事情纯粹是常识问题。世界上最明白不过的事,有些人就是看不起,他们赞赏陈规,不愿意用这个法则作为工作的规章和劳动组织的基础。他们拒绝在适当的时候在半平方法里的土地上做一次试验。他们一听说试验,就表示拒绝;其实,他们用不着大惊小怪,因为,我们只不过是在阐述我们的想法和论证它的效果。

你们如果明白了我们的想法,而且承认它是对的,你们就向前迈进吧!前进!因为我们手中有阿莉阿德尼牵引人走出迷宫的绳子;我们有在大海航行用的六分仪、指南针和头上的北极星。现在,我们可以到达未来,从法郎吉出发,跑遍全世界。

第三部分

和谐制度

傅立叶对我们说：走出烂泥地，
受骗上当的人们！由法郎吉组织起来，
在一个引力圈内劳动。
大地经过那么多灾难后，
与天结成了亲密的关系；那制约众星的法则
将给人类带来和平！

P.J. 贝朗热

序言　法郎吉中的各种职能的具体化——统一的色调

和谐制度下的人们的清脆的声音，将使劳动产生丰硕的成果；它将引导各个阶级和各种情欲奔向这个目标。

沙·傅立叶

§Ⅰ

把我们的军队组织起来！

鲁热·德·利尔

这里有十五个从他们天性的某一点上看来是相同的人，他们由于某种共同的爱好而集合在一起，而且通过选择和情欲的驱使而自由组成小组。这是原始的事实，完全是自由的和自发的行为。小组体现了个人的意愿和他们相互的感情。

小组在谢利叶和法郎吉的支持下，向法郎吉负责做好它所承担的工作。此事关系到它的荣誉。这时团体精神发挥作用。小组加入谢利叶。这是第二个事实。你已经了解了这个进程的头两步；你可以使这个进程无限地继续下去。实际上，从第二步起，小组的成员就和谢利叶联系起来了，就和法郎吉、国家和整个人类联系起来了。

小组中的人分担共同的工作中的细小的分工；小组下面的各个分组互相配合。谢利叶以小组为基础，而法郎吉则以谢利叶为基础，省以法郎吉为基础，国家以省为基础……这样类推下去，一直推到全世界；小组活动的基础是个人，而第一级谢利叶活动的基础是小组，第二级谢利叶活动的基础是第一级谢利叶，等等。这是规律。因此，你懂得了谢利叶在法郎吉中的作用，你也就懂得了它在宇宙中的作用。如果情况不是这样的话，那就会出现两种规律，两种真理了，事情便很荒唐和矛盾了。

人们可以想象得到：如同我们以前讲过的那样，我们按部就班地以公社作为第一个活动的场地，就远远比空想理论家高明。的确，我们没有费多大力气就进入了佳境，因为基层小组在它自然的形成后只走了两步，我们就找到了全社会划分等次的规律。连编入营，营编入团，团编入旅，旅编入师，师编入军。卫星依附于星球，星球依附于太阳，太阳又依附于星云中更高一级的太阳……同样，小组自由加入第一级谢利叶，第一级谢利叶加入法郎吉中更高一级的谢利叶，照此类推到全省、全国、全欧洲和全世界。这是协作制度的规律；协作制度就是这样从个人扩展到全体的。

因此，我们要研究法郎吉中的和谐的规律：法郎吉是一个宇宙的缩影，是按照世界的模型作的小型世界。把法郎吉的情况搞清楚之后，我们就可推知其他的情况，如大型社会的规律，支配世界的规律和宇宙演化的规律；因为，我再说一次，在宇宙的和谐中是

不存在有两种真理、两种规律和两种系统的，在宇宙万物中是不存在有两种法则的。因此，我们要对我们的法郎吉进行研究。

我们已经讲过了小组的自发的形成，它是个人的爱好和感情的直接的和原始的表现，是协作制度的第一个要素，是人类有机的组织的表现，是天性的驱使和运用个人自由的结果。

如同许多个个人组合成小组一样，许多个小组组合成谢利叶，许多个谢利叶组合成法郎吉。

法郎吉一行动起来，就是一支作战的军队。一个临阵畏缩的团是可耻的！向后退却的营是可耻的，逃跑的排是可耻的！因此，你将看到各个小组都有旺盛的团体精神，使个人忠于他的小组，爱他的谢利叶，如同士兵之忠于他的连，忠于他的团，而且还有过之，因为人们并不是在国王或共和国的宪兵强迫下被征募到谢利叶中来的。在谢利叶中，人们可以挑选他喜欢的同伴，可以挑选工作和组长等领头人；参加小组或谢利叶，完全是自愿的；如果觉得不合适，还可以退出。

团体精神，小组内部的联系，从事劳动的意愿，提升的机会之多，所有这些，弥补了人员流动的缺点，保证了任务的执行，使个人对他挑选的工作能坚持不懈地努力从事。

有些文明人——人数相当的多——听说在法郎吉中一个人可以变换他的工作和职业，可以施展他的不同的才能，就对你大声嚷嚷，说什么从今以后，人们什么都会一点，可是什么也不精。听他们的口气，好像人类从此就蹦蹦跳跳，像一大群癫痫病人和疯子。啊！人类是不会成为癫痫病人和疯子的。当一个人爱上了一项适合于他的工作，当他参加了某个团体，在某一部分工作中能发挥他的本事和影响，并有晋升的机会，对事业产生了感情和兴趣，这个人是不会把一项工作轻易就丢掉的，是不会把一个事业刚干不久就抛弃的，是不会今天干了明天就不干的。我经常看到有些人对他们的工作入了迷，夸大他们那个行业的意义和重要性：这种天然的倾向虽然在文明制度中是很可笑的，而且也不足以使人在文明制度中转而热爱他们所厌恶的劳动，但这种倾向在谢利叶中却是很有用的。谢利叶的人员很充实，用不着担心不断有人脱离谢利叶。你们应当相信小组中的人与人之间的感情，相信他们彼此的联系，相信团体精神的作用与协调一致和不协调一致的相互影响，相信每个人都希望得到提升，对他自由选择和热爱的工作有一种天然的迷恋。

你看，青年人和老年人都在积极承担小组的工作。他们不乐意听人家嘲笑他们制作的东西和所办的事情。每个人都为了团体的荣誉而全心全意地干。每个人都按时上班；无论是军官或士兵都准时开始工作，生怕有人占他们的岗位。

如果谁的工作干得不好，就根据不好的程度，或者对他进行教育，或者说几句俏皮话取笑他。

如果谁自高自大，狂妄而又没有什么本事，尽吹牛皮，小组里的人就取笑他和嘲弄他，这样，很快就会把他改变好的。中学的学生就是这么作的。

如果谁干活儿慢慢吞吞，疲疲沓沓，或者流露出为上帝而劳动的样子，小组的人就呲儿他；如果他坚持那个样子，就把他赶出小组。一个小组是不允许任何人有懒洋洋的样子的。如果你觉得在小组中干活没有意思，你就可以从小组的现职人员中退出来，当备

用人员。还有许许多多小组向你敞开着大门。新吸收的人可以弥补人员流动的损失。同底比斯城三百人组成的圣战营一样，谢利叶是永恒不灭的。此外，由于个人在谢利叶制度中享有充分的自由，因此，小组用不着采取开除人的办法；即使采取，那也是很少的。

小组一成立，团体精神便开始发挥作用；一个小组的成员在一块儿待的时间长，所以是不会不互相了解，从而按劳动表现和才能这两方面来评判人的。一个人干得如何，只有与他一起干活的人才能作出评价。当大家在一起劳动的时候，自然会产生公众舆论的；个人的成绩将受到尊重和正确的评价，因此通过一个人的声望和级别来评判他，是很容易的。

但是，小组中的各个成员的抱负并不受小组的狭窄的圈子的限制。可以从小组提升到谢利叶，从一个种的谢利叶提升到一个类的谢利叶，照此类推。小组由上尉领导，谢利叶的两翼和中央由营长领导，谢利叶由上校领导，旅由将军领导，师首长的级别还要高。级别还可以上升，从法郎吉升到省，从省里提升去管全国的事，管全世界的事。当协作制度遍及全世界的时候，全世界的工作就会像法郎吉、省和国家的工作那样，统一进行；整个世界都像单独一个人的领地那样进行管理，而这个人就是团结成一体的充满活力的全人类。

加入法郎吉的一个小组，就等于是进了部队，晋升的机会是很多的。前程是远大的，在科学、艺术、行政管理和企业中，都可闯出一条道路，做一番事业。因此，有抱负的年轻人，你们努力干吧！一个人有抱负，这是件好事，因为是上帝使人有抱负的。这里有新鲜空气,你可以尽情呼吸。你可以得到财富和光荣,可以得到崇高的报偿和令人喜悦的成就。和谐制度下的青年和妇女们,你们将戴上王冠。啊!你们还不知道你们在为人类服务的时候将见到什么样的情况。你们将见到的,不再是文明制度的满天乌云,遍地贫穷,不再是使人灰心丧气的令人窒息的气氛;你们将见到的,是广阔无边的晴朗的蓝天……在这样的天空下,谁也不会在二十岁就自杀的。

今天,人们到处去谋事,在政府机关里奔忙。这种情形,和他们的天性的愿望是多么的不相符合;其所以这样,是因为这些机关,不论是民政机关还是军事机关,都是有组织的。尽管一般的工资都不高,但每一个人至少有一个奔头;上尉和下士想往上爬,想得到晋升的机会。还有一个原因是,担任涉及国家利益的大机关的工作,比只为自己一人或一家打算的工作高尚和体面,比在窄小的店铺里卖布或在油腻的柜台前卖蜡烛好得多。其次,在政府机关里,工作和薪金都是固定的,有规定的,不会遇到使单独经营的农场主、作坊主和商人倾家破产的行情变化。

在和谐制度下,法郎吉的各个生产部门的团结,一个省的所有法郎吉的团结,等等,由于有一个逐级互相保证的制度而十分巩固,使每一个人肯定能得到一份工作,保证他起码有一个职务作为起点:他只需从这个起点,通过向有能力和热心的人敞开的千百条幸福和光荣的道路向前迈进就行了。

其次,法郎吉的职员和文明制度的职员不一样,他不是一个领工资的人。在文明制度下,国王本人就是一个领工资的人。在每一个朝代开始的时候,对于君主的薪俸讨价还价争得很厉害,看他们那样争争吵吵，真是可怜。而在法郎吉，职员是一个协作人；他无须乞求给他的工薪，而是领取总的产品中该分给他的一份。这是在共同工作的人之间分配利益。谁也不由张三李四或老板、人民、国王发工资。各人拿各人的一份，拿他该得的一份。在劳动果实上没有任何强制服从的痕迹，劳动本身也不采取强制服从的办法。在劳动中，个人是完全自由的，担任他所喜欢的职务，和他所喜欢的人一起劳动；他可以完全按他自己的爱好去作。谁也不压迫谁。人人有充分的自由，谁也不与谁为敌，自由是有可靠的保证的。

因此，各种劳动和职务都是受人尊敬的，都是很光荣的。大家互相配合，齐心协力为众人谋幸福。你如果不参加耕地小组，那就参加教师队伍好了……所有这些工作，都好比树上的树枝；树叶给你遮挡风雨，树上的果实让你享受。所有这些工作都好似源泉，它们的水都汇流到你饮水的江河。它就是你的法郎吉！它的财富就是你的财富。它的繁荣和光荣，对你来说是很珍贵的。在法郎吉中，各个谢利叶之间是互相支援的，同军队中的团和营在战斗中互相支援是一样的。正如个人和法郎吉是休戚与共一样，法郎吉和它所在的省也是休戚与共的，省和国家、国家和洲、洲和全球的人类，都是休戚与共的。

§ II

> 请告诉我，你这位寻求迄今还无人见过的新的光荣的诗人，请告诉我，并向世人说明，他们被注定的是什么命运。
>
> 克拉里士·维古赫

人们在明白并接受他们的命运之后，便个个都有劲头。

这种劲头，并不是文明制度中的文雅的派头；有这种派头的人，是什么事也不作的。他们像庸人和懒惰的公鹅与母鹅那样过日子，在巴黎和外省的长沙发上得意洋洋地躺着。我们所说的，不是这种派头。

大家都知道，在战场上，劲头表现在有勇气，敢于冲锋陷阵，斗志昂扬而不犹豫。在赌场上，劲头表现在输钱而不输自己的风度，不皱眉头。在舞会上，光荣属于大跳特跳的人，一连六个小时，不疲倦，也不休息。在政治集会上，光荣属于说话慷慨激昂、能打动人心的人，属于声音洪亮有力的人；他从讲台上抓住听众的心，左右他们的意志，他操纵舆论，想把人们引向何处就引向何处……在法郎吉中呢？

啊！在法郎吉中，光荣属于干活儿最卖力气的人，属于在劳动中最高兴快乐的人，属于干活儿最灵巧的人！光荣属于在战斗中表现得勇敢善战的营！兢兢业业的人将受到称赞！勤劳和有才能的人将受到称赞！有科学发现的学者和美化事物的艺术家将受到称赞！有发明和创造的天才将受到称赞！尤其是承担重活累活的人更将受到大家的表扬！光荣属于这个集体中的圣徒似的战士，因为他们当中有性格开朗的人，有忠诚的士兵，有久经考验的勇士！

青年人、老年人、孩子们、妇女和年轻的姑娘们，大家努力干吧！当谢利叶彼此竞赛，小组你追我赶，互相鼓励，展开批评，共同前进的时候，谢利叶和小组的士兵，谁愿意示弱呢？在这些活动中，在这热火朝天、齐心协力的劳动中，谁能无动于衷，无所事事，什么也不干，成为一个没有用的人呢？

努力干吧，老年人；集体的工作需要你们的才能、经验和智慧；你们出主意，让青年人去执行！男的干重活，女的干轻活和细活；个人按个人的才能和爱好去做；大家都有自由！

人们的热情是多么高啊！伙伴们的齐心协力，是多么令人鼓舞！在谢利叶中，有许多值得称赞的事等着你们去做；桂冠将戴在你们的头上。在法郎吉的队伍中，有明眸秀目和口齿伶俐的人使你们见了就喜欢，有心地善良的人使你们爱！你们可以大力活动，发挥你们的热情，做你们喜欢做的事，你们在战斗中将遇到许多意想不到的事，你们可以无限制地施展你们的计谋！

啊！法郎吉的人，不是那种装模作样的、外表漂亮但呆板得像冬天的铁块似的冷冰冰的文明人。法郎吉不是一个暗淡无光、像一潭死水似的没有生气的社会。温暖的春天的太阳已高高升起，普照大地；它驱散寒冷，给各国人民带来了温暖！现在，人们汇集在田野上，他们彼此互相了解，互相敬爱！生活在沸腾，热情在奔放；生活激励着人们，使大家行动起来。人类从前在做噩梦，现在醒过来了。友谊、爱、个人的抱负、家庭的温暖、人与人之间的协和一致，这些都得到了实现；心灵的诱惑、感官的诱惑和使人心旷神怡的事，到处可见，可歌可颂的业绩数也数不完，人的全部力量都得到了发挥！这才是生活，绚丽多彩的欢乐的生活，丰富充实的生活，充满激情的生活，热气腾腾的生活！你们现在要相信上帝了；当成年人怀着上帝赐予他的心过这种生活的时候，就再也不会感到没有希望了，再也不会表现得死气沉沉的了。现实超过了你们的希望，使人高兴快乐的事情任你有多大的本领也做不完。和谐制度的土地上到处是幸福。到处金碧辉煌，堆满了财富；一切都在运动，充满了诗意……因为劳动变成了令人愉快的事情。

在和谐制度的土地上，劲头促使人们从事吸引人的生产劳动。人类与地球进行短兵相接的搏斗；他把全部精力都投入他的事业，宛如一只挂满彩旗的三桅船，把所有的帆都打开，顺风前进。一切都被卷入了人类活动的洪流，卷入了巨大的人道主义的电流。这时候，人类走上了他在宇宙中的岗位，做他应做的工作了。你们当中有人不愿意参加劳动！啊！你们这些懒人，你们这些“斯文的不干活儿的人”；万一（事实上当然不可能）在协作制度的大车间中出现了这么一批懒人，那他们肯定是一帮怪人！大家都去瞧他们。姑娘们笑他们，小孩子嘘他们……这些高贵的无用之人，将比今天的流浪汉还更受到舆论的谴责，将比无家可归的既没有工作也没有饭吃的人还为人们所厌弃；大家将因为他们无所事事、到处转悠而痛斥他们，而且比痛斥现在无所事事的富人还厉害……不过，这些假设都是多余的，因为在和谐制度的土地上，这些现象不可能发生。

唉！团体精神、荣誉和劲头，在颠覆性环境中竟使世界上最令人厌恶的事情——屠杀成为高尚的事情。把一把刀子捅进别人的肚子里，你们以为这在人类是很自然的事情，不令人愤慨吗？你以为一个人在心情平静的时候会无缘无故地和无动于衷地去干这种卑鄙的血腥事吗？好嘛！建立军队、发扬团体精神，存心让人们去竞争，授给他们旗子，要他们为了荣誉把旗子高高举起，为保卫旗子而战斗；对勇敢的人，给予表扬和提升！对死者，举行葬礼！对战胜者，高唱凯歌！对人民则大声高呼，说祖国在召唤……你们刺激人们的欲念，然而到头来，你们将看到，那些唱着歌子去打仗，用刀子捅同胞的肚子的人，自己也将遭到痛苦和死亡，也就是说，将遭到人类天性最深恶痛绝的种种事情！！！

你没有想到过应当使劳动、科学和工业成为高尚的事业吗？没有想到过应当像干杀人的勾当那样来从事创造性的劳动吗？没有想到过应当使劳动具有吸引人的魅力和激发人的情欲的巨大力量吗？你们办工业，在安的列斯群岛和美洲的模范共和国里靠的是工头的皮鞭，在欧洲的君主立宪国里靠的是对死亡和饥饿的恐惧。除此以外，还有对白银的酷爱，对黄金的迷恋，对利益的赤裸裸的贪心，极端的自私和残忍；然而卑鄙的个人贪欲与心灵的感情毫无共鸣，是不能升华成高尚的、可歌可颂的人道主义的情欲的。

道德学家！道德学家！你们这些永生的讲道人，是投降还是继续再说你们那些说了三千年的老掉了牙的絮絮叨叨的话？难道你们还要继续讲你们那些关于可笑的道德的经文？还要让人们去热爱那令人厌恶的劳动？上帝创造了情欲，使之成为大地向上天演奏音乐的乐器；你们对于情欲，所谓的组织的罪恶，还要埋怨吗？啊！你们已经把乡村践踏够了，现在是掉转马头，奔向光明的时候了；如果你们不改弦易辙，还要刚愎自用，人们就不要你们了。

再说一次，全部问题在于是不是应当对劳动加以组织。你们既然知道能够把人们组织起来打仗，在荒谬的和惩办性的强制制度下尚且能够大量利用人的情欲，把协作制度的阴影投在战争上就能把人们吸引去从事战争；你们既然知道这些，如果还不像我们这样认为把协作制度应用于劳动，就能把人类吸引去从事劳动，那么，人们就必然会得出结论，认为上帝是希望人类去进行破坏和屠杀的，而且，正是为了进行破坏和屠杀，上帝才使人类具有各种各样的才能；如果人类把上帝赋予的才能用去从事生产劳动，上帝还会把人类的才能通通剥夺咧。这就是说，上帝是为了给撒旦效劳才创造人类的了……唉！要是这样的话，让撒旦自己来创造人类，岂不更好吗？

在和谐制度下，劲头将促使人们去从事吸引人的生产劳动。这就是结论。

现在，让我们在半平方法里的土地上进行试验。

第一编　内在的和外在的奢侈的平衡或个人或产业的全面发展

第一章　体力的全面发展：健康、精力和身体的财富

健康是一种宝贵的东西；只有它，才值得人们不仅花费时间、力气和金钱去取得，而且还毕生去追求。一旦失去了健康，我们的生活，就将受到损害；没有健康，感官的享受、智慧、知识和道德都将变得暗淡无光，通通消逝。

蒙泰涅

§ I

我的理论，归纳起来就是：劳动的时间要短，而不能长。

沙·傅立叶

如果读者确实明白了指导劳动组织的公式，知道它可以灵活运用于各种事业，那他一定会认识到，傅立叶组织劳动的办法，同拿破仑打仗的办法是一样的。老的战术是把部队散开，结果把各处都弄得很薄弱。拿破仑懂得，应当把所有孤立分散的队伍组成一支强大的密集的部队；人多，声势大，力量大。

大军所到之处就攻无不克，战无不胜。这是一切伟大的统帅的秘诀。

不过，这个比喻从某种意义上说是不对的，因为劳动在今天已不像军队那样组成分队和支队了。今天的劳动大军如同一支防守的或进攻的部队，是由一大批不穿制服的人组成的；他们之间没有联系，没有首长，没有纪律，不通消息，各干各的，互相牵制，其中大多数士兵既没有枪，也没有弹药。看见这支没有旗子的军队开始行动，真是好看极了！你瞧，有一个战术家走来说："进攻和防御的部署都挺好；这很好嘛！你们要用心训练队伍；让战士们都各自散开，*放任自由*！战士之间将展开竞争，每个人都知道如何作才作得最好；为了打仗，无政府和*自由竞争*万岁！"

我们有一些人自称为*经济学家*；这番话，就是他们对没有纪律的劳动大军说的！在一个把蠢人叫做蠢驴的国家里，人们称这样的人为学者！

傅立叶的思想的突出特点是：主张以群众代替个人去从事劳动，去从事大规模活动。在一个十阿尔邦[①]土地上，按文明制度的劳动办法是：交一把犁头给两个没精打采的农夫去耕，他们每天干十六个小时，要接连十天才能耕完。而协作制度的办法是：派三个由十二人、十五人或二十人组成的小组，用三四十把套在马上的犁去耕。这三个小组的人像打仗那样拼命干；两个小时之后，那十阿

① 阿尔邦，法国旧时的土地面积单位，一阿尔邦约相当于二十至五十公亩。——译注

尔邦地便整整齐齐地翻好了，这三个耕地的小组排成纵队，前面由乐队开路，返回放犁场。这不是因为爱上帝而干的活儿。沟犁得又直又深，你可以去瞧瞧。

以上所说，是原理和例子。劳动的时间很短，而且经常变换。

“劳动的时间短”，傅立叶的全部学说都起源于这句话。现在让我们来研究一下这句话的意义。

人们不难想象得到：要做到劳动时间短这一条，就需要使用小组和谢利叶；因为劳动时间一缩短，就需要人多才能完成任务，就需要把人集中，组成小组，而各个小组又按照它们工作上的亲近关系而组成谢利叶。不管我们的起点如何，我们都得按照这个天然的分配规律行事，同时实行协作制度；因为很显然，产业的分散经营和孤立的家庭的狭隘性，是根本不容许人们组成小组和谢立叶的，每个人只能自己干自己的。

把这一点说明之后，我们就要进一步研究：用短的劳动时间代替使人一天干到晚、一辈子天天忙的文明制度的办法，其结果将产生什么影响。我们要从劳动者的角度来研究这个问题，从劳动的角度来研究这个问题。我们可以通过千百件事实来进行比较。现在举几个事实如下。

§ II

> 在文明人不死于极端饥饿的地方，他也将因贫穷匮乏而慢慢饿死；因吃不干净的食物而明明去找死；因工作太重，因生活所迫而干有害健康的工作，因过于劳累（过于劳累将使人得热病，身体虚弱），而暴死。
>
> 沙·傅立叶

日内瓦的隆巴先生于1834年2月3日在科学院宣读了一篇对二百二十种不同的职业进行认真研究之后写的论文。他在论文中说，有几种职业中的人往往容易患肺痨，如“雕刻工人、印刷工人、制帽工人、抛光工人、警察、制刷子的工人、士兵、珠宝工人、裁缝工人、磨坊工人、制床垫的工人、制绦带的工人、制汽水的工人、制假发的工人、誊写员、厨师、车工、鞋匠，等等；胸部受害最严重的妇女是：作洗涤和缝补的女工、女鞋匠、制手套的女工、绣花女工和女抛光工人。”

隆巴先生认为，有一些工业有采取预防疾病的措施的打算。这一点是值得十分注意的。

隆巴先生指出，肺痨的主要原因是：“长时间地继续劳动，车间中的空气不清洁。”他还说：“肌肉不活动，是患肺痨的一个常见的原因；坐着干活的工人，每天应当在户外运动一会儿，使在工作中处于强迫休息状态的肌肉得到活动。”隆巴先生提醒人们注意，一开始感到有某种疾病的征兆，就最好改变职业。

以上所说，还只是单独一个人在少数几种职业中针对一种疾病——肺痨——进行研究之后所论述的事实。如果把这种研究工作做得全面一点，对所有其他的疾病和人体的畸变都进行研究，人们就会明白文明的工业主义的卫生状况了。下面这段文章，是从一分外国杂志上转录下来的；我们从其中可以看到一些有关钢铁抛光工人工作的详细情况和数字。

在舍菲尔德，钢铁抛光工人打磨的东西是叉子、剃刀、剪子、小刀和餐刀，等等。有些工人用的是干砂轮，有些工人用的是湿砂轮，还有些工人一会儿用干砂轮，一会儿用湿砂轮。在舍菲尔德，钢铁抛光工人大约有两千五百人；他们一般从十四岁就开始干这种工作；在这个年纪，他们大部分都是身强力壮的，在外表上没有任何患肺痨的样子。七年之后，他们就学徒期满，开始独立干活了。然而，有些人还在学徒的时候就不得不放弃这种职业，受不了尘埃对肺部的危害。在战争期间，他们当中有相当多的人还不到服兵役的年龄就去当兵了；但是现在，这条出路（战争竟成了一条出路！）被堵死了，他们大都又继续干这种活儿，尽管知道有严重的后果，也只好干一辈子。

直到上一个世纪之末，人们一点也没有注意到抛光工人比其他工人的身体都差，因为其他工人大部分是在户外或有几个通风孔的大屋子里劳动。他们同时还做一部分制剪刀的工作，因此作抛光工作的时间就少了。此外，他们往往有几个月每天只工作三四个小时，其原因是缺水（水在这段期间用去推磨了）。然而，由于商业的需要增加了（文明制度在臻于完善），人们不得不在这项工作中实行分工，也就是说，每一个工人只作一部分工作（文明制度在臻于完善）。最后，在1786年，人们用蒸汽代替水作动力（文明制度又一次臻于完善），在小小的房间里磨刀工人一下子就多起来了；房间里有八九副磨石，而工人往往有十六名之多（真是完善之后再完善，继续向前进步！）。

工作方法的改变，对他们健康的影响是极其严重的。使用干砂轮的磨刀工人在二十八至三十岁之间就死了；那些交替使用干砂轮和湿砂轮的人，在四十至四十五岁之间就死了。那些只使用湿砂轮的人，如果老干这种活儿的话，他们是活不到五十岁以上的。在 1822 年,在二千五百名各类抛光工人中,只有三十五人活到了五十岁,有七十人活到了四十五岁,而在八十名只用干磨石的打磨叉子的工人当中,没有一个人活到了三十六岁。看来,人们也注意到了这个奇怪的事实,即:最勤劳的人活的时间最短。至于那些年岁活得稍大一点的人,他们通常都是散散漫漫地过日子;看来,行为放肆反而对寿命的延长有利,因为这样可以使干这种要命的活儿的工人有些时候不干这种活儿。舍菲尔德的赖特大夫在一篇论文中发表了他所收集的有关这个问题的材料;他在材料中所引用的他在舍菲尔德诊疗所(他就是这个诊疗所的医生)看到的几个统计数字,也证实了以上的论断。

各位经济学家,你们是喜欢统计数字的;你们也对你们工业中的杀害人的事件作一个统计吧,你们去调查一下搞锑、砷、铅、铜和水银的厂子中的死亡数字,去调查一下研磨染料的厂子中的死亡人数;在这些厂子中工作的人也是顶多活到三十岁!这是最大的岁数了!你们去问一问工人,他们是了解他们的职业的危险性的。他们将这样回答你:"有什么办法呢,先生,我们知道这是一种摧残身体的职业,但是要挣钱吃饭嘛。"做父亲的叫他自己的孩子也跟着跳进这些可恶的陷阱。要挣钱吃饭嘛!在这工业和经济可臻于完善的时代,老板把他们雇用的工人当牲口和机器使,很少考虑在他们的工厂中花钱搞一点儿保健措施。博学的倍克黎教授最近参观了许多法国工厂之后回来,在中央公学的讲台上指出:在我们成千的工厂中,常有工人中毒事件的发生,这是一件可耻的事情。这种情况,警察和检察官应当进行干预……

文明制度的工业祸害丛生。它的车间不卫生，它让工人长期干同一种工作；这等于是在杀害工人。即使不把工人杀死，也将使他成为残废。“葡萄园的工人在陡峭的山坡上作业，由于土地倾斜而使人非常吃力；尽管身体好，腿也会站僵的，这种情况，同骑士骑马之使臀部感到不舒服是一样的。”我发现：印刷厂的手扳印刷机工人如果老干这个工作，他们的右肩就会成驼形。排字工人老站着工作，就容易患静脉曲张；这种病将早日使他们进疗养院。

特朗松先生说：“我在热奥弗洛伊·圣迪赖尔先生的一篇课文上读到有关一个从前当过读公告的差役的故事，说这个差役老是高声叫喊，使某些肌肉最后都硬化了。只要稍加注意，你就会发现，一个长期从事某种工作的人的器官也有类似这样的奇怪现象。铺路工人和石匠的身体畸形，是大家都能看出的事实；这些情况证明我们的看法是对的。”我们还可以补充一些例子，尤其是玻璃厂里吹玻璃瓶子的工人的例子：他们面颊的肌肉最后将失去它们活动的能力，一点也不能随意运动了。

§ III

> 城市是坑陷人类的深渊。经过几代人之后，人类就要消灭或退化；必须使人类得到更新，而能够更新人类的，往往是乡村。
>
> 让·雅克·卢梭

以上所说，全是事实。它们非常清楚地证明了工业中所实行的连续干一种工作的办法的有害的影响，不过，在分散经营制度中，是只能实行这种办法的；这种办法必然把每一个人都固定在他的工作上。

这种事实，尽管情况严重，数目也很多，但也只是我们论述的问题的一个方面。我们刚才谈到了劳动过度的后果，谈到了由于唯一无二地老重复一种动作或工作而产生的疲劳的后果，将使人的肌肉、一部分肌体或器官逐渐衰弱或成残废。现在必需要求我们的社会对人们失去的健康，对种种痛苦，对许多由于缺乏活动和被迫干关在屋子里老坐着不动的工作所造成的急性病、慢性病和过早的死亡，承担责任。请看这些人的健康状况：他们等于是摆设在政府机关或商店中的家具；工人们的眼睛凹陷并略带黄色，面颊又瘦削又苍白，手脚冰凉，每天早晨成百上千地走进工厂，晚上又从工厂中涌出来，身上还带着厂里热腾腾的蒸气和污浊的空气……

你们看那些妇女，尤其是城里的妇女！妇女们的个人健康状况都很差，身体都受到了损害；妇女生病是常事。关于这个可悲的问题，医生们所知道的可怕的事情是很多的。现在请看那些半野蛮人似的农村妇女，她们处在良好的环境中，新鲜空气和各种各样的活动使她们保持了女性的天然的潜在能力，因此，她们是显得那样的精力旺盛，一股朝气；把她们拿来和那些身体不健康的衣着华贵的妇女相比，我们高雅的文明制度难道不感到羞愧吗？

文明制度败坏、摧残、毒害和杀人的复式办法如下：

一、让人过度劳动，使人的器官疲劳，日趋衰弱；

二、使人所有的器官得不到维持健康和生命所绝对需要的运动。

我们在这里只不过是把问题提出来。需要大批的医生和生理学家进行大量的工作，才能把这个问题研究得很透彻，才能根据许多人的证词，审理文明制度的工业的罪行。

我们谈过连续劳动对身体的影响之后，现在来谈它对精神的影响。

第二章　智力的全面发展：健康、精力和心灵的财富

> 难道不应当让所有的才能充分发挥，自由发展；让每一种才能都按照自然的规律，把它们不同的颤音加入需要人类一切力量都参加的大音乐会？
>
> 克拉里士·维古赫

§ I

> 不要让人的智力成为一种闲置无用的能力：它像身体一样，缺乏活动就要死亡。
>
> 莱蒙提

我们将看到，随着文明制度的工业主义的日趋完善，随着生产手段的日益改进，再加上分工愈来愈细，连续做一种工作的弊病便愈来愈严重了。的确，分工分得无比的细，分到一个工人头上的那一份工作便愈来愈简单，劳动愈来愈单调，他的心思愈来愈窄。如同一种凶恶的动物一样，文明制度愈是在品种上得到完善，便愈是办坏事。我们在第一册里已经引用过莱蒙提对当代工业化的很精辟的评论，现在再引用他的一段论述如下：

分工愈细和机器的使用范围愈广，工人的知识便愈窄。一分

钟，一秒钟，就把他的全部知识用完了；下一分钟，下一秒钟，就只好把他所做的事情重复一遍。这样的人，有的一辈子就起一个手柄的作用，有的一辈子就当一个螺栓或曲柄使。在这样的工具里，人的天性简直是多余的，而机械师就盼望着有朝一日他可以用他高超的技术给这种工具安一根弹簧。

不要让人的智力成为一种闲置无用的能力：它像身体一样，缺乏活动就要死亡，就要受我们不知其原因的事件（我们称之为无法预料的变化）的影响。单调乏味的工作，老是那个声音，那个姿势，使人开始是生厌，一会儿后就生气，最后是使人打瞌睡或者变得麻木不仁。梦游症、神经病、僵住症和各种各样的心灵窒息现象，十之八九就是这一类事物不和谐的结果。没完没了地老是做一件事，能不使人的思想迟钝，最后陷于瘫痪吗？您想使一头牲口老转圈圈，就用一块布把它的眼睛蒙着。机械似的工人的智力将完全衰退。有些人老孤孤单单地工作，久而久之几乎连话都不会说了。技术的合理运用，使人只要能做一种动作就行了：人简直堕落成了一群珊瑚虫，好像没有脑袋，只有胳臂在活动似的。

与大自然争生存的野蛮人，以渔猎为生，他们是又有力气又有机智，颇富于辨别力和想象力的。农夫们由于季节、土地、作物和劳动情况的变化，老要想新办法去适应，因此，尽管常年做那些活儿，而且还相信星命，但他们仍然是有思想的人。工人阶级，除使用体力外，还需要能识图、会计算和懂化学，所以是一种十分值得注意的人。他们的性格的突出特点是：喜欢独立，不受束缚。

……

如果人们通过一种复杂的劳动来发展智力，则产生的效果就和分工所产生的效果完全相反。第一是，有一门手艺在身的人便觉得自己有力量，不依赖他人；第二是，生活在周围都是机器的环境中的人，深知自己只不过是机器的一个附件；没有机器，自己也就没有生存的能力和手段。只能做管阀门的工作，或者只能做一根针的十八分之一份工作，这是很可悲的。一个机器似的工人的最大特点是，他意识到自己的弱点，所以，必然是很胆小怕事和不好活动的。

……

由于他的工作极其简单，谁来都可以干；由于他一旦失业，就无法在其他地方找到工作（偶尔也有意想不到的例外），因此在车间工头的面前是绝对服从，没有一点勇气；他的劳动所得，被看作是出自别人的恩赐，也可看作是别人给予的报酬，因此必须按照作为企业的基础的冷酷无情的经济法则来计算。无怪我们到处发现那些机器似的工人都是很穷的，低声下气的，没有一点儿好胜心。

……

我们所讲的这种人，比其他的人都容易受到引诱。对没有思想的人来说，任何一种思想都是很新奇的，正如从来没有喝过烈酒的人一样，饮一点儿酒马上就会醉得头晕。在平平静静的人群中，头晕的人是最有破坏性的。总有那么一群傻子，听坏头头的指挥，看见什么新的东西就匆忙行事。

总之，分工的原理使工厂生活对人的性格已经产生的不良影响更加有害了。人们认为，如果这个原理发展到使人的贪心了无止境，其结果将使许许多多人变得懦弱、堕落，不能担当保卫祖国的任务，而且还安于无知，完全失去识别谬误事物的能力。

莱蒙提后来在一条注释中还补充说：

在我们现今这个时代，人们之所以把最高尚的才能看得和机械技术是一样的东西，是由于彼此模仿的缘故呢，还是由于一个总的原因产生了相同的效果？在古代的人当中，我们看到有些人既是哲学家，又是诗人、演说家、历史学家、教士、行政官员和将军，而且都作得很出色；这样的人，真令人佩服。现今的人见到广阔的土地就感到害怕。每个人都筑起篱笆，把自己关在小圈子里。我不知道把土地这样切割，是不是可以使它变大，但我知道，这样一来，人就会变得很小气了。

从以上所说，你看害处是多么大。你去同瞎子讲，他们虽然看不见，他们也能感觉出来。这样做很好，但还不够。如果你用伤感的语气来讲这些害处，你的话就不会收到什么效果。再说一次，你批评分工的原理，是批评错了，因为它与我们的争论无关。在你的论据中，大家争论的是长时间连续劳动。请看你的错误是多么严重：你说分工不好，你就更拿不出别的良药，就更没有其他的解决办法，就更没有什么其他的主意可出！分工是一个好办法，可以使人增加生产，应当善于利用它，使之有利于工业和工人。你为什么要攻击它？分工并不妨碍工人变换他的工作，相反，它还非常有利于他改换工作。如果你认为"弊病在于让人长时间地连续劳动，"你的看法就和你的正确的批评相符合了，这样你自己就可以找到补救的办法了。你曾指出从人的身体和精神来说，是应当使每次劳动的时间短，而且要有变化；分工不仅不是一个障碍，而且还是实现这一要求的办法。你既然懂得，而且也说过**变换工作**对农夫和某些工人有好处，你为什么又要抨击有利于**变换工作**的**分工**呢？

还有你，隆巴先生；我一想到你在你那篇漂亮的论文末尾关于肺痨病的荒唐结论，就忍不住要笑；你说："工人们每天都应当到户外去活动活动他们在劳动时没有用上的那一部分身躯。"算了，别再说这样的话了，隆巴先生。

现在有了科学院；它时而还对某些卫生设备的发明给予奖励，说它们可以在这样或那样的工业上应用。科学院应当把它的学者的显微镜收起来，用自己的眼睛看才能看出：在我们的工业制度下，所有的工业的身体都败坏了，灵魂也堕落了。科学院说要给所有的工业以奖励；呵！它可不能这么做。在萨兰发生火灾的时候，我看到一位妇女惊慌失措，竟用一个长颈瓶和一个玻璃杯装水，想去扑灭她那间小铺子的火……当时，她那间屋子和全城都已经到处是熊熊大火了。

§ II

> 将来总有一天，觉醒过来的人民对你们用篮子装着送到他们那里去的经济学家的头，每个只给三文钱。
>
> 莱昂·戈滋兰

现在来看一看政治经济学家说了些什么话。特郎松是搞政治经济学的；请你看他这段写得很出色的文章。

经济学家都承认：虽说分工是一个增加生产和改进产品的有

力的手段，但对生产者来说，它也肯定是使人头脑迟钝的一个原因；可是，他们却不作任何努力去寻找一个办法来解决这个真正的恶性循环，即：要么让人堕落，否则就让工作处于不完善的状态。在普及亚当·斯密的学说方面贡献最大的人当中，有一个人对这个问题有所阐述。现在让我们来看一看他是怎么说的。萨伊先生说："一个一辈子老干同一种活儿的人，肯定比别人干得好，干得利落，然而让他去干另外的活儿，无论是体力活儿还是脑力活儿，他就不怎么行；他的其他才能全都消失，所以，就个人来说，这个人是退化了。"萨伊先生还指出，不仅工人由于唯一无二地只干一种工作而使天性退化，而且，无论任何人，只要他只使用他的才智中的最灵敏的才智，其天性也是要退化的。萨伊先生着重从下层阶级的角度来论述分工的不良后果。他说："在工人阶级中，这种不能作多种工作的情形，使劳动者的处境愈来愈艰苦，愈来愈枯燥乏味，但报酬却愈来愈少。他们更不可能要求在生产的总值中得到公平的一份。会一门手工技术的工人可以到处去找活儿做，能挣饭吃；而没有手工技术的人，便要依附于人，一离开了他的同事，便毫无能力，不能独立，只好接受别人强加给他的规定。"

这位博学的教授把弊病论述得这么清楚[①]，你也许以为他会接着去寻找医治弊病的良药。不！这不是他的事情。在阐述财富

① 特朗松在这里把应该属于莱蒙提的功劳说成是萨伊先生的了；人们发现：莱蒙提的话在萨伊先生的文章中稍有改变。这位经济主义大师的功劳，在于他善于拼凑，而不是他有什么个人的远见卓识。政治经济学受到了莱蒙提的透彻的评论的启发，而且整段整段地重复他说过的话，在复辟的自由主义的叫好声中，大胆地继续做它的交易；这真是一个值得十分注意的愚蠢的做法和招摇撞骗的怪现象！

的生产、分配和消费的各种现象时，他讲了哪些应该赞成，哪些应该反对，笔调十分流畅，而且毫无顾忌。现在转录他论述分工那一章的最后的结论："所以，我们可以说分工是对人力的一种巧妙的使用方法（巧妙的使用方法，萨伊先生！按照你自己的说法，这个方法使工人的天性退化了：巧妙的使用方法，其实是一个使工人的才能全都消失的方法，是剥夺工人的能力和独立的方法！这简直是在滥用语言），结果，它增加了社会的生产，也就是说，增加了社会的力量和享受（当然不是工人的力量和享受），但就个人来说，它使每个人的能力有所削弱。'有所！'这种说法，比作者在前面所说的话的力量差多了；不过我认为这个说法可使他的精神感到轻松：这是就每个个人来说的。"萨伊先生已经注意到对我们说，如果因为分工而使人退化的话，这是就个人来说的（见前面引用的话）。我个人的理解是：个人退化了，他将失去他的天性的尊严，失去他的能力和自由！然而社会是愈来愈完善。这似乎有点儿像一个头脑简单的人，他把商品亏本零卖出去，以为全部东西卖完，就可以把钱捞回来。

从1808年起，傅立叶先生就警觉到，在人们当中已开始出现迷信政治经济学的现象，所以他指出：政治经济学是一门假科学，是一种幻想，一种恶性循环。1829年，他发现经济学家把他们的学科最后缩小成只对当今的弊病作简单的分析，而不寻找任何改进的办法，因此，感到很气愤；他说："他们的做法，就像一个只看病而不处方的医生。这样的医生，在我们看来是很可笑的；今天，有几位经济学家就打算这么做，他们发现他们的科学把事情愈弄愈坏，找不到解救的办法，只好像狐狸对山羊那样对我们说：'你们要自己想办法逃出来。'"

现在，既然傅立叶先生送来了真正能够把穷人从深渊里救出来的办法，难道他没有权利向经济学家严肃指出他们的科学没有用处吗？

经济学家应当解决的问题或至少是应当提出的问题，是："保持分工的不可争辩的好处，甚至在农业劳动和家务劳动中也实行分工（目前在农业劳动和家务劳动方面，工作极其繁杂，一切细小的活儿都由一个人单独去作），但另一方面要避免萨伊先生所指出的在工厂的大车间中因劳动的时间太长和工作的单调乏味而必然产生的大缺点。"

协作制度的劳动，每次劳动的时间短，而且组成小组和小组谢利叶进行，所以能完全满足这个双重要求。在法郎斯泰尔中，一切农业劳动、工厂的劳动和家务劳动，都是由劳动者组成小组进行的。由几个小组分担的任务完成得很快，所以一个人在同一天里可以接连干几种活儿。

把工作分成许多份，是实行这个办法的主要条件，因为它可以把许多人安排去做同一种工作，而又不使人过度集中而互相拥挤。另外，再加上每次劳动的时间短，所以能变换工作，使每一个人都可以发挥他的一切才能，并满足他的种种爱好。

也许有人会表示反对，说什么为了很好地完成一项工作，一个工人只做一种简单的细小的活儿是不够的，而且，为了要学好一门手艺，还需要长期实践。这一点当然是不可辩驳的，但不能因此就需要把每次劳动的时间拖得很长。还有人说：现今的社会上的有钱人，希望在跳舞、击剑、游泳和骑马等活动中身体要灵活，所以需要长时间的练习。但是，如果要他跳舞或骑马，一跳就是一整天，一骑就是一整天，或一个星期，或一年，那么，本来是有益于健康的活动，结果也会把人搞得疲劳不堪的。技术活儿也一样，是不能唯一无二地和毫不停息地只干一种活儿的。(《法郎斯泰尔》)

§ III

叫人来把你的脑筋洗净；它比你的胃子的用处大。

蒙泰涅

我本想在这里结束本章的论述，但是，唉！我知道有人表示反对；反对的声音常在我的耳边响。以下几种反对的意见，在我看来是很典型的：

——“先生，一个人不可能成为万能的，他不可能什么都懂，什么都会做。”

——啊！正是因为这样，所以我们才说孤立的人是没有什么力量的，分散经营制度是有许多弊病的，我们需要把各种力量集中，把有不同能力的人聚集在一起，实行协作制度。

——“一个人不可能会做二十种手艺，不可能样样都很能干。”

——我们根本没有说要让一个人会做二十种手艺。文明制度把一切都搞乱了，陷入了极其简单和极其复杂这两个正好相反的极端：要么，就像在工厂中那样，它把工作分得很细，让一个人一辈子干一种只需一分钟或一秒钟就可干完接着又照样重新干的工作；要么，它就不实行分工，硬要一个工人对一种职业中的一切细小活儿都会干。例如，它强要一个园丁对两三百种植物都很熟悉，都会栽种；这是谁也办不到的。任何一个庄园的经营，如果要经营得好，就需要在农业、植物学、物理、行政管理和商业等方面有大量的理论和实践的知识；任何一个人要通通掌握这些知识是不可能的。可是，唉！文明制度却让一个庄稼人，一个无知的农夫去做所有这些工作！它把一项工作或一门职业中的种种零碎活儿全都压在一个人的肩上。在和谐制度下，就不会把种植（当然是大规模种植）三百种不同植物的工作交给一个园丁，而是交给三百个小组去做。所有一切的工作都是这样办的，你可以参加许许多多与你的天资、爱好和才能相近的小组。

——“不过，先生，一个有天才的人（好！现在对有天才的人表示关怀了。真操心！）是不愿意走出他的办公室，到地里去干活儿的；他是不愿意在一个每两小时就强迫交换工种的制度下生活的。”

——“你们强迫他！！你们强迫他！！！”一再说你强迫他，听起来真叫人生气！唉！天才也好，不是天才也好，谁说过要强迫人？如果一位学者想待在他的书房里，谁去强迫他走出来？谁去打断他的工作？谁也不会去叫他吃饭、喝水或睡觉的；如果他愿意的话，他可以在他的书房中一直干到咽气为止；谢利叶反对他这么做吗？我们的看法（已经是老生常谈了）是：一个继续不断地用脑子而不让身体休息的人，身体自然会累垮的；脑子疲劳的时间过久，人就会受不了；这位学者在脑力劳动之后，为了活动活动身子，摆脱一种在脑中萦回的思想，与其到马路、大街或田间去散步，像文明人那样闲溜达，还不如到地里或菜园中去干活，反而痛快。他在地里或菜园里将见到许多高高兴兴地积极劳动的小组；这些小组

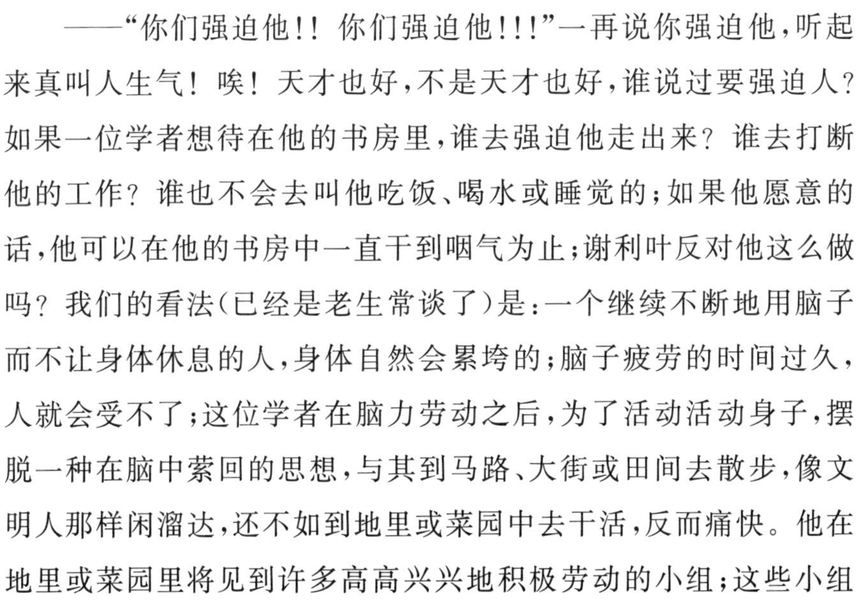

在使他感到喜悦和活动身体方面，是抵得上文明人的种种运动和娱乐的，是比他们毫无趣味的闲溜达强得多的。凡是搞过脑力劳动的人都知道：一件事情老令人绞尽脑汁地想，把人搞得头脑发胀，那是很难受的！

一件事情如果老在你脑子里翻腾，无论你是去洗澡、上街或睡觉，它到处都跟着你，在脑子里扎下了根儿，使人激动，折磨着脑子中的每一根神经，那是会把人搞疯的！所以人们诅咒这个软弱无力的社会，说它既无魅力又无驱魔法，让你得不到任何帮助，愁得彻夜不眠。拉普拉斯在什么地方谈到过学者的这些苦楚，批评我们的社会太缺乏能够使紧张得发热的头脑得到消遣的外部活动。他说，当他能到户外去做某种剧烈的和有益的活动时，他得到休息的头脑里的思想就很活跃和敏捷，往往不需要花多大的力气就能解决他想了很长时间也无法解决的问题。诸位提反对意见的先生，你们认为拉普拉斯先生的话说得对吗？你们看他是不是一位有才能的人？你们今后对有才能的人在法郎斯泰尔中的命运是不是放心了？

§ IV

舍此便别无他途。

《教理问答课本》

现在把我们的论点陈述如下：

每一个人都有体力和脑力。因此要求每一个人都要使用他的身体和脑筋；当然，每一个人应当按照他的天赋的大小使用他的身体和脑筋。

此外，身体的活动应当按一定的比例全面进行，因为，如果只活动一部分，只活动一根肌肉，则总体的各部分的自然平衡将被破坏。营养液和精力首先是输送给需要营养液和精力进行活动的肌肉；但不久以后，就会出现营养液和精力过于集中的现象，也就是说，会出现疲劳、困倦、行动迟钝和虚弱的现象，而未活动的部分，则因缺乏营养液和精力而开始衰弱和退化。

要使身体和心灵保持健康和充满活力（有健康的身体，才有健康的精神。①）就需要使身体和心灵的功能全都平衡地进行活动。这是最明白不过的。没有这一点，就不可能有卫生学上的和谐。不实行谢利叶制度，不按变换工作的法则行事，就不可能全面地和平衡地使身体的各部分得到活动，因而也不可能有健康、充沛的体力和丰富的智力，不可能在人的身上实现心理生理的和谐。

人的理智已经退化到可耻的荒谬程度，想把人训练得去适应文明制度。随着人的心胸愈来愈狭窄，精神愈来愈粗俗，身体愈来愈笨拙，人们的体质愈来愈弱，工人的种——在我们当中有人胡说，说社会上确实存在着这样的种——愈来愈败坏，文明社会的工业制度也趋于完善了。当人降低到比森林中的野兽还不如的时候（比野兽还不如，因为野兽在森林中能蹦蹦跳跳，长得很健壮，自由自在地生活！），当人的称号被抹掉，被当做瞎马、车轱辘、活塞或曲柄使用的时候，文明社会的工业的完善程度就达到顶峰了！唉！

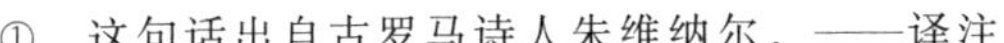

① 这句话出自古罗马诗人朱维纳尔。——译注

请问，如果你们的工业使劳动者日益堕落，沦为奴隶，大众贫困，你们的工业又有什么意义呢？

人的理智受到这样的耻辱，最终落到这种可悲的地步，是罪有应得的。有人不是一再说要用理智去抑制心灵和身体的需要吗？有人不是把理智说成是起支配作用的东西，想利用它来控制人的天性吗？有些人就是想利用理智把人的心灵和情欲，把人的身体和官能，通通限制在这个社会和它制定的法律的钢铁般的范围里。

唉！一切都在变化、运动和改造，工作的交替变换已经成为生活的特征、表现形式和法则，在无限的宇宙中没有一个分子是处于静止不动的状态（只要有一个分子绝对地固定不动，就足以破坏整个秩序），而文明社会却企图使人不能动弹！上帝使人具有充分的智慧、力量、各种情欲和无限的才能，而你们却要他抛弃交替变换工作的法则（它是达到平衡与高度和谐的手段，是生活的法则；按这个法则行事，一个人在人的阶梯上占的地位愈高，便愈觉得融洽）！你们这样做，是针锋相对地与事物的自然秩序相对抗，与通过上帝使我们具有的需要、愿望和爱好而反映出来的上帝的意志相对抗。民族是那样的萎靡、堕落、虚弱和血液污浊！智力是那样的枯竭！心灵是那样的麻木！心情是那样的烦闷！人的肌体和精神都得了病！人变了形！身心都衰退了！……你们要为这一切作证，要控诉，要惩办！

愿天堂恢复旧观，给幸福举行洗礼，快乐的时刻早日到来；愿娱乐的花样多，工作能变换，处处有对比！愿大地上到处是运动、生命和自由！愿交替变换工作的法则能用来唤醒沉睡的力量；我们要解放被压制的力量和受束缚的才能！人们啊！你们无谓的争吵要到什么时候才罢休？世上的富翁，世上的有权势的人物，你们当中没有一个人能够给自己敲响解放的钟声！你们这些耳朵聋、智力迟钝、心灵麻木的人，还要向你们讲多少时间，还要向你们要求多少次，你们才同意进行试验……在半平方法里的土地上进行试验？

第三章　产业力量的全面发展：全体的财富

> 我必命五谷丰登，不使你们遭遇饥荒。我必使树木多结果子，田地多出土产，好叫你们不再因饥荒受外邦人的讥诮。
>
> 《以西结书》第三十六章，第 29、30 节

§ I

> 由于实行分工，并接着又使用了机器，所以能裁减许多工人。分工和使用机器的好处就在于此。
>
> 莱蒙提

显而易见，就生产的数量和工业的完善程度或财富的创造来说，谢利叶制度无论是在物质结构方面还是在情欲结构方面都具有种种优点。

物质结构。为了要了解谢利叶的劳动的生产能力，就需要记住我们已经讲过多次的分工带来的奇异的生产效果。在文明制度的工业中，如果说有什么不可思议的事的话，那就是现今在工业制

造中取得了令人难以相信的重大发展。你走进一家工厂，走进一家法国工厂或英国工厂，数一数厂里雇用了多少人，检查一下它们的产品，你将不相信你的眼睛看见的情况是真的。生产数量多的原因，是由于采用了大规模的生产方式；因为在大规模生产中，可以实行分工，并在因实行分工而简化了的生产劳动中使用机器。十个人每天竟能制造出四万八千根别针！莱蒙提说：

这件新鲜事，真好比一位派往野蛮人那里去的使臣只需转弯抹角地说一通训斥的话，与野蛮人做几笔买卖，作出点牺牲，就公然赢得了信誉。如果那位第一个注意到两个铁匠共同分担一根钉子的制造工作的人，预言这么简单的一件事情的原理将有朝一日主宰商业欧洲的命运，他除了受到别人轻蔑的取笑以外，还能得到什么呢？然而实行分工，减少了工人反而增加了生产；因此这个办法推广得如此之快，以致前面所说的那个预言今天已经成为一句极平凡的话了……我的确认为，后代的人们将有一天把它和印刷术的发明与美洲的发现这些对世界的命运起过巨大作用的伟大事业相提并论的。

不过，在文明制度下，分工的原理只有在工业制造部门中得到了应用，而在农业和分散的家务劳动中还不能实行，这两个部门还要保持那一套旧的办法。然而，农业活儿和家务活儿与工业制造相比，却更有一番重要的意义，应当受到格外的重视。

啊！就这两种劳动来说，同其他方面使用人力的办法一样，我们认为，谢利叶不仅允许，而且还必须实行分工，把工作分成许多份进行。这个结构的生产效果是无法估量的。

§ II

> 1009。我有几次曾经说过：作家们给我们的东西，表面是黄金，里面是烂泥；而我给他们的东西，表面是烂泥，里面却是黄金。
>
> 圣马丁

你想用一个例子来衡量以谢利叶制度（工作的规模大，并实行分工）代替分散经营制度的意义吗？那我们就以最细小的家务活儿——给靴子除掉污泥和上靴油——作例子吧。用这件事情就可以使文明制度感到羞愧。用两千双靴子来作比较。按分散工作的制度，每天平均要用五百个（也许还不止五百个）仆人才能把这样多的靴子收拾干净……至于所使用的那一大堆刷子、靴油刷、靴油盒和靴油瓶，尚暂且不提。如果计算一下浪费的时间，估计每双靴子用一刻钟不算多。因此，每天为了要把两千双靴子收拾干净，在完善的文明制度下就要仆人们用五百个劳动时。

请你在一天上午到一个法郎斯泰尔的给靴子除污泥的工作间去看看。

这项家务劳动分成五个工序。

一、把靴子收集拢来，分类排好；

二、除污泥；

三、上靴油；

四、把靴子擦得发亮；

五、把靴子送去分发。

在这五种工作中，第一个和第五个由领班员作；其他三种工作则由八岁、十岁和十一二岁的孩子组成的擦靴谢利叶作。

你看，二十四副轮盘式刷子靠一个砂轮似的机械装置的作用而自行转动。这些轮盘式刷子大小不一样，硬度也不同，所以各种靴子都能刷。而且刷子还分三种：刷污泥用的，上靴油用的，擦光用的。二十四副轮盘式刷子，每副用一个小孩操作。另外，有四五个小孩不断把用干刷子刷过的靴子送到上靴油的刷子那里去；刷上靴油后，又送到另外一副干刷子那里去把靴子擦得发亮。用不了一个小时，三十六个小孩就可完成文明制度的仆人需要花五百个劳动时（而且还要浪费许多材料）才能完成的工作。工作间的机械装置要防尘，而且使用起来没有任何不便利的地方，这一点，是自不待言的。协作制度的每一个工作间都是很注重卫生和舒适的。

我在这里要指出，这项谁干谁就遭到轻视的工作，文明人就让仆人（即现代的奴隶）去做；而在协作制度下，则由一个谢利叶承担；在这个谢利叶劳动的孩子当中，也有法郎吉中最富和最受人尊敬的人的孩子，他们的工作根本不带有文明制度的那种侍候人的性质。孩子们劳动一小时之后，就去干别的，到别的工作间去，或者上学去；他们现在和将来都是人，而不是叫做“仆人”的侍候人的下等人。在法郎吉中劳动的人，谁也不是仆人。

我在这里只想着重指出，在分散经营制度下，仆人们要花五百个工时才能做完的一项工作，在谢利叶制度下只需三十六个儿童的工时就可以完成，而且完成得更好，所花的时间还不到前者所花的时间的一半：如果按同样的劳动单位折合，前者花五百小时，而后者只花十八小时。拿法国来说，假定每一个法国人有一双靴子——这在今天，对有些人来说，简直是幻想，是乌托邦，好固然是好，但是是办不到的……你想一想，我们现在还是每一个人只有皮鞋穿的国家——不管这些，姑且假定在法国每个人有一双皮鞋，劳动一天的工钱只按两法郎算，你看：

在法国，为了擦皮鞋，分散经营制度要花八百万个工时，而协作制度则只花二十八万八千个工时；这就是说：

分散经营制度每天要花一百三十三万三千法郎[①]；

而协作制度则只花四万八千法郎。

在擦靴子这件事情上，法国每天可节约一百二十八万五千法郎！一年就可节约四亿法郎！这个数字还不可观吗？这还只是在擦靴子方面咧！通过这个事实，就可以看到其余。文明人，你们觉得好笑吧；数学这玩意儿真奇怪！现在请你们去看看你们的报纸，去听听你们的代表们的演说，去欣赏每次预算会议时向我们发表的滔滔不绝的空泛的议论。你们觉得协作制度的精打细算好笑，你们为了给你们的预算争那几个少得可怜的钱，就搞革命，而你们的每一次革命也真有办法使它明显地增加。你们笑吧，继续笑吧！

经济学家对人们说：不采取分工的办法，一个人也许一天做的别针不会超过一根，更谈不上做二十多根……如果实行分工，并采

① 假定在法国每个人都穿靴子，则为了擦靴子，每天就要花一百三十三万三千法郎。这个估计的数字，并不夸大；为了明白这一点，就需要看一看今天的情形：今天刷靴子的价钱，每双绝不少于一个苏，而常常是要两个苏或三个苏。好吧！就按最低的价钱一个苏算，三千二百五十万人的擦靴子的钱就要一百七十二万五千法郎，比上面估计的数字还多出三十九万三千法郎，用来付靴油钱和其他损耗的材料钱。

用机器，一个工人每天就可做四万八千根[①]。这是明明白白的事实，一看就知道的！对人们说这番话的人，都是很有名气的学者。而那个提出合乎逻辑的和不可辩驳的办法的人，那个把从前没有听说过的有效办法普遍应用于一切工作并把劳动者从贫穷和愚昧中解救出来的人，他们却加以嘲笑！说什么"傅立叶，啊！是的，傅立叶……得了，得了。想用节约火柴的办法使大伙致富的人，就是他；想用鸡蛋去偿还欠英国的债的人，也是他……啊！太妙了……嘻！嘻！嘻！"四十多年来，我们的经济学家对亚当·斯密的四万八千根别针很感兴趣，所以他们如今还停留在这个数字上！好，你们笑吧，继续笑吧；你们觉得在农业和家务事情中精打细算是很可笑的，你们就笑吧。不过，无论你们怎么笑，都赶不上你们的孩子笑你们的书，笑你们的看法，笑你们的学说，笑你们的信仰，笑你们的教条，笑你们这些人……而且，你们终有一天会自己笑自己。

我们从以上所说便可看出：谢利叶制度的办法，无论从生产的数量或质量来看，对物质结构都是很有利的。它们是取得最大的财富的条件。

显而易见，就情欲结构来说，谢利叶制度的办法，也将取得最大的效果的。

§ III

上帝在劳动中藏有一笔财富。

德·拉梅莱

① 见前引亚当·斯密的话。

> 你既然说上帝在劳动中藏有一笔财富，为什么只说半句，而不接着说只要去寻找，就一定会找到？为什么不说明创造性的劳动的法则？
>
> 克拉里士·维克赫

情欲结构。劳动力能最后取得多大的生产数量，显然是由小组和谢利叶的积极性和劳动热情决定的。产品质量的不断提高，劳动技术的不断完善，由于小组之间经常积极开展竞赛而得到了保证；再加上手艺工人的好胜心由于小组的鼓舞而愈来愈强烈；往上到谢利叶和法郎吉，就更将想出许多办法，要与人无止无休地争个高低，因此，强烈的竞争心和对工作的精益求精，必将在各方面产生许多前所未闻的奇迹。

文明制度的劳动死气沉沉，把人弄得精疲力竭，腻得要死，完全失去了生气和热情；而和谐制度的劳动充满了欢乐，即使批评人也批评得语带幽默，因此劳动起来积极从事，人人抱有做好工作的雄心；这两种劳动状况，是无法相比的。和谐制度的劳动，到处热气腾腾，一派生气。两者恰成对照，无法比较。一个白，一个黑；一个光明，一个黑暗；一个宁静，一个乱糟糟。我们现今的劳动状况是：谁也不动心思，谁也不使力气，谁也不发挥他的才能，谁也没有热情，有时候即使有，也不能持久，也不强烈！而和谐制度的劳动则像太阳那样，使人热情洋溢，充满了朝气。

在协作制度下，受到压抑的志愿可以自由表达，充分实现；被束缚的才能可以尽情施展。粗野的人们，广大的人民大众，饱受社会强加的厄运的折磨，一向是昏昏沉沉地过日子，而现在是觉醒了，站起来了。起来！召唤人们的号角声已响彻旧世界的每一个角落；它谴责旧世界，它要为新的耶路撒冷举行揭幕礼。醒来！醒来！现在是情欲的时代，自由的时代！从淤泥和冰层中迸出了火花。现在火燃起来了，火光四射；人类显露了天才，实现了团结，享受着生活的幸福。人类终于站起来了。神灵的热情的语言传到了人间，在所有的人的前额上都表露出作人的骄傲；情欲使颓丧的脸上恢复了神圣的光辉和久已消失的上帝创造的模样。有了情欲，就有坚定的意志；有了坚定的意志，就能旧貌换新颜。

无论在物质方面或情欲方面，所有的工作安排都将臻于完善。

为了使读者坚定信心，并透彻了解这种劳动制度的优点，我们在这里从《论协作制度》的那些只有几页长的章节中抽出一章来加以分析；作者在只有几页长的章节中竟把几卷书的内容都包括进去了。这一章，每一个字都应当用黄金来书写。

作者在标题为《论上帝在协作劳动和分散劳动之间的选择》①这一章中，首先提到了哲学家尽管常常说但从来不善于运用的三个原则：

(1)不要认为大自然只有这些已知的手段；

(2)切莫把已经变为成见的谬误当作原理；

(3)丢掉我们在社会政治学上所学的东西，去追寻社会思想的根源。

(1)和(2)不要认为大自然只有这些已知的手段；人们可以假定大自然还掌握有某种不同于分散经营制度的手段。分散经营制度根本不是一种搞社会事业的办法，而是缺乏天才的表现，是从前

① 《论家务和农业的协作制度》卷二第227页，第一版。

的和现代的政治学无知和麻木不仁的标志，是对精确的科学（它将取代政治学）无知和麻木不仁的标志。

在原始的自然状态下，人是一对一对地聚居在孤独的茅屋里的：这是为了进行繁殖而结合，而不是为了进行劳动而结合；因此需要发明为进行劳动而结合的办法。

哲学家避而不谈这个问题，不谈这个唯一迫切的问题；他们宣称野蛮人的方式，即一双一对或夫妻二人的方式，是人类的劳动的命运。然而，这种结合是缺乏组织的，因为它只构成了最小的家庭。

哲学家从来不思考家庭的结合问题。从前的诡辩家，在这个问题上，一方面囿于奴隶制度的习惯，一方面又抱有野心，想探讨行政的职能，因此，他们只从社会政治方面去研究社会的治理，而不涉及任何有关改革的问题。他们让家务劳动停留在原始的状态，即当初他们所看到的那种一夫一妻劳动的状态。

这是他们很明显的疏忽之处：在家庭结构方面，不去探索大自然有哪些办法，反而说它只有这些已知的手段。为什么要说它只有一种劳动的办法，只能进行一夫一妻的家庭劳动，而不能进行村与村之间的协作呢？他们一方面说“切莫把已经变为成见的谬误当作原理”，一方面又正好犯了他们自己所谴责的这种弊病。

……

（3）丢掉我们在社会政治学上所学的东西，去追寻社会思想的根源……

社会思想的根源在哪里？到苏格拉底和柏拉图的冥想中去寻找社会思想的根源吗？不，当然不；应当上溯到比人类理智的想法还早得多的神的想法中去寻找它的根源。

上帝在创造各个星球以前，就事先确定了它们的社会命运，确定了最适合于人的劳动和家庭的关系的方式。这是我在《绪论》的第一部分中论证过的真理；在追寻社会思想的根源的时候，这个真理还需要重新谈一下。现在让我们回顾一下原始的社会思想和上帝关于我们社会的家庭和劳动问题的想法。

在人类进行劳动方面，上帝只能在小组或个人之间，在协作制度的和有组织的劳动或分散的和无组织的劳动之间，加以选择。这是一条必须反复提到的原理。

作为一个明智的调配者，他从未考虑过采用一夫一妻的劳动方式，像文明人那样不统一进行，因为个体劳动本身就有七个导致混乱的萌芽，而每一个萌芽都能产生许许多多的混乱现象。我们把这几个导致混乱现象的萌芽列一个表，从表中就可看出上帝在摈弃产生这些萌芽的个体劳动方面是否有所犹豫。

个体劳动的弊端

V **领工资的人员的劳动，间接奴役**

(1)工作人员的死亡。

(2)人员缺乏恒心。

(3)父亲和儿子的性格恰好相反。

(4)不符合政治经济学。

(5)弄虚作假、小偷小摸、众人的怀疑。

(6)由于缺乏劳动手段而造成的时时间断。

(7)相互矛盾的企业的冲突。

≺　**个人利益和集体利益的矛盾。**

➢　在计划和执行中缺乏统一。

上帝如果采用哲学家的方法或分散劳动的话，他也许就以这些弊端作为社会制度的基础了：我们能想象有这样缺乏理智的造物主吗？现在让我们把这几个弊端一一简略地分析一下，并和协作制度的效果加以比较**。

(1)死亡：一个人死之后，如果他周围的人谁也不愿意，谁也没有必需的才能或资金继续他的事业，则他的事业将宣告中断。

**情欲谢利叶是永远不会死的，它每年都要用新参加的人来补充谢克塔因人员死亡而造成的短员。

(2)缺乏恒心：个人缺乏恒心，则办事必然马虎，见异思迁；这种情形是有碍于工作的稳定和精益求精的。

**谢利叶是不会出现这种人无恒心的情形的，它不会使人干起活儿来三心二意，见异思迁的。虽说它每年要取消一些谢克塔，但其他的人会参加进来，把人数补齐；它还可以把过去的人员召回来，他们是发生紧急情况时候的后备队。

(3)父亲和儿子的性格恰好相反，立遗嘱人和继承人的性格恰好相反，因而将出现一个人开创的事业被另一个人所抛弃或加以改变的情形。

**谢利叶没有这个缺点，因为它的成员是因爱好相近而不是因血亲关系而聚集在一起的。

(4)不经济：个体劳动是任何优点也没有的，因为劳动，无论是家务劳动还是农业劳动，都需要大量的人才能进行。

**谢利叶的人数多，再加上通力协作，因此必然使效果达到最好的程度。对于这个问题，我在《绪论》中有极其详细的阐述。

(5)弄虚作假和小偷小摸：任何一项事业，只要不按照每个成员的资本、劳动和才能的比例分配利益，这些弊病就必然是有的。

** 协作制度不会发生弄虚作假和小偷小摸的情形，不需要为防范这两种坏事而采取劳民伤财的措施。

(6)劳动的时时间断：由于没有活儿干，没有土地、机器、工具、场地和其他东西，时时都可使文明人的劳动陷于停顿。

** 在协作制度下不会出现这些难题，它经常都大量地拥有为尽善尽美地做好工作所需要的一切东西。

(7)企业的冲突：文明人的竞争是居心不良的，而不是为了竞赛；一个制造商总想把同行搞垮，所有的企业家都是互相为敌的。

** 在谢利叶中，谁也没有这种不与人为善的心理。谢利叶的成员，每一个人都对他人的成就表示关心；他们都只经营销路有保证的农业和制造业。

≺ 个人利益与集体利益的矛盾，例如对森林的滥砍滥伐，对野生动物的乱捕乱杀，对鱼虾的滥捕滥捉，以及对环境的破坏。

** 在谢利叶中，情况却恰恰相反；大家都齐心协力地保护资源，保护环境。

≻ 在计划和执行中缺乏统一：文明人的计划全是一大堆重床叠架的东西。

** 请参见《绪论》中有关谢利叶的各种统一计划的论述。

最后，⊻ 领工资的人员的劳动或间接奴役：文明制度和野蛮制度下的有技术的工人必然遭到不幸、迫害和失望。

** 与充分享受九种天赋权利的协作制度下的有技术的工人的命运相比，恰成鲜明的对照。

看过这个表以后，每个人都可以得出结论，并且认识到：上帝尽管在这两种方式(一个是无比的荒谬，另一个是无比的完美)之间可以有所选择，但他根本不能在这两者的选择上动什么脑筋。

在这个问题上有所犹豫，就会和他的本性发生矛盾，特别是和他主张节约的本性发生矛盾；如果他选择分散劳动，而排斥协作，他就会违反他的主张，因为协作在各方面都能实现节约：它不实行强迫，不停滞不前，不浪费精力，不浪费时间，不令人感到厌烦，不浪费劳动力，不浪费机器，不犹豫不决，不弄虚作假，不采取什么预防作弊的措施，在行为上不口是心非。

简言之，如果我们像孔狄亚克所说的那样，暂时忘掉我们的科学偏见，采取抽象的思辨方法，追寻社会思想的根源，我们就可能在有关社会结构的问题上获得这些启示。

社会思想的根源，只能够在上帝身上去找；上帝在创造人以前，早就衡量过分散的和协作的这两种社会结构的价值；他既然选择了协作的社会结构，就必然会赋予我们适合这种结构的情欲，而这种情欲，和文明制度自然是格格不入的。

因此，我们的情欲、贪心、好美食和见异思迁等表现在当前的情况下虽说是有害的，但在谢利叶制度下则是有用的；和谐制度的教育在孩子和大人的身上将着意使这些在分散性社会中有害的情欲得到充分的发挥，因为它们本来就是为了服务于协作制度而产生的。

……

以一夫一妻的家庭分开劳动，使机械设备、经济手段和创造财富的努力与干劲，收到的效果甚微。一个家庭有多少孩子，差不多就有多少家务事；这是造成混乱的因素，与协作和创造财富的努力是背道而驰的，因此，选择以家庭作为社会制度的中心，就等于是在积极为分裂和制造贫穷卖力气。

我刚才已论证过，不能认为上帝与无能的哲学想法相同；上帝选择的是相反的方式，是协作制度；因此：

(1)情欲(上帝是情欲的创造者)和协作制度是完全适合的，而和文明的分散性社会则是格格不入的；

(2)这些情欲，在文明的或分散性的社会中所产生的结果，是和上帝的愿望，和正义、真理、经济和统一相违背的；

(3)如果情欲按协作制度的方式发展，则它们带来的好处，将同它们在分散性社会中产生的坏处一样多。

据哲学家说，如果人们愿意追寻社会思想的根源，追溯它们真正的根源，采取上帝在这两种社会结构上所作的选择，人们早就会得出这些结论了。

§ IV

> 如果向读者们说财富太多，而他们只要那么一点儿，所以绰绰有余；这样说法，反倒使他们不相信。因此，在阐述协作制度的时候，应当把一切能够引起他们兴趣的东西都摆出来。
>
> 沙·傅立叶

我们在第一册把协作制度和分散经营制度的具体情况作过一番比较之后说：“复合的秩序创造的财富，应当成为我们现在考虑一切问题的依据。它是一个建立在坚硬的岩石上的基础。它是一个事实。”

这个事实现在已经从物质和情欲这两方面加以论证。这些论证互相补充:它们不是简单地堆砌,而是互相阐明。尽管我们还没有对协作制度所有一切巨大的财富来源一一加以论述,但在这里也可以把我们已经有所了解的主要的生产力汇总起来,一一加以研究,探讨它们彼此推动的规律。在《论协作制度》一书中,有一章在这方面给我们提供了一些材料①。

论复合的和有潜力的经济主义

经济上过分简化的弊病

……

首先承认现今有人热衷于搞互相抵制和互相抵消的简单的改进。一个区在农学会的帮助下,对某一个农业部门稍稍有所改进,人们就高唱凯歌;唱什么呢?唱的是好处向前走了一步,可是由于森林的破坏和凭经验看天气行事,坏处却向前走了十步。如果现代的人按科学办事,善于计算可望得到的好处,考虑如何把各个部分结合成总体,并且从简单的方式提高到复合的方式,他们也许就不会抱这样的幻想了。

我们要从致富的各种道路和手段来分析过分简化的弊病,然后由总体到部分,分析财富的来源——一天的劳动。

① 见《论农业和家务劳动的协作》卷一第 462 页。关于这个问题,还可以参阅该卷的以下几章:《粮仓、地窖、食品、水果和运输统一管理的种种好处》第 318 页;《一般的和潜在的效益的差异》第 359 页;《相对的效益之大:三十倍、一百倍、一千倍、无限小的》第 367 页。

奢侈或财富有两个组成部分：

内在的奢侈或与年龄成比例的健康；

外在的奢侈或与阶级成比例的财产。

财产保证我们对奢侈的享受，但是是有条件的，它不能保证健康或内在的奢侈，不能保证肉体的官能的充分发展。

复合的经济主义应当实现两种奢侈的会合；如果它建立的体制不能使两种奢侈同时并进，不能使它们互相支持，则它将退化成简单的经济主义。

在文明制度下，情况恰恰相反：富裕阶层的人不如乡下人的精力那样充沛；乡下人在我们称之为财产的这种外在的财富方面虽然很少，但在内在的财富方面拥有的东西却很多；住在简陋的房屋中的人，很少有患风痛的，而住在金碧辉煌的房屋中的人，患这种病的却很多。

文明制度使这两种奢侈发生冲突，使它们之间发生分裂，因为内在的奢侈（与年龄成比例的健康）是和外在的奢侈（与阶级成比例的财产）成散比的。富人不如穷人的身体结实；这在力学上叫做作用的完全抵消。就个人来说，这两种奢侈应当会合；它们应当互相支持，一个带动另一个。还有什么东西比由这两种互相抵制的因素凑成的事物更糟糕的！这好比一个夫妻不和的家庭，每一方都巴不得把家搞垮了事。

在我们当中，这两种奢侈就是这样经常发生冲突：外在的奢侈或财富过度使用，就会损害健康或内在的奢侈；同样，内在的奢侈或精力在享乐的事情上用得过多，就会使财产遭到损失。这两种奢侈互相破坏：干有益于健康的活儿的人得不到财富，而享受财富带来的快乐的人却享受不到健康；在这两种奢侈不能协和，作用互相抵消的情况下，我们那些高明的人士有什么办法能使两者的作用一致呢？必须兼有财富和健康，并使它们同时发展，人才能有幸福和智慧，这一点，谁能否认呢？协作制度的优点就在于它能实现这一点。

有一种偏见使人们对当前混乱的状态或两种奢侈的冲突产生错误的看法：认为上帝是为了公平待人，所以才使牧人和野蛮人身体健康，以补偿他们的贫困。这种公平待人的说法是在诡辩，是错误的；上帝是不会用这种办法来主持公道的。我们在《复合的苦难》这篇文章中将看到，上帝对待人的命运是不会简单从事的，他不会使呈现分歧的事物得到平衡，而只有在各种对比的因素汇合的时候，他才使之达到平衡的状态。

情欲谢利叶的作用就在于此……

社会平衡论者只想达到简单的目的，他们的根本错误是：

政治家只注意于人的发财致富而忽视人的健康；

道德学家只注意于人的健康而忽视人的发财致富。

人类要达到的目的是复合的，如果人民大众不能同时享有两种奢侈，则他们必将最终落得个两头穷。这种情况当前已经出现，人们已经看到一种堕落的情形：

大人物的贫穷是相对的，

　　而他们的身体虚弱则是比较的和真实的；

小人物的贫穷是真实的，

而他们的身体虚弱则是相对的和被迫的①。

分散性的社会必然会产生这样的结果。只要文明人不如野蛮人那么强壮，城里人不如乡下人那么健康；只要文明社会使两种奢侈互相抵触，而不会合起来向前发展，则用任何理论也是不可能把我们引向复合的奢侈的，是不可能使我们同时享受内在的奢侈和外在的奢侈的。

以上讲的是一般性的错误；我已经分析了两种奢侈的简单的情况和冲突，现在让我们来研究一下经济上的过分简化，看一看它的某些特殊的错误做法。我们首先谈“劳动日”。我们把它的价值分成许多个等级，从这方面来反驳文明人的经济主义；文明人的经济主义只讲简单的劳动日或产量最低的、积极性最差的懒洋洋的劳动。

那些体格健壮的雇佣劳动者是怎样劳动的呢？他们浮皮潦草地干。工头不在，他们就松松垮垮；工头不断地督促，他们就加倍地干。

---

① 小人物的身体虚弱是被迫的，因为，尽管他们的工作很不卫生，车间很脏，繁重的活儿累坏了他们的身体，得了热病和传染病又无钱医治，但为了挣钱吃饭，也就只好不顾自己的身体了。由此可见，他们的身体虚弱是相对的和被迫的。社会平衡论者说什么人民享受了健康，就不能发财；这种说法是极其错误的。他们有健康的萌芽，但他们不得不自己把健康的萌芽丢掉，被贫困逼得生了病，为了不挨饿，只好拼命去干活。

文明人好诡辩，对我刚才所批驳的那种虚假的补偿说很感兴趣。事实上，人是一个具有复合的命运的生物：要么，他就在上帝所希望的社会状态中享受复合的幸福，否则就会在人制造的法律下遭到复合的苦难。应当这样来看社会的神圣的公正：道路和手段是公开的，复合的目标是不变的，能造福，也能造祸：我们今天遭到双重的或加倍的瘟疫就是证明；社会的神圣的公正，和诡辩学家们所讲的那种抵消与补偿的谬论是格格不入的。

有一位工程师向我讲过一项工程的情况:“四十个工程兵,可是不出活儿,我说的这四十个工程兵都是身强力壮的人。唉!四十个工程兵干的活儿,只能当五个人;不采取惩罚和奖励的办法,他们就不干;他们是能少干就尽量少干。”工程师的这段话,正好说明了文明制度和协作制度的鲜明对比。四十个属于监工和好工人之类的文明人,干出的活儿只等于五个和谐制度下的工人;一比八之差。

我们要分析使一个雇佣劳动者日产量减少的原因,并估量他们干活慢慢吞吞和在协作制度下劳动积极热情的结果。

第一个动力 在真理支持下的产权精神

产权精神,在激励文明人方面,是人所共知的最有力的杠杆。我们可以毫不夸大地说,产业主劳动的效果,比奴隶似的工人或雇佣劳动者的劳动效果多一倍。我们每天都可见到这方面的例子:雇用的工人,干活又慢又笨;但他们在为自己劳动时,干活就十分麻利。

因此,政治经济学应当研究的头一个问题,是如何把所有的雇佣劳动者转变成利害与共的产业主或协作人。做到了这一点,就可使雇佣劳动者每天劳动所产生的价值增加一倍,从而收到加速生产的效果。

然而,雇佣劳动者在有技术的总人数中只占四分之三(对奴隶国家和自由国家的大概估计),如何使其余的四分之一的人(即老板)每天的生产效果也增加一倍呢?

我在这里将略而不谈那些细小的办法,例如免设监督人员,老板和职员都回去参加劳动(他们现在只是监督别人劳动）；我不谈这些，而只讲最有力的杠杆，在协作制度下到处可见的真实的杠杆。在农业和制造业方面，只要工作人员办事讲真话和忠于职守，就足以使老板们多作许许多多他们在今天连想也不敢想的事情。在谈到果园的时候，我已经说过，如果果树的品种好，结出的果子没有人偷，不至于被迫在果子还未成熟就大量地采摘，再加上能够像在和谐制度下那样，没有人搞投机买卖，而且不受高利贷的盘剥就可借到资金，他们是愿意多种二十倍的果树的。

单单这两个推动力（产权精神和办事认真），就足以使人们每天劳动的价值增加一倍；按照这个假设计算，一个一百万人口的省，就可以生产今天一个两百万人口的省所生产的东西。

第二个动力　协作制度使机械的效果扩大

我曾经详细讲过一些增产十倍、二十倍，甚至在某些部门增产一百倍的例子。如果再加上完全统一的和诚实的商业的好处（在卷二中有关于这种好处的论述），则前面估计的数字还可翻一番，增加一至三倍。这样一来，一百万人就可当四百万人，今天工作一天挣一个埃居，到那时候就可以挣四个埃居。

举一个很小的例子，以使用机械的灌溉工程为例子。灌溉工程可以使许多天气炎热的国家（如西班牙和地中海东岸各国，天不下雨就颗粒无收）的收成平均增加一倍。如果没有灌溉工程，有许多国家就只能有一半或四分之一的收成，就不能种植需要保证有水才能在山坡和平原种植的东西；如果在江河的上游和山坡开沟，普遍进行灌溉工程的话，人们就能多种许多东西了。

然而，山坡和平原的全面灌溉——花费如此之大的工程，就协作制度而言，也只不过是它所作的千百件奇迹之一：多么大的财富的来源啊！

第三个动力　谢利叶的热情，小组的干劲

任何一项劳动，即使考虑得很周密，很努力地干，其结果，与热情劳动所生产的东西相比，也只能达到后者的一半；热情劳动，干起来人就灵巧，就干劲十足，就能产生连亲身参加劳动的人也难以相信的奇迹。单是这根杠杆，就足以使由于管理良好而已经是很丰厚的收益，还要大大地增加。因此，由于第一个和第二个动力的作用，已经增加三倍的产量，现在再加上劳动热情——即第三个动力——这根杠杆，产量就可达到八倍。这根杠杆就是谢利叶的热情；它把劳动中的一切困难视同等闲，把劳动的技巧和积极性提高到只有高尚的情欲才能达到的完美的程度：这种高尚的情欲，在文明制度中的老板的邪恶的利欲心里，连一点儿影子都是没有的。

第四个动力　非生产人员回到劳动中去

实际工作的和闲置的劳动力，今天究竟一共有多少？他们的人数占全人口的四分之三。我已经论证(见出版说明四第 2 页)：一个在表面上看来是很能干的工人，劳动起来却往往是很消极的，像围墙一样，不起真正的和积极的作用。

在文明制度的劳动与和谐制度的劳动的比较表中，人们将看到，我们有许多无用的或起消极作用的人员，他们占人口总数的**三分之二**，即：

文明制度中的非生产人员表

前部	中部	后部
	4.军队	
		9.失业者
1.妇女	5.财政	
		10.诡辩家
2.儿童	6.制造	
		11.懒汉
3.仆人	7.商业	
		12.分裂分子
	8.运输	

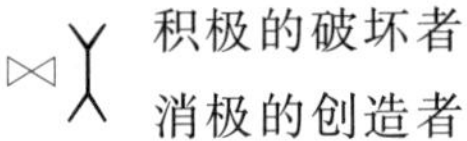
积极的破坏者
消极的创造者

前部。家庭的寄生者

(1)城里的妇女有四分之三,乡村的妇女有一半,被吸收去搞家务劳动和从事复杂的家庭工业。因此,从经济主义的观点看,她们的劳动量只有男人的劳动量的五分之一。

(2)有四分之三的小孩子,由于干活笨手笨脚,再加上他们的捣乱行为，所以在城里完全没有用，在乡村的用处也不大①。

(3)四分之三的家庭佣人，都不是用来做庄稼活儿的。他们的劳动，全是些复杂的事情，特别是做菜做饭；在马厩劳动的仆人中，有一半是由于实行分散经营制度才需要的，而一到了协作制度，他们就是多余的了，用不着了。

这三类人做的是家务劳动，他们在寄生者的系列中，是单独的一部分人。他们在谢利叶制度下是不存在的；在谢利叶制度下，由于分配合理，对不同性别的人和劳力使用恰当，因此可以把今天用来做复杂的家务劳动的人手减少到四分之一或五分之一。

中部。社会的寄生者

(4)陆军和海军把最强壮的年轻人和最大一部分纳税人从劳动中抽走了，使他们走向堕落的道路；在他们应当在劳动中锻炼自己的年岁，却强迫他们去干寄生者做的事情。他们在军队生活中将失去对劳动的兴趣。军队中的这些人和机器，不用来搞生产，而用来搞破坏。关于搞破坏的问题，我们以后再谈。我们在这里，只

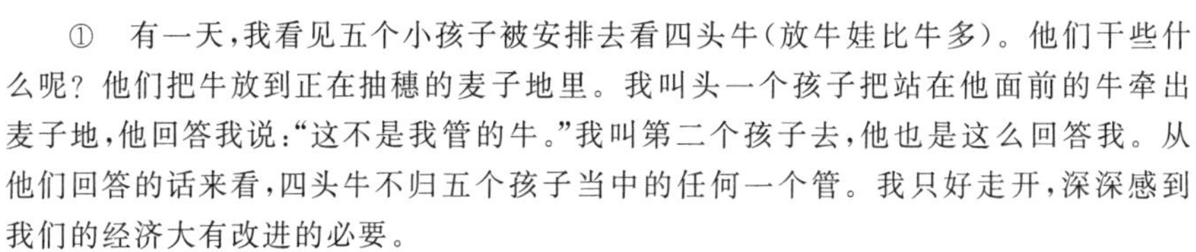

① 有一天，我看见五个小孩子被安排去看四头牛(放牛娃比牛多)。他们干些什么呢？他们把牛放到正在抽穗的麦子地里。我叫头一个孩子把站在他面前的牛牵出麦子地，他回答我说：“这不是我管的牛。”我叫第二个孩子去，他也是这么回答我。从他们回答的话来看，四头牛不归五个孩子当中的任何一个管。我只好走开，深深感到我们的经济大有改进的必要。

有些人说，农村的孩子干很多的活儿；这个话完全不对。人们从关于在协作制度中对儿童的使用情况表上就可看出，协作制度中的儿童劳动的成绩，比他们的父亲在文明制度中劳动的成绩还好，尽管他们做的都是他们的父亲现在做的那些容易干的活儿；这些工作，一旦有妇女和孩子们来承担，就可把灌溉等力气活儿交给身强力壮的男人去做，如同今天把复杂的家务劳动和杂事交给佣人去做一样。

是从人员闲置不用这个角度来研究军队。

(5)大批的机关人员。我们发现,在法国,单单海关就雇用了两万四千人。再加上其他各种职员、乡村警察、猎场看守员和暗探,等等;另外还有种种行政机关(如财政局和其他机关)的人员。这些人员,在法郎吉中是一点用处也没有的,因为在法郎吉中,在规定的日子,按财政部的一个简单的通知去交税就行了。

(6)手工工厂的厂主。他们是以有益于大众著称的,但从他们产品的质量来看,其中有一半人相对说来是非生产人员;他们制造的东西,假定都是很好的话,就可把当前的损耗减少一半,在为政府制造的东西中还可减少四分之三;目前人人都在欺骗政府。

(7)十分之九的商人或商业代理人。诚实的商业或协作制度的商业,只用现今雇用的人员的十分之一就行了(新的商业方式,是协作制度的繁忙的工作之一;我很抱歉,不能在这头两卷中加以介绍,因为这两卷要用来论述初级教育和家庭的安排)。

(8)海上和陆上运输人员,有三分之二被错用在商业范围里。他们的运输工作很复杂,再加上有许多危险,尤其是在海上,由于他们的技术不熟练和做事冒失,使船舶在海上遭难的事件增加了十倍。

我们把搞走私活动的人也归入这一类。走私活动往往使运输工作和它雇用的人增加十倍之多。我们发现,有些布匹为了从多佛尔走私到加来,竟绕道汉堡、法兰克福、巴塞尔和巴黎,只有七法里的路,竟绕了五百法里,还说这是为了达到贸易平衡和使情况得到改善。

后部。附加的寄生者

(9)合法的、临时的和秘密的停工不干的工人，或者是由于没有活儿干，或者是逢休息日而待着不劳动的人。这些人，要是干吸引人的劳动的活，他们是不会这么作的，相反，他们在停工休息的神圣的星期一还要加倍干活；神圣的星期一，在所有的圣徒中，数它的花费最多，因为在工业城里，每年要用五十二天来庆祝他。

还有，每逢行会的节日、革命纪念日、狂欢节、婚礼和其他的喜庆日子，也是不劳动的，然而在一个大家聚在一块儿劳动，比文明人过节和跳舞还快乐的社会里，人们逢到这些日子，是不会停工不干的。

还有一些临时停工不干的情况。老板不在场，工人就停止干活，例如，有一个人或一只猫从他们面前经过，包括工头和勤杂人员在内，全都激动起来，手里端着铲子不干活，盯着眼睛瞧，借此机会歇口气：这种情形，一天有四五十次，一个人一天要浪费五分钟。他们一个星期劳动的日子，实打实只能算四天。没有吸引人的劳动，停工不干活的时候何其多！

(10)诡辩家，首先是宗教问题的诡辩家；还有那些读他们的书、在他们的挑动下去搞党派斗争和对生产毫无益处的阴谋的人。除了把每个问题都搞得乱七八糟的争论以外，还有政治动荡和由此而产生的工人劳动时精神不集中。

诡辩家和论战家的人数之多，远非人们所能想象；法学在表面上看来还是一种可以原谅的诡辩，所以搞法学的人也很多。在协作制度下，人们的争论，还不到现在的争论的二十分之一，而且，为了解决为数很少的分歧，协作制度的办法之简便，正好和我们现今的办法之复杂形成对照；所以说现今的机关人员有二十分之十九是寄生者，诉讼人和证人等，都是多余的。经济学家吵吵嚷嚷地抨击过寄生生活的人，实则他们自己就是这些人当中的带头人；从经济学家算起，搞诡辩的人多得不得了。

（11）懒人，即成天什么事儿也不干的所谓斯文人，再加上他们的仆人和一切为他们服务的人。谁侍候这些不事生产的人，谁也是不事生产的人。单单在巴黎一个城市里，钻营官职的人就有六万之多。我们把所有一切搞选举的人也归入这一类。

囚犯是一种被强迫闲待着不干活的人；病人不干活，还说得过去。在和谐制度下，生病的人数还不到文明制度下的病人的十分之一。因此，尽管疾病是一种不可避免的坏事，但可以医治和大大减少。在文明制度下，十个病人中有九个就很不恰当地被取消了工作；这九个人要是在协作制度下，就会身体健康，用不着去麻烦医生。

（12）分裂分子，公开不劳动、不遵守法律和风俗习惯的人。买彩票的和进赌场的，就是这样的人，他们是社会的大毒瘤；工业巨子、娼妓、二流子、乞丐、流氓、强盗和其他的分裂分子，他们的人数有增无减，使社会不得不养一批和他们同样是不生产任何东西的宪兵和官员。

X核心阶级

Y 直接的。搞积极破坏的人；制造饥饿和瘟疫或从事战争的人。文明社会对制造饥饿和瘟疫的人关怀备至，把投机商和暴徒当宝贝看待；它鼓励一切可用来扩大战争破坏程度的发明，例如孔格赫弗火炮和兰伯迪大炮等等。

（说明：在表中有两处提到军人；此处说他们打仗，从事破坏，而在第(4)项中说他们闲置不用，不从事生产。这不是重复提两次，而是由于他们扮演了不同的角色。两种特点，就需要分开在两处讲。）

X反面的。消极的创造人。我已经论证过，这种人的人数太多；大部分劳动，例如筑围墙，相对说来是非生产性的。还有一些工程，由于错误的设计和笨拙的做法，结果成为无用的东西，例如倒塌的建筑物，需要拆掉和重修的桥梁和公路。还有一些人是从事间接破坏的：用一百个工人去砍伐一片森林，看起来他们是在干有意义的劳动，但实际上他们是在毁坏国家；对国家造成的危害，比战争造成的破坏还大，因为战争造成的破坏是可以修复的。还有经济学家所吹嘘的帮倒忙的坏事，例如有人发明了一种东西，结果却把两万工人逼得去要饭；这两万工人闲置不用，没有活儿干，必将成为社会混乱的根源。

要是各种各样的非生产人员都回头来从事劳动，由协作制度把他们全都用上，我们的生产还可以增加两倍。按第三个动力算，增加到八倍，而现在则可以增加到二十四倍，因为这一大批非生产人员至少占文明社会人口的三分之二，也许我的估计还太低咧。把这三种人适当地使用于家务劳动，就可使劳动的总人数增加一倍；如果使用不当，他们就会成为前部中所列的1、2、3种人。如果这三种人的生产可以使劳动收入的总数增加一倍，则其他几种人便可以使之增加两倍。

动力的增加，并没有到此就完。我还可以举出一些很有效的办法，例如：

第五个动力

人、动物和植物的健康和力量的迅速增长。我将写一篇谈全面教育的论文来探讨这个问题，并论证一个和谐制度下的人的力气，将相当于三个文明人的力气；随便找一百名和谐制度下的妇女来挖土，其效果抵得上一百名文明社会的大兵。动物的健康状况的改善也是一样的。一个如此有效的办法，将使未来的协作制度的生产增加一倍，可以把增长的数字从二十四提高到四十八！这样的财富增长数字是很惊人的；我们还没有谈它的价值咧。

第六个动力

气候的恢复正常。关于这个问题，在序言的附注 A 中已有所说明。新的气候，使原来一年一收都很困难的地方可以一年三收；由于不再刮飓风，在地球上旅行起来也很方便；这是一个使生产的总数可以增加一倍的新动力。

接下去是第七个动力或过渡的道路；关于这个问题，这里不能详谈，因为它涉及天体演化方面的问题。最后是核心动力；傅立叶说：核心动力“对财富的增长的影响，比前面讲的几种动力的影响大”。他接着说：

我已经作了充分的描述，以便使最贪婪的人得到满足，并指出我们经济学家的计划中有一个没有人觉察到的缺点：由于他们只想达到简单的程度，即劳动的原始状态，他们便失去了一个宝贵的科学的工具，失去了探索的好奇心或爱好。如果他们善于在我们刚才所讲的那些动力上动脑筋，他们就会对成功的可能性表示怀疑，并转而去寻求协作制度：这是把那么多的不从事生产的人引导去从事劳动的唯一道路。

至于那些对我们所描绘的未来的财富感到不快的读者，有一个方法可以使他们对它逐渐了解。这个方法就是借助于宗教精神，并指出我们的世界由于走了文明制度和野蛮制度的弯路而吃了亏；诡辩家把我们愚弄了三千年；在谈到幸福、正义、真理、团结和财富问题时，他们对我们说：那么多完美的东西并不是为人类而制造的。宗教精神将使我们听到合乎情理的言论，使我们信赖上帝，并且认识到："既然协作制度这个新的社会形式能够保证人类得到许多幸福，上帝发现它能产生无数的财富和美德，他就必然会给我们以获得这些财富和美德的手段。"

我们不能说上帝创造的体系也有无能为力和令人烦恼的时候，不能说引力和命运没有关系。最高的主管既然如此妥善地分配了动力，使任何一种动物都不能享受我们所享受的幸福，我们怎么能说他讲的话办不到呢？如果说只有人类还想得到更多的东西，那是因为他不是为了过文明人的苦难生活而生的，是因为他还没有实现上帝给他安排的命运。

我们的经济学家怎么会如此糊涂，看不到在文明社会的人口中有四分之三的人是不从事生产的；如果要达到真正的经济，要使生产翻两三番，那就需要采取不同的社会结构。既然劳动群众只能够在协作制度和分散经营制度这两者之间加以选择，他们当然要选择协作制度了。

§ V

黄金时代就在我们眼前。

圣西门

我们刚才所讲的财富的源泉无论是多么的丰富，我们也只是讲到了问题的一个方面，如果我们单从和谐制度下的人所享受的财富来考虑问题的话，我们还是考虑得很不周到的。我们在前面讲的，是协作制度的生产的优点，是实际的财富的猛烈增长。现在，为了要对它产生的财富有一个透彻的理解，就还要研究协作制度的消费的优点，研究它的相对的财富的猛烈增长。按照我们一贯的做法，还是用例子来说明问题。

在分散经营制度下，如果你想自家订阅报章、杂志、新出的小册子和图书，你每年就要花四千、五千或一万法郎。然而，如果你参加俱乐部，你到阅览室去看，你只交很少的订费，就可以看到你必须花很多的钱才能单独订阅的书刊。

你计算一下：一个人如果要在自己家里每顿都像在大饭馆那样有几百种不同的菜供他选择，他要花多少钱才能办到。

我们的戏剧是按协作制度的方式上演的。在分散经营制度下，想看戏的人就需要请人到他家里去演给他的妻子和儿女们看，他就要花钱请一个戏班子，在他家里要有戏台，就像他要做饭，就要有厨房、饭厅、地下室和仓库一样。在个人家里演戏，在我们看来是很荒唐的吗？唉，我们的习惯和使用仆人等，在协作制度下的人看来，还更荒唐咧。

我曾经就我们今天所拥有的协作制度精神的某些萌芽，论述由于按协作的方式享受财富就等于是使财富成倍增加的原理；现在，如果你愿意的话，你可以计算一下这个原理在法郎斯泰尔中应用的结果。请看以下几个例子：

交通。在巴黎，一个考究一点的家庭只不过三辆马车（一辆在城里用，一辆到乡下时用，一辆双轮轻便马车），加上雇仆人和更换马匹和装具的费用，每年就要花六千法郎。在和谐制度下，这一家人平均每年花六百法郎就可以用上各种级别的车子，甚至能用上供参加盛会坐的车子和供骑用的马。

这笔钱，就物资的费用来说，两者的差别有十倍，如果再加上有各式各样的车子可供选择这个优点，其间的差别就是二十倍了，何况还可省去和商人与弄虚作假的工人讨价还价的麻烦，又不用雇跟班，不怕他们偷偷摸摸和捣鬼，不怕他们侦探你的秘密和搞其他令人烦恼的事情。我们有充分的理由说，那些仆从和跟班，是大人物的一个祸患。

就交通来说，人们希望得到舒适享受的，还不只是车子和马。马车往往是一种令人伤脑筋的万不得已才用的东西；在巴黎和伦敦，乘车只能说是一种消极的享受，是为了不弄得满身泥土，是为了怕天气不好和路途太长，是为了逃避巴黎乡村的烦恼。在巴黎乡间的有钱人，被关在他们的城堡里，周围的路坑坑洼洼很难走，路的两边都是令人讨厌的烂泥。巴黎四郊的路，简直令走路的人和打猎的人受罪，冬天七个月路上满是泥；好天五个月路上又全是一片尘土，有时候像1825年那样，从三月份起路上就尘土飞扬了。

在协作制度下情况完全相反，它要修各种各样的道路：有大马车道、人行道、骡马道、林荫大道和乡村小道。在交通部门，同前两个部门一样，至少比我们现在的情况好十倍。综上所述，我们在交通方面的享受，已经比现在好三十倍了。

还有第四个部门的享受，就是所有的住房、马厩、商店和车间的内部交通。无论是去车间还是到礼拜堂，也不论是去探亲访友，还是去看戏或跳舞，都用不着担忧天气是热是凉。舞会完了，出来也不会得感冒或炎症，可以从暖暖的走廊走回家。如果回家的路有一法里远，就到暖和的门厅去坐马车；在门厅里，连马也能分享人的幸福。在这方面的享受，我没有说比我们现在好十倍，因为这种享受我们现在根本就没有，无法比。现在无论到什么地方去，走起来都很伤脑筋，而且往往很危险，甚至连国王也感到不方便，因为法国的国王就没有暖和的门厅，国王出门去上车，他也得挨北风吹，挨雪打。我们看到有些妇女跳舞之后出来就患炎症；一个人出去看朋友或办事，就要上车、下车二十次，还要加上没完没了地上下楼梯。只有把室内交通的好处作一番比较之后，才可看出在建筑方面也同在其他事物一样，文明制度的做法同协作制度的做法完全相反，给生活带来许多的麻烦。

（《新世界》第一版第318页）

我们可以说，从建立和谐制度之日起，今天只能住窝棚或顶楼小屋的人，便有八十万座宫殿（法郎斯泰尔、法郎吉的庄园）供他享受，而且这些宫殿比巴黎和罗马的宫殿舒服得多。巴黎和罗马的宫殿中的舒适设备，还不到一个法郎斯泰尔的设备的四分之一，如可遮挡风雨的暖暖和和的室内交通就是其中的一个例子。

今天硬要把木鞋脱下来提在手里不穿，光着脚板走路的人（漂亮的法国的农民有此习惯，因为怕把鞋穿坏了），将来在条条道路都可以坐上免费的小型马车；这些车子都是顶好的公共马车，还可以吃上一顿便餐，因为在和谐制度下人人都殷勤好客，如同在沙特雷大帝时代一样，一个旅行的人可以住三天受到很好的招待，吃住都挺好，只是不供应穿的，也不供应车子，因为在和谐制度下，他到处都可找到车子坐。

从这个角度看，这个人的财产与文明人相比，可以说是增加了一千多倍；国王的财产也可以说是增加了一千倍，因为在国王统治的日子里，在处于野蛮状态的法国旅行，他们找不到住的，也找不到吃的，更找不到复合的娱乐——感官和心灵的享受，内心的感情得到了充分的抒发。

从住房这个问题来说，一个君王可以说是穷人；如果到亚洲或非洲去旅行，他是一个住处也找不到的，他到处都得挨饿，遭强盗抢，被臭虫和跳虱咬，还要碰上风吹雨打，甚至在有些国家，例如中国和日本，尽管他想去游历，人家还不允许他去咧。在这种情况下，他在巴黎或伦敦的周围的城堡，对他本人和他的王室人员来说，都是很令人厌烦的，有什么用？我曾举过曼特侬夫人的例子，她亲口说过，她就是因为厌烦而死的；路易十五似乎也有同感，所以才自动抛弃王宫，到鹿园[①]去住小房子。

至于雇佣劳动者，他们不仅没有宫殿，甚至连一张床也没有；像那不勒斯的无业游民，只好睡在大街上。如果他能在八十万个法郎斯泰尔中吃、住和休息，不花一文钱就可坐着漂亮的马车从这个法郎斯泰尔到那个法郎斯泰尔，从这一点看，他岂不是比一个文明社会的绅士还富八十万倍？一个文明社会的绅士，也只不过有一座宫殿；他住在他的宫殿里感到很厌烦，什么乐趣也没有。

因此，在和谐制度下，在某些部门的相对的财富的增长数真是难以估量，只好用一千倍或无数倍等字眼来表示。在相对的增长数中取一个平均数，再加上在第一章中所说的好处和第二章中所说的动力，就可看出，我对它的总的财富的估计实在是过低。

如果你进入和谐制度的社会，手里拿着计算器，合情合理地用数字计算一下它的财富，开列一个清单，这时候，你将大吃一惊，以为是在做梦。文明人不相信，并微笑着说："这太美了，所以是办不到的"；接着，他就搬出大宪章，大讲共和制度，说已经不断地取得进步，还谈到他每天都有精神食粮……如果拿一根别针给一个野蛮人看，并对他说，这样的针，一个文明人每天能做四万八千根，那个野蛮人也是不会相信的。我已经就这样的问题说过，野蛮人有

① 国王在和谐制度的世界旅行，将发现有八十万座宫殿供他居住，而且住起来很舒服。他将受到意想不到的殷勤款待；这种乐趣，是文明的国王所没有的。即使是鹿园，也只能算作一个府第，在那里也只能享受到简单的和物质的乐趣。这里所说的意想不到的殷勤款待，在第一代和谐制度还做不到，但会逐步办到的（《论协作制度》卷一第 370 页）。

权利这么说，而开化的文明人是没有权利说这样的话的。

为什么？在一个自称为拥有大胆的、摆脱了一切束缚的自由思想家的世纪里，在一个自吹为不受宗教思想影响、并打扮成——今天应当说是化装成——要革命的世纪里，在这个侃侃而谈、用双手击着鼓高喊“法兰西是伟大的有首创精神的国家（的确是这样）”的法国，每四万人中只有一个人能够并敢于研究一种新的思想，并认真去探讨它！这些自由思想家只能够集体思考问题，这些骄傲的聪明人只能够成群结队地走路……看见他们在那样的地里吃草，是吃那样的草，真令人可怜！可怜的自由主义者，可怜的虚张声势的人，你们吵吵嚷嚷地说反对旧思想，自以为摆脱了它们的束缚，你们在旧世界的废墟（用你们的话说：过去的废墟）上跳舞，可是，你们在闹了一阵哲学和民主之后，依然是过去的教条的奴隶！

有勇气的聪明人是不是很少见？把一种思想原封不动地摆在自己的跟前，并作出你自己对它的评价——一个明确的评价，像你这样认真下工夫的人多不多？为了对它作出评价，向它伸出欢迎的手，像别人那样接待它，你需要知道些什么呢？每一个人只有一个法官，只有一个权威；这个权威，就是他自己的智慧。我所说的人，指的是有思想的人。

犹豫不定和摇摇摆摆的人，羔羊似的人，你们的怀疑主义是无能的，你们什么时候才不把它当指路的明灯？你们什么时候才能认真研究一种思想？你们什么时候才不像害怕黑夜的小孩那样敢在现实生活中直视幽灵？你们什么时候才不像有些人那样闭眼不看现实？明智的人们，你们对那些为你们耕种土地的农民的陈规没完没了地评论；其实，如果说物质上的陈规蒙蔽了农民的眼睛，那么，思想上的陈规也蒙蔽了你们心灵的眼睛，蒙蔽了你们的智慧。

你们缺少的不是智慧，而是勇气。啊！对人类抱有善良愿望的人们，他们的心是向往未来的，是由于有善良的意愿而更加坚强的；善良的意愿终将变成智慧。让智慧和意志发挥它们的作用！让它们发挥它们的作用！“我的心向往天国[①]！”命运之星在我们的头上照耀……兄弟们，鼓起勇气，走出荒野！昂起头来注视着天空；鼓起勇气！光明的云彩将引领我们前进！

① 原文为拉丁文(Sursum Corda!)；系天主教徒做弥撒时的一句祈祷语。——译注

第二编　社会的平衡

第一章　近似的平衡。表现在文明制度中的隐隐约约的和谐现象

> 应当把文明社会的读者看作是一个动过白内障手术的人，只能够逐渐逐渐地使他接受阳光。
>
> 沙·傅立叶
>
> 让孩子们来到我身边。
>
> 耶稣基督

我们应当给前面讲的平衡冠上《社会的平衡》这个标题，以表明谢利叶对社会的重大影响：它将以健康、力量和生命来代替疾病、虚弱和死亡，以心灵和智慧的和谐的发展来代替愚昧和智慧与道德的堕落，以遍布世界各地的大量的社会财富来代替灾难、贫困和饥饿。大量的社会财富像畅流的明净的水，冲洗旧的污垢，为普天下的人的幸福施行洗礼。读者不久就可看到我们所说的这些影响的重大的特殊意义。

在这个凡事谨小慎微的世纪里，人们对逻辑推理和数字计算是不相信的，因为它们得出的结果超出了人们的习惯，所

以，在这样的世纪，应当以清清楚楚、明明白白、无法否认，而且是每个人都能看见和听到的事实为依据，尤其是现在，我们更应当这样做，因为我们即将谈到的人与人之间的爱、宽厚、忠心、正义、真理、阶级的联合与党派的融洽，都是人们不常见的事情！要详细论证这个问题，我们就要回顾一下我们的童年，回顾小学生们在不受老师和校规管束的时候所玩的游戏和自由活动是怎样组织的。读者既然已经知道谢利叶的形式，当然会明白它就是大致不差地照着那些游戏组织的。在现今的条件下，只能采取谢利叶制度。好！现在就让我们来研究一下这些做法的社会影响，并把它们和文明制度的分散性的狭隘做法加以比较。

§Ⅰ　分散进行的劳动

狭隘的方式。颠覆性的动力和效果

> 人类的最残酷的敌人是在他自己的身体中，就是他自己的情欲。
>
> 《哲学的信条和颠覆性的宗教》
>
> 两只公鸡和平相处；突然来了一只母鸡，这一下就必然要爆发战争。
>
> 拉封登

如果一个班的二十个学生彼此都唯一无二地同时对一种作业感兴趣，例如做作文，我看，他们之间处处都会出现竞争，以致：

第二名嫉妒第一名，

第三名嫉妒前两名，尤其嫉妒第二名；

以此类推到最后一名；他嫉妒所有的人，尤其嫉妒和他差不多的人。

此外，第一名不愿意和第二名友好，因为他把第二名看作是一个危险的敌人；他对第三名、第四名……也不会友好的。

第二名对第三名、第四名、第五名……也抱的是这种心情。

以此类推。在阶梯下面的，一心想爬上去；在阶梯上面的，又生怕跌下来。这二十个学生都是这个样子，一级一级地互相嫉妒，产生仇恨。

这种从上至下和由下至上的双重仇恨，再加从上往下一个瞧不起另一个的心情，就更为严重了，因为成绩好的人总觉得自己高明，看不起比他差的。

假定另外二十个学生在另一项活动中，例如玩双杠，也分出了高低；假定他们只就这个游戏来定上下，则可看出，在体育训练和智力训练（请允许我把做作文称为智力训练）都一样，马上就会出现前面的情形。一分了你高我低，野心、自尊心和竞争心就不可避免地要产生仇恨。你高我低的情形愈明显，仇恨便愈强烈。由于我们的学生不受**社会的规矩**的约束，所以他们就**打架**，**动拳头**。

这种做法，使人互相敌对；彼此愈是接近，相差不多，便愈是冲突得厉害。文明制度所采取的，正是这种做法。

一个人如果只能从事某种职业，他将发现，他和他的竞争者的关系，就和我们在前面描述的二十个学生当中的某一个学生的情况差不多。在军队里，在行政机关和所有公家或私人的企业里，在车间里，从技师到干粗重活儿的工人，一个人如果只有一种工作，只有一种有前程的事业，如果在他面前只有一条路，则他必然会拼命排挤那些想赶上或超过他的人，把比他强的人打翻在地，踩在别人的身上往上爬。彼此竞争的人，如同在一条狭窄的路上比速度的车子一样，必然互相碰撞……碰在岩石上，把车子翻在烂泥里，或者翻在沟里。

事情是如此的糟糕，如此的荒谬，以致人类必须要有深厚的善良之心，有荣誉感和正义感，有恻隐之心，才不至于使仇恨在这些事情上发展到比现在尖锐一千倍。真是奇怪：有些人明明知道这些情况和它们的后果，却还在那里没完没了地指责人的天性和情欲。心灵和大脑不健全的道德学家，无能的学者，你们要认识到，使人的心灵的琴键发音错误的，是你们的社会结构！你们所指责的人的天性，是很柔顺和温良的；它无法每天都能打破你们给它加上的铁封皮。你们想方设法要把它禁锢起来……宪兵、刽子手、监狱、绞刑架、由于大发慈悲而加以改进的绞刑架或断头台；如果你们没有这些实际的设备支持你们的教条和法律，还不知道你们所建立的这个社会，你们乐于接受并大肆吹嘘的这个社会，将如何维持咧！

人和社会形式是两码事。人有一个一定的形体和情欲组织。这个组织是不变的，是来之于上帝，是自然的产物。如果是由道德学家来创造人的话，我敢说，人必然是另外一个样子。道德学家肯定不会让我们有爱、雄心、竞争心和计谋精神，不要求境遇的改变，不喜欢奢侈……我真不知道他们将给人的心留下什么东西；留下对家庭的爱，也许还会留下一些装香水的小瓶子和孤独的个人友谊。此外，他们也许还会鼓励我们要听天由命，要克制，要安于贫穷，会说伤感的话、甜蜜的话和粗野的话；从我们在摇篮的时候起，道德学家就用这些东西来迷惑我们，只要我们还活着，这些东西就老缠绕在我们心里。可惜，上帝并没去让人去追求克制的精神享受，并没有让人命中注定要贫穷；他把一个美好的世界交给人类去耕耘和治理，给人类准备了无数的财富和无限的欢乐；上帝使男人、女人和小孩具有的爱好和情欲也根本不带什么哲学味儿。但愿道德学家要按照人的天性的本来面目来对待人的天性。唉！不让人的天性发展，这对道德学家来说，有什么好处呢？哲学和道德的牢笼装饰得最漂亮的时候，也是不道德的和堕落的行为最猖獗和最频繁的时候。

社会的形式是可以改变的，而人的天性是不可制服的。很显然，哲学家应当努力去改变的，是社会的形式，而不是人的天性。他们应当找到一个适合于人的情欲的社会形式，而不能像蛇碰上钢锉那样拼命咬人，把人加以剪切和压缩，强使他进入一个与他不相适合的社会形式。

我巴不得有一天鞋匠给我们做一些比我们的脚小三分之一或四分之一的尖的、方的、圆的或其他形状的鞋，裁缝师傅和制帽工人给我们做尺码小的衣服和帽子，奇形怪状，不合我们的身材，而且还异口同声地对我们说：

“先生们，你们的身材不好，太难看了；应当矫正你们不良的天性的缺点。我们做的衣服和鞋帽，都是按照高明的理论做的。你们的脚穿这双鞋，你们的头戴那顶帽。使劲强穿进去，穿吧！身体弱的，也不要害羞，要克制天性，再也没有什么比这更高尚的了；要忍受痛苦，听天由命，再也没有什么比这更光荣的了，再也没有什么比这更能证明人的尊严了……这是心灵伟大的标记。要按美德的要求行事，使你们的骨头和肉与这样的形式相适合。让我们使你们的肉消瘦，宰你们的骨头，切你们的肌肉……啊，没有心、没有力量和道德的人！腐败堕落的人，你们想阻挡理智、良心、天职、荣誉、宗教、上帝、天使和圣徒的声音吗？他们通过你们的器官，不断向你们高声说：你们的天性是很坏的、丑陋的、腐败的和狠毒的，你们不能去改造这种天性，人类和上帝的法律将惩罚你们；这些话，你们听见了吗？可怜的人们，你们要当心！你们将遭到上帝的报复，你们点燃了他那不可熄灭的怒火！啊！你们这些蔑视上帝的人，竟拒绝肢解他为你们制造的躯体，不服从由我们这些鞋匠、裁缝师傅和制帽工人（即道德学家、哲学家、立法者和教士）——人类天性的改造者、上帝的思想的真正代言人代他宣布的神圣的意志，必将遭受永恒的痛苦！”

如果我们的裁缝师傅和鞋匠今天向我们说这些话，我们将把他们送到沙朗顿和比塞特去。如果他们根据风俗，也就是说根据习惯，根据偏见、法律和我们老祖母与保姆的话，硬要我们这样做，我们就只好服从。是的，我们只好服从。你说：“咳！不会，人类不至于荒唐到这种地步。”不会吗？好，请你去看看中国女人的脚是受到怎样的对待的[①]……

对人的身体企图改造，和对人的灵魂企图改造，这两种说法是那么的如出一辙，以致我不禁要请那些企图做这两种事情的人都

① 这里指的是中国清朝时期有损妇女健康的缠足。——译注

讲一讲。他们难道不是唱的一个调吗？这两种荒唐的教条之间有什么区别？企图改造和肢解人的灵魂，难道比企图改造和肢解人的身体更有道理吗？唉！人的理智，已经败坏和糊涂的理智，已经错乱的理智，荒谬的道德，亵渎宗教的信仰，忧郁虚弱的心灵，你们在这荒凉的土地上散布了多少罪恶！有多少痛苦的事情是由你们造成的！

其实，情欲本身是一点也不坏的；尽管你在我们刚才所讲的特殊的社会形式中，在一个虽然是很小但是是包含了文明社会的诸种关系的例子中，看见它们起了颠覆性的作用，但现在你来看一看，还是那些情欲，还是那些人，在一个不同的环境中却产生了极其美好的和极其和谐的结果。从以上所述，就可看出：不能改变人的情欲，而只能改变情欲所活动的环境；这一点，单凭常识不也是能看得出来的吗？

§ II　谢利叶的劳动

多种多样和交替变换的方式。和谐的动力和效果

人内心蕴藏的这些情欲，是上帝赠送的礼物；人接受这些礼物，是为了把它们作为创造他的幸福和社会和谐的动力

《和谐的科学的信条》

第一个学生（朗读）

两只公鸡和平相处；突然来了一只母鸡，这一下就必然要爆发战争

第二个学生（插话）

喂，如果来了四十只母鸡，而不仅仅是一只，你说说，

那两只公鸡还打不打架？

《中学生谈话》

我们已经论证过，如果小学生只搞作文，则作文这件事便必然会在他们之间引起仇恨。但在中学里，还有其他的科目是他们大家都要学的。科目很多，可以交替变换着学——尽管没有选择的自由。往往有这样的情形：作文作得棒的，不管怎么说，不可能在翻译、诗歌、演说、计算和绘画等方面也都是最棒的。因此，由于项目是多种多样，优胜的名次便有所变化。这就是补偿和平衡的萌芽。在一个项目中名次高的人，在别的项目中，他将发现刚才还比他低的人现在超过他了。翻译最好的人，一定是觉得翻译比作文更神气，这一点，是不用说的。这是自爱心产生的一个很有用的好效果，因为它可以使个人得到满足，使他对其他的人保持良好的友谊。同学又重新团结起来。优秀的人显示出来了，而且还不会遇到什么障碍，也不会产生不愉快的后果。

这还不算。我们所说的这些小学生的表现，还只是在冷冰冰的课堂和读书室，坐在板凳上，在老师的监视下的表现；那些冬烘先生，往往因为学生说了一句什么话，做了一个什么姿势或者笑了一下，就要惩罚他们，硬要他们服从强制性的纪律，把他们当坏人处罚，强迫他们做苦工。

你们现在看，你们看呀！他们一溜烟儿地跑到操场上去，他们解放了，他们自由了，他们又开始高高兴兴，露出了笑容。

尽管有些人说什么休息是人在地球上最喜欢的事情，但这些学生绝不会待在那里懒洋洋地闲逛荡。他们是满可以自由休息的，但他们休息的时候是很少的，五分钟以后，大部分学生就开始流汗，满身尘土。他们身体累了，但心里快乐，满足了热烈的情欲！

球类有三四种玩法，弹子有五六种玩法。麦秆和小钱币也可用来做好几种游戏；还有双杠，玩偶匣、陀螺……

在这些游戏中，孩子们将分成好几种不同的等次，因为每个人本身的力量和相对的力量，通过历次游戏的经验，大家都是知道的。

另外，他们还比赛跳障碍、跳高或跳远；有跑步起跳的，也有并脚跳的。他们还搞各种各样的体育运动，如果向他们提供各种体育用品的话。

爬墙、爬石山、游泳或滑冰方面的技巧，又另分高低。

如果给他们几块地，他们就去种地、锄草或种花；他们细心浇水，辛辛苦苦地劳动。在这类事情上，他们的竞争心也是很强烈的。

所有这些，都搞得很有乐趣，不论天热天冷，下雨下雪都一样。有人在强迫他们干吗？没有；他们完全是出于爱好和情欲。他们有充分的自由，可以选择伙伴，自行组合起来玩；一种游戏玩一两个小时以后，又去玩别的。改玩另一种游戏，以消除前一种游戏产生的疲劳。

从这些活动中，从互相竞争和交叉的谢利叶的混合组织中，将产生什么样的结果呢？你们在这样的新的组织形式中，见到有人还怀有不良的嫉妒心吗？在这种新的环境中，人的情欲是不是也像在先前的狭隘环境中那样使人产生恨、敌意和轻蔑？不，一点也不。竞争心、团体精神、志气、自爱、一致和不一致、协和与不协和，所有这些，将产生一种美妙的和谐……至少在文明制度中是最美妙的和谐。

孩子们自由形成的谢利叶组织，尽管是很不整齐和不完善，但对他们的父兄来说，是一个很好的榜样，很好的教育，只有被哲学的教条蒙蔽了眼睛的瞎子才不能从中得到教益。这是上帝在那里指导他们；他们服从的是天性。他们做事比法庭还公正，对优劣的评比十分公允。在他们的组织中，荣誉和等次是不能骗取的。你可以去亲眼看看孩子们如何解决社会问题。社会地位不同的孩子们相处得十分融洽。贵族院议员的儿子和马掌匠的儿子的友谊很牢固，富人的孩子也喜欢和穷人的孩子玩。他们的成绩有优劣之分，但关系很融洽；他们的等次有上下的差别，但相处得很和谐。拉丁文好的孩子，帮助在这门把人搞得头昏脑涨的功课中学习差的人；而后者在他擅长的游戏中也帮助前者，教他如何玩。游戏的种类愈多，等次的差别也愈多，互相帮助和保护的机会也愈频繁，大家愈能行动一致，做出出色的成绩。孩子们之间的亲密相处，对他们的父兄也产生了影响，使他们的父兄也亲密起来，家庭与家庭有了联系。在孩子们的组织中，你将看到人人有荣誉感，有团体精神、深厚的爱和衷心的同情。尽管他们身上有文明社会的教育给他们的许多缺点，尽管有社会环境和倒退的世界（他们就是在这个世界上中学和从中学毕业的）对他们的不良影响，但在中学缔结的友谊是牢固的，能够抵制从庞大的社会吹来的自私的和有害的风。

你们认为孩子们之能和谐相处，是由于他们头脑中还没有利害观念吗？啊！在他们的头脑中虽没有利害观念，但有自爱心；他们的自爱心非常强烈，极有助于创造和谐。的确，正是由于这种情况，对于和谐的创造是十分有利的，因为，我们在第一节中已经论证：如果人只能从事一种工作，则无论在范围小的社会或范围大的社会都将产生颠覆性的情欲：不公正、冷淡、仇恨、敌对和轻蔑。

以上所说，并不是凭空想象出来的，而是经过证实的活生生的事实，到处都可见到的，对了解情况的人和想了解情况的人来说，是一目了然的。

有人要提出反对的意见，说孩子们所作的这些事情，是一些没有价值的小事情吗？唉！他们哪里有做其他事情的自由和主动权？他们要上学；人们硬要他们去学习。在学习问题上，人们并不征求他们的意见，不管他们的口味如何和饭量大小，人们给他们多少，他们就必须消化多少，即使消化不了，有损他们的身体也得吃下去。这样对他们，合乎自然的情理吗？他们对你们要他们学习的东西，是不是都有兴趣和志愿？人生到这个世界上，非要在青年时期花八年工夫学文法和入门课本不可吗？读用希腊文和拉丁文写的书，读那些他们不知道其用处的枯燥无味的东西，没完没了地写，老坐板凳，把裤子都磨破了，这有什么好处呢？大自然从来没有说过它希望人们这样做，它的意见恰恰相反；从大多数人对现今这个制度的抵制就可看出，它是不愿意人们这样做的。

我记得很清楚(读者也一定经历过类似的事情)，记得在我们年轻时候，在上中学和上中学以前，都有过一些很有意义的爱好：我记得，我们把省下来的很少的钱凑起来买一些小工具，买锯子、斧头、刨子、铲子、十字镐、耙、铁砧和锤子，我们高高兴兴、持之以恒地种花草树木，我们觉得我们所学的压条、剪枝和接枝这些课程很有用，而且照着实践。看到我们的丁香长出了幼芽，看到我们的

玫瑰生根、开花，我们感到十分得意。我们种的小萝卜和醋栗吃起来津津有味。我们打造了许多大大小小的刀子。我们当中有一个人还成了一个很好的刀剪匠。我们制造过水轮和小抽水泵，还配上皮阀门和钢丝弹簧，这一套东西运转得很好。我们还用梣木制作过那么好的弓，以致可以把它们当作挺厉害的武器使用。我们还用砖瓦砌过炉灶，炉膛砌得整齐和坚固，可以用来烤土豆。我们用陶土制作过小人，用硫黄和铝铸造过奖章。我们还制作过纸板制品和带格子的盒子：我很珍贵地还保存了两个在我一生最勤奋的时期制造的这种盒子，而且今天还在使用。我们如饥似渴地学习与我们的机械工作有关的物理、化学和博物学，我们记这些东西，比记罗蒙的《简明语法》还记得牢。

如果这些萌芽得到发展，这些做法得到人们的赞成，如果这些志愿不遭到文明教育的鄙弃，而受到欢迎，像法郎斯泰尔的教育那样，经常注意发现并支持孩子们所喜爱的事情，它们就会结出丰硕的果实，就会培养出许多机械师、农艺师、出色的艺术家和有科学修养的身体健壮的人……也许——该说的话就得说——我们当中有许多人就不会去学什么希腊文和拉丁文了。这有什么不好呢？百分之九十的人学了那些东西之后都会忘掉的。当我们到二十几岁、三十岁的时候，我们中学时候学的东西还能记得多少？就我来说，如果我今天能不查六十次字典就可读懂塔西佗[①]的一页书，文明制度对我就是有益处了！

人们对青年人的志向毫无认识，他们践踏这些美好的萌芽，把

① 塔西佗(约公元55年—117年)，古罗马历史学家。——译注

春天长出的嫩枝全都折断、砍掉或烧掉，却反而抱怨人的天性，抱怨孩子们的禀性！啊！是的，孩子们凭天性行事，在学校里制造了一些乱子；是的，大人凭天性行事，在我们的社会上也制造了一些乱子。我们为什么要订那么多与孩子们的天性相反的制度，为什么要制定那些与人的天性相抵触的法律，而不按天性的原始规律办事？上帝给你们送来了孩子，为的是要你们把他们抚养成人，可是你们却要把他们培养成什么作文比赛的冠军，培养成会说希腊语的公证人、又懂民法又懂教会法的双料博士、检察官、学士、诉讼代理人，等等！我们要改造我们的教师，采取更好的措施。

第二章　采取谢利叶的选举方式，达到分配的公正的平衡

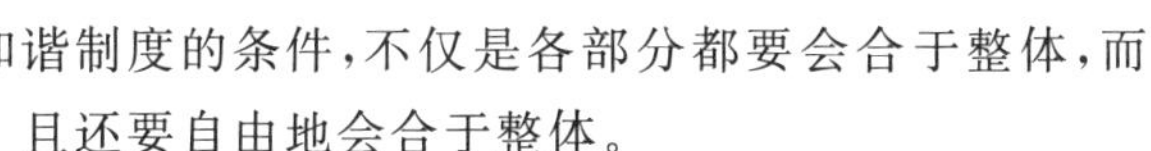

和谐制度的条件，不仅是各部分都要会合于整体，而且还要自由地会合于整体。

让·克普勒

§ I

法官应当有被告那样的身份，或者是与被告同等的人。

孟德斯鸠

我们在前面陈述的谢利叶制度的模糊景象，向我们展现了和谐的微光，它们像晨曦预示天明那样，向我们预示协作制度的灿烂前景即将到来。现在让我们来研究这些问题，从最难的问题开始，从对劳动和才能的估计和等级的分配开始。

成立了小组。选举的权力属于谁呢？在小组中，由谁来任命组长和副组长？很显然，这件事只能由小组自己去直接处理，只能由它去办，由它的全体成员去解决。

当然，每一个成员的才能和劳动能力，是用不了多长的时间就可得到他的同事的正确评价的。他的才能和劳动能力，通过实际工作和反复测验，很快就会显示出来。因此，在小组中，每个成员的才能和劳动能力，从他的等级或比分就可以很容易地加以确定[①]。

在现今的社会中，评判每个人的才能的最好办法是比赛，是考试。政府办的各个学校对学生的招收和毕业时确定学生分配的名次，都采用的是这个办法。比赛的规则是很公正的，所以每个人都

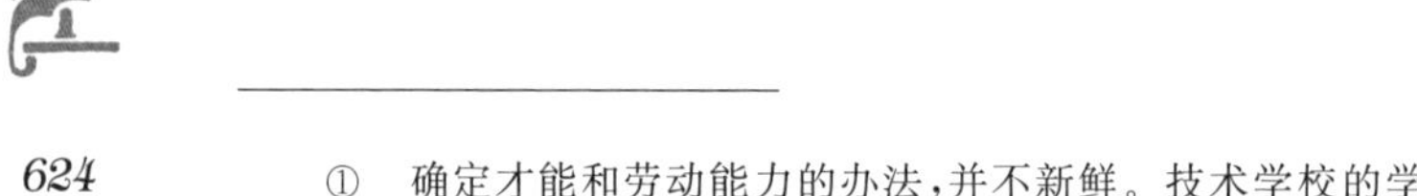

① 确定才能和劳动能力的办法，并不新鲜。技术学校的学生和参加过正式考试的人是早就知道的。如何选拔学生到政府机关工作呢？办法如下：

把所有的教材分成几大类，每一类都要进行一次考试。每次考试，学生都要回答由教材中挑出来的若干问题。

主考人对每一份答卷给一个分数。分数的差别是从 0 到 20。一个问题都没有答对的，给 0 分；全答对的，给 20 分。考试后，把所有的问题加起来看一共是多少个问题，然后用问题数去除分数，得出来的商数，就是这次考试的应考人的比分。每次考试都是这样计算应考人的成绩的。

用这个办法得出来的考试分数，用一个表示每项考试所占比重的系数去乘，得出来的数字就是一个应考人的最后的分数，他应得的名次，他的成绩。

政府办的学校都照例用这个办法来定每个人的成绩，这是值得商榷的。它比小组实行的办法复杂得多；小组的办法是以和谐的分配的公正为根据的。有些人经常被一些鸡毛蒜皮的事儿弄得十分烦恼，对针尖儿大的事情就要提出一大堆像山那么大的反对意见。我这条注释就是为这些人写的。一般地说，只要把事情十分清楚地摆出来，定几条原则，人们就可以找到许许多多解决的办法。建筑师的任务只是画蓝图和定方案，至于构架的样式和石料的切割，那是施工处长的事情。我这样说法，丝毫未含有轻视解决实际问题的才能的意思。在解决实际问题方面，傅立叶的天才也是很高超的。

愿意接受考试的结果。但实际上,这种评分的方式在今天不甚可靠:一个主考人用一个小时的考试来评判一个应考人一年的工作,就给他从来没有见过的根本不认识的人定名次,这岂不是很轻率的吗?

在小组中,做法官的人并不是与小组不相干的人,不是大家不认识的人,不是一个除了口头宣誓和为人正派以外就没有其他保证的陌生人。一个人的正派和宣誓有多大的价值,要由时间来证明,这一点,大家都是很清楚的。关于宣过誓的主考人的所谓正派,我们是有所了解的!我已经说过,当法官的并不是一个与小组不相干的人,衡量人的才能的方法,并不是凭一次肤浅的考试,也不是凭一个小时的竞赛。考试是经常的,竞赛是公开举行的;根据一个人所表现的行为来定他的才能,主考人是大家,是能作出公正评判的小组。一个人的行为,在劳动中是一清二楚的;大家互相了解,每个人都把他的能力交大家去评。人总是要一再表现自己的。谁也逃不过小组中成百人的眼睛。小组的人投的票是可靠的。他们提名谁,就一定提得好;他们的选择是正确的,每个人都将得到他应有的地位。

如果你申请加入某个小组,他们一定会接受你和欢迎你;你有申请加入小组的资格。但不能凭这个资格就说有什么权力和权利。现在,把你的本事使出来。竞赛开始:你赶快飞身上马,挥舞手中的利剑!各种各样的奖章都有,只要你有本事去拿。你可以尽量表现你有当选的才能。

但是,有人自高自大……啊!我劝你:不可自高自大。有了这种心理,你在小组里就处不好。你看,这样的人是很少成功的。如果你偶尔漏嘴说了愚蠢的大话，你将受到众人的嘲笑；除了嘲笑以外，你什么也得不到。

再说，自高自大的心理，完全是文明制度的产物，它在和谐制度的土地上是无法生长的。这种心理，只有在分散孤独的状态下才会产生，只有在沉闷的气氛中才能得到发展。一个单独生活的人，很少有机会与比他差的或比他强的或与他相等的人进行比较，因此不可避免地是目空一切的。这种情形，在学校中是尽人皆知的。例如在技术学校中，凡是没有进过中学而由其他老师或父兄教出来的学生，几乎个个都是很可笑的，骄傲得不得了。大家只好教训他们……三个月之后，他们变得叫人认不出来了，老老实实，跟其他的学生一样谨慎，一点也不骄傲自大了。

文明制度和弄虚作假与不公正是如此的不可分离，以致在文明制度下，有功的人受奖，是例外的事情；而讨好他人和搞阴谋诡计的人得胜，反倒是正常的。穿绣花衣服的蠢人往往欺负衣着朴素的有才学的人。成千的无赖穿扮得很华丽，吃的是珍馐，而有才学、有道德的人，有天才的人，却穿的是破衣，而且吃不饱饭。社会用一块巨大的岩石对他们堵死了通往前途的大门。你们当然注意到：我在这里没有为后面这种人的骄傲作任何辩解。骄傲是他们的权利，是他们的本分和品德。如果他们谦虚，反倒显得怯弱了。我要指出的是：我们生活的这个社会，在衡量和评定人的才能方面，是没有一个公正的办法的；只有在一个部门，即在政府机关里才试行对人的才能进行评定，而在某些团体中直到今天还不知道用什么办法来评定一个人的才能哩！

在一个社会中，如果不根据人的真正才能对人作出评价，如果胡乱给头脑迟钝的人戴金冠，让聪明睿智的人戴沉重的头罩，到处有不公正的和荒谬的事，有压迫人的事，你想，人们怎么不自我陶醉，表现他自己？他怎么能不自高自大？他按什么尺度来衡量他自己？哪里有衡量他的天平？

然而，自高自大在文明制度中又往往是一种正确的心理，因为文明制度压制人的干劲，不让人的力量得到发挥；许多人都知道他们可以比现在做得好一千倍。小孩和他们的父兄的自吹自擂，完全是对社会的一种控诉，控诉它扼杀和压制而不发挥人的才能；它没有正确的衡量人的尺度，它的尺度是错误的。如果衡量的办法错了，人人都觉得自己受了委屈，那就要提出意见；如果大家认为衡量的办法是正确的，就不会有人发怨言了。

在和谐制度中，人们从儿童时期在小组和谢利叶中就常常看见别人按他真正的才能来衡量他，因此，他们也要这样来评价他人。你对人家公正，人家对你也公正。这是协作制度下的民主的互相公正评价的特征。错误的评价是不会发生的。在这种气氛中，自满和自高自大的人很快就会被人们纠正过来。其实，是不可能出现这种人的，因为在文明制度下出现这种人的条件并不存在。

我们每一个人生来都是有一定的能力的。上帝绝不会创造百无一能的没有前途的人；这样的人是懒汉。每一个人在一定的社会中都是可作出成绩并发挥他的长处的。一个社会如果不使人发挥他的才能，破坏人的生来就有的命运，不使每一个人达到他能达到的相对的优越地位，则这些为了享受命运而生并认为自己凭天分是能够达到优越地位的人，就有可能把这种感情和他的乐趣用到盲目的偶然事件把他推入的环境中去，结果达不到他们本来是可以达到的相对的优越地位。使人产生狂妄和自高自大的心理的，并不是这种优越感，而是这种优越感没有用到正当的地方。一个社会如果使人与事物之间的自然的关系遭到破坏，使人走错前进的方向，错用他的才能，则这个社会就必然会使人误用他优越的本能，并对它产生错误的观念。

这就是说，使人产生自高自大的心理的，是我们的社会本身；而和谐制度的环境，将不会使人产生这种心理，即使产生了，也不会让它得到发展。

因此，我认为，一个小组中的成员是能够对每一个人作出公正评价，并使他得到应有的地位的。即使评错了，也马上会加以纠正。这一点是很明显的：一个有才能的人如果被评错了，他不是天天都可以使用一种进攻和防御的武器，提出有力的抗议——用事实来说话，这不就是最好的抗议的办法吗？较量的机会是不断出现的！每劳动一次，每个人的成绩都要和别人的成绩进行比较！如果有一天评错了，第二天就会发现，马上加以纠正。你想一想，一个小组的成员对一个不配当领导的人怎么能服气？怎么能把他们当中不是优秀的人说成是优秀？

小组非常注意于办事公正，选人要选好，要选出好的官员。如果它把领导工作交给一个无能的人，就会损害它的利益，就等于是坑它自己。如果他不让有才能的人发挥影响，得到应有的地位；如果他把工作交给一个没有本事的头头去管，它马上会受到与之竞赛的小组的指责，遭到谢利叶的申斥，在法郎吉中失去威信。

要充分认识到小组与小组之间、谢利叶与谢利叶之间的竞赛所产生的效果。即使每一个人单独说来是不公正的(这种情况不会发生),但要说整个谢利叶都不公正,那是不可能的。公正是一定会实现的。谢利叶之间的不一致,就是一个实现公正的有力的工具,是使每一个人得到他应有的评价的保证。在一个小组中,亏待人的事情在尚未成事实以前,其他的小组就会提意见了。一个小组对它周围邻近的小组是经常注视着的。它们对选人不当,要提出批评,该猛击一掌的时候,就要猛击一掌。如果一个小组坚持它对一个有才能的人的不公正对待,则那些一心想增加自己的力量、争个优秀的小组,就会欢迎这个人到它那里去。哪里在争夺有才能的人,哪里就能很好地保证凭才能得到应有的地位,把公认的有才能的人拉到自己一边来。

在和谐制度中,即使是最贫穷、最无权势和默默无闻的人的孩子,也能到处昂首挺胸地走来走去;如果他真有本事,他可爬到比百万富翁的儿子的地位还高。人们将公正对待他,保护他,帮助他!这一切都是保证能做到的,靠制度的力量实现的。把人放在谢利叶的机构中,就像把信交给邮局一样,不论寄到哪里,全都能送到。一封信也不会中途遗失。分配的公正,不受任何人的影响;它产生于社会的结构,来源于事物的安排,来源于制度。

请你们把它和文明人的公正加以比较吧。

§ II

我对那帮人并不喜欢,都在那里大声嚷嚷,随风倒。

阿尔弗雷德·德·缪塞

> 他们告诉你说，上帝从1830年起，为了更好地安排等级，只允许有执照的圣人和有两百法郎的天使进入天堂。
>
> K

在这里，一切都通过选举来解决；我的意思是说，由谁来担任工业、艺术和科学工作的职务，由谁来负责劳动和工作，这一切要通过选举来解决。不过，在深入探讨这个问题以前，应当说明：这里所说的选举，不是自由的或折中的选举，也不是共和制的选举。

在这里，选举人必须是有选举权的人；这是选举的合法性的基础。我在我的小组中投票，在我的谢利叶中投票；我可以提名谁当头头，我要对管理机关的方案进行认真的思考，我可以否决或同意；是的，这是真的。不过，我发挥的直接影响并不超过我活动的明确范围；在这个范围中，我的影响是和经过充分证实的我的才智成比例的。我不能到我没有参加的谢利叶投票，我和它们的事情没有直接关系。谁要是贸然到我的谢利叶来要求得到投票的权利，我是不给他的；同样，我能到别人的谢利叶去为我要求得到投票的权利吗？当然不能。每个人都只能在他正式参加的谢利叶中投票；这是正常的现象。在这种情况下，你和我谈选举的事情，那好得很！这样的选举，才能选出好的领导人，才能选出真正的代表，能代表大家的代表。所以说，选举人，必须是有选举权的人。

今天，一个不诚实的人，或者，如果你愿意的活，一个很老实的有产者，因为交了两百法郎的税，就有权提名谁当国家的全权代表。有人问：如果这个人无知识，不识字，不会写算，那怎么办呢？我告诉你，这没有关系，他照样可以提名，因为他交了两百法郎的税嘛。

有人又问：如果这个人头脑很迟钝，几乎是一个傻子，只会零售白糖和香油呢？我告诉你：他照样可以提名；他可以把权利和制定管理我们法律的工作交给别人去做，因为他已经交了两百法郎的税嘛!!人们将向你证明：最神圣不过的是法律，也就是由这些交二百或几百法郎的无能的选举人的代理人所作的决定汇集而成的法律。

共和制的选举怎么样呢？啊！那当然好嘛。我的天啦！把所有的人都召集在一起，捡破烂的、看门的、倒卖戏票的、庄稼汉、酒鬼……每一个粗野的法国人都来投票，选立法委员，选政府官员和政府首脑！是的，人们用光荣的公民这个称号称他们是法国的公民！先生们，他们都是法国的公民，因此，都应当为制定涉及他们的法律而共同努力。从这个选举开始，再走两步就可以达到**普选**了。如果大家按逻辑办事的话，结果还更好得多。

当然，选举的原则本身是好的和公正的。人民的利益应当按照人民的理解去对待，这样才合乎情理，才能实现不可争辩的权利。我把上帝恩赐的权力，把君主制的和宗教的种种骗人的做法，都廉价卖给你；人类被这些骗人的做法压弯了腰，直到现在还竖不起来。在绝对的制度下，只有来自选举或普遍同意的权力，才是合法的权力。是的，选举的原则是好的，是公正的；是的，你在原则上是说得对的，你在人类积极活动的事物中可以使用它。但荒唐的是，你把一个**正确的**原则拿到一个基本上是**错误的**社会中去用了。任何一个正确的原则拿到一个与正义背道而驰的社会中去都是不会产生什么结果的。你要这方面的证明吗？你试把任何一个好的原则拿到当前的环境去实行，你一定得出许多可笑的、荒谬的和导致动乱的结果。你的原则愈是正确，你用起来往往愈是糟糕。你的逻辑愈是严密有力，它就愈是有力量像楔子那样强行打入错误的环境，使之爆炸。这就是政治上的意识形态的破坏力量的秘密；人类在他悲惨的史书中有许许多多关于这种力量导致动乱的或极其愚蠢的后果的记载。

没有任何人对这个真理的正确性表示异议；大家都认为，应当在各种关系中贯穿这个真理。好！假定有一个超自然的权威一句话就马上能实现这个愿望，假定人们今天就强把这个真理用之于目前这个社会，即法国……

你能估计一下它的效果吗？实业家搞阴谋，商人弄虚作假，政治家到处揩油，做可耻的交易；在工业界、商业界、政府机关和新闻界中将出现数不清的卑劣行径；家庭中暗藏着仇恨，表面上有虚情假意、口是心非的爱，暗中却用卑鄙的手段捞取利益；从社会的下层到上层，层层都有见不得人的行为；所有这些都是人所共知的，摆在光天化日之下的！不可否认的！每一个丈夫都知道他的妻子的行为，每一个妻子也知道她的丈夫的行为。妈妈干的事，女儿都清楚。当父亲的没完没了地训斥儿子，可是他年轻时候干了些什么，当儿子的全知道。每一个人的额头上都写有他的言行和他的秘密。干事的时间和地方，大家都知道。玩弄的阴谋诡计和心里的想法，都是明摆着的。唉！我们每一个人所了解的情况，比人们在耶路撒冷街上见到的情况多五千倍。到处是地下的深渊，充满令人痛心的卑鄙行为的深渊；所有的污水坑都打开了，充满谎言的深沟都被揭开和搅动了；它们的腐臭的烟雾好似所多玛[①]的浓烟笼罩着世界……

① 所多玛，《圣经》上记载的一个城市。因城中人的堕落行为，耶和华用硫磺和火将全城焚毁。事见《圣经·创世记》第十九章。——译注

所有这些，大家都知道，都很清楚！你们要了解这句话在今天包含的可怕的意义！还有什么关系在继续维系？你算一算，除去所揭露的这些普遍存在的丑恶情形，还剩下多少人与人之间的爱和联系：根据你们自己所破坏的关系来计算，请你们讲一讲！

还有，那么多的偏见！在人的良心上刻了那么多的义务观念，那么多的格言；它们的价值如何，人们是知道的。无产者所遵守的两万五千条法令是多么严厉，这些法令使他们遭到的掠夺是多么残酷，他们完全清楚。在尚受人们敬拜的圣物箱中，盛的是肮脏的破衣服和从大街上捡来的骨头，而不是圣人的衣物和圣人的遗骨；在尚存的圣殿中，人们发现嘲笑的神代替了上帝……不要再抱偏见了！君不见军队、人民、妇女，甚至小孩子都拿起武器来反对法律，反对义务，反对教条，反对这个社会中的一切事物？君不见大火已经燃烧起来，世界遭到破坏，到处是一片荒凉？君不见这个社会在用锋利的牙齿咬它的肉，用利爪撕它的胸脯，把手插进它的两胁，抓它的肝肠……不要再抱偏见了！还有什么东西能残留下来呢？能残留下来的是敌对的利益和手中的剑，要面对面地在决斗场上打一场恶仗……啊！哥萨克人和土耳其人快到来了，北方的游牧民族和武装的野蛮人快到来了，像大洋的波涛那样排山倒海似的向我们冲来了……不过，隐藏的真理不可泄露，切莫让真理冲击我们！真理将一下就把我们的社会淹没……

我向你们讲的关于真理的这番话，在谈到公正和自由时，我也是这么讲的。试谈一下公正：它将使每一个人各得其所，它将废除一切荒谬的契约，它将追寻财产的来源，使一切有财产的人惊惶不安，它将迫使篡夺权力的人吐出他篡夺的权力，它将使你们的法律

和法令的支架通通倒塌。

试谈一下自由……人一旦自由了，你们看，一旦在欧洲，没有行政官员，没有军队，没有狱卒和刽子手，没有镇压人的武力，这样，只需一天工夫，欧洲就会被洗劫一空……愿正义、真理和自由的上帝保佑我们……是的，如果这个不光彩的文明制度要长存的话，我将祈求上帝把瘟疫、战争和饥饿这三个最可怕的神降到世上，祈求上帝把世界交给这三个杀人的天使，让他们把这个世界毁灭了事。

我告诉你们：葡萄是好水果，多产葡萄是一件好事，然而，如果以为在岩石上也可种葡萄，那就错了。葡萄是葡萄树结的，如果你要吃葡萄，你就要种葡萄树。真理、自由和正义是社会和谐的产物；如果你想要这三种东西，你就要撒播社会和谐。如同岩石生长荆棘一样，你们的社会生长不公正、压迫和欺诈。这是社会的性质决定的。你们这些有眼睛而不用眼睛看的人，把眼睛睁开吧。试验已经作过相当长的时间了，戏已经演了好一阵了。聪明人的白内障并不那么严重，不是早就看出了一个没有自由、公正和真理的社会吗？真理是考验社会秩序的试金石。一切与真理不相容的社会，都是谬误的社会。谁能否认这一点？……谁？……唉！大家已经进入这个充满良知和智慧的奇异的世纪了。

有些人说，这些原则是很好的，公正的和不可辩驳的，因此应当把它们应用于社会。于是，他们就开始行动，强行使用：有的把它们和道德格言连在一起用，有的把它们和意识形态的教条连在一起用，有的见诸行动，有的只是口头上说说。为了达到他们所设想的良好效果，他们把本来就是无能为力的政治结构剪裁一番，把人的结构也剪裁一番；至于社会的结构——产生一切坏事，产生不良的政治结构的第一原因和根源，啊！别害怕，他们对它并无怀疑！

对于意识形态和逻辑的原则，对于抽象的和理性的真理，有些人用理性的否定，用智慧对信仰的服从，——正因为它荒谬，所以我才信它[①]——，用意志对神权（如果确有什么神权的话，那也是人发明的）的服从，最后，用各种各样思想上的可耻的事情来回答。

还有一些人认为：原则是正确的，很好的；但是，没有任何一个原则能够并应当推行到底；理论也许是好的，但一个好的理论的绝对的实践，其结果不可避免地是坏的，这些都是事情的本质决定的，这怪我吗？啊！尤其是现在，真是可羞可耻呀！可见，公正，不可能一直到底都是公正的，真理也不可能一直到底都是真实的；这样的原则尽管很正确，但随着你把它推行下去的时候，它将逐渐逐渐地变得不正确和不公正，这些都是事情的本质决定的！

被围在一个腐败堕落的圈子里的一切政治党派和伦理学派，一切宗教的和哲学的派别，在一个基本上是荒谬的社会环境里就原则和原则的应用问题进行搏斗，其情形就好比马戏场里的动物一样，尽管用牙齿和爪子厮打，闹得不可开交，但始终还是待在马戏场里。

有了原则，就需要有应用原则的环境。

如果一个原则在某个环境中应用起来出现了不谐和的情形，

① 这句话出自早期天主教主教圣奥古斯丁（354—470）。——译注

那不是环境不对，就是原则不对，或者两者都不对。如果原则是以理性为基础，并且在聪明人看来是很明确的，那就可以断定是环境不对。

当你开动脑筋，为了评判一个原则而进行研究的时候，你就把它研究到底，取得最后的结果，然后，根据结果判断它是正确的还是错误的。否认这个办法的人是可耻的；真理始终是真理。

我已经说过有三种诡辩：(1)抽象的和理性的真理与公正的法律在谬误的环境中的粗暴使用；(2)对被“上帝的恩惠”所吞噬(或者说得更确切一点，被那些蒙受上帝的恩惠的人所吞噬)的理性的否定；(3)受礼仪支配的、在一定程度上是真实的真理的理论；这三种诡辩是三个章节的开头，世间的一切谬误都可列在这三个开头下面。你将发现，在任何地方和任何时候，这三种诡辩都打成一团，每一种诡辩都有它得胜和失败的时候；打赢了，就高唱进步和完善的理论的胜利。今天的三派：共和派、正统派和中间派，它们难道不是三个具体化的活的诡辩吗？这三个有血有肉的诡辩，不是每天都在它们的报纸上互相辱骂，每一个都在论证其他两个的虚浮吗？我再说一次，这种具体化已经是老历史了。人类到现在只吃过这三种社会的诡辩。他在这个社会中没有吃过别的食物：因此，他是如此的瘦弱和如此的可怜，这不奇怪。

§ III

这份社会契约不是我写的，我在娘肚子中的时候，并未在契约上签字。

阿尔弗雷德·德·缪塞

重要的是，要大声嚷嚷并用假鼻子化装。

阿尔弗雷德·德·缪塞

此事连我那头狗熊也会办。

奥德利

谈政治上的选举的时候，说了那么多题外的活，现在让我们再回头来谈它；我们要研究一下人们停留在文明的环境里，能得到什么结果。

关于参与制定统治全体公民的法律的权利，是不能借口公民没有交多少税或你所说的其他理由，便不让公民中的大多数人享受，甚至只单单不让一个公民享受，也是不行的，这一点，对每一个真诚的人来说，道理不是很清楚的吗？这个权利和税款有什么关系？没有取得我的邻居、你和我的同意而制定的法律，能硬要我们（你、我的邻居和我）服从吗？由我不认识的人作的决定，由某些人起草的条例，或者照你的话说，由许多人起草的条例，请说句公道话，它们能强迫那些置身契约之外的人，那些未在现场表示过任何定约的意愿，而且被一脚踢开的人服从吗？显然，要人们服从这样的法律，并尊重它的权威，是没有道理的；要人们不论是什么样的权力都要服从和尊重，那是不合理的。所有那些向人民宣讲的（而人民也只是在口头上相信的）有关平等、义务和对国家的神圣的法律的服从的美妙理论，全是废话；它们和驻在欠税人家中的催税员与宪兵一样，是用来驱使和控制人民的。每一个有自由思想的人，尽管他处处按法律行事，但对法律仍然是很轻视的：轻视那些神圣

的法律，轻视所有一切以法律的名义骗人的鬼话。明白无误的是，要使一条法律成为人们非服从不可的东西，成为人们的一项义务，那它至少要得人们的同意。

“因此，必须实行普选！”我听见我旁边有人这么说。普选吗？好！当代社会实行普选后产生的法律，也并不比实行垄断选举所产生的法律更合情理，正如你所说的：实际上并不好，因为在今天的投票人当中，有二十分之十九的人都不了解情况，一点也不会委任官吏；他们根本不懂得他们的权利的意义，不知道他们投票是为了干什么！是的，你们所说的人民就是这个样子，他们缺乏订约的能力。他们被弄得在政治上十分的愚蠢，竟糟糕到把一大堆应该得到的政治权利，去换一袋土豆或一双木鞋……普选之后有些什么义务和法律上的合法性？你们得到了愚昧无知的老百姓的票，就能制定出好的法律吗？你们以为只要有人愿意选举，或者轻易就能使他们愿意把事情颠倒过来（我说的不是颠倒成好秩序，而是颠倒成混乱），愿意乱上加乱，你们就可使国家长治久安吗？好极了，那你们就普遍实行吧！

另外一些人走过来说道：“我们既不专凭金钱，也不搞普选，我们主张无须和人民商量就把法律强加在他们身上；不过我们说的是好法律。因此，我们将根据政治能力来进行选举。这是今天明智的和诚实的人的意见；只有自私的人和捣乱的人才不同意这样做，等等。”好，根据有能力的人制定的法律实行专制。不过，请那些主张剥夺所有没有能力的人的政治权利的明智的和诚实的人，向我们提供一个衡量政治能力的办法。我等待着这个办法。

是的，这个问题在你看来似乎很困难。我们设想过按数学、化学、物理学、博物学、农业和机械学的方法来衡量人的能力。关于人类的这几门知识，是有一套讲义的，精通这些学科的人，当然能衡量一个人在每门学科上的知识和才能的程度。

但在政治上，你们是不是也有一套讲义？请告诉我，你们凭什么去衡量？由谁来考查候选人的政治能力？由谁来评定人的政治能力？评定人是共和派的博士，还是正统派的、中间派的、第三党或第四党的博士？在共和国里，是从山岳派中挑选这些人，还是从吉伦特派，从美国学派，从……从……从……中挑选这些人？我不一一列举，因为在今天，在1835年，有多少人，就有多少主义和意见。明智的和诚实的人，你们是不愿意人们不懂政治就去搞政治的，你们要想办法把政治能力建立在某种牢固的基础上。在这些活动的沙浪中，有政治能力的人一定会笑死的！有一个当选为代表的哲学家(他当然是议会中最明智的文明人之一)，去年登上讲台[1]用明确的措辞宣称："无论是政府还是反对派，或者他，都不知道国家需要些什么。"真是空前绝后，谁也没有在议会中说过比这更好听的话；在那些可尊敬的人当中，谁也没有否认过这个事实，谁也没有说过："先生们，我来告诉你国家需要些什么……"明智的和诚实的人们，把你们衡量政治能力的尺子拿出来吧。

凭良心说，新闻记者和那些夸夸其谈的人，就政治能力、普选和交两百法郎的选民的选举的合法性，给我们讲了许许多多的理论，因此，他们至少应当——因为有些在马路上东游西荡的人已经

① 这番话，是儒弗罗瓦先生在讨论有关协作社的法律时，或者说得更确切一点，在讨论取缔协作社的法律时说的。

在动手干了——用诗人的话告诉他们的人：

　　我说的话，对喝了第一杯啤酒
　　就把瓶子打碎的人是有用的。

总之，我们认为：文明制度既然不承认人的权利，则按照它自己的逻辑，它就不能规定人们承担任何义务。我们要研究的东西还很多；要在这里把所有那些该批判的荒谬理论都拿来批判，那篇幅就太长了。这里的批判也只不过是点一下罢了。现在让我们来谈法郎斯泰尔的选举。

§ IV

> 把选票都加在一起，作出的裁判也只有一个计算值；如果把选票拿去称，则作出的裁判就会按几何级数发展。
>
> 让·克普勒

在法郎斯泰尔中，人们真诚坦率地运用选举的原则；通过选举，授予当选人合法的权力，因为法郎斯泰尔的选举是以复合的按比例计算的能力为基础的，是以选举人的能力和他在普遍的秩序中的利益为根据的。现在，让我们论述如下：

根据才能确定的能力。(1)为确定一个候选人的职务而被召来投票的选举人，对谁有资格当选，是很清楚的，因为每一个人都只在他确有专长的范围内和他参加的小组与谢利叶中投票选举。选数学家，由数学家来选；选化学家，由化学家来选；选农学家，由农学家来选；正如我们已经讲过的，这样做法，使各种职务分得清清楚楚，彼此都很明确。

(2)选举人对候选人的材料十分了解,对候选人的才能也很清楚,因为每一个候选人的特长,早已有所表现,不是表现在一次考试或一次会考的成绩上,而是在接连不断的一百次考试和一百次会考中显示了他们的才能。候选人拿给评选人看的,并不仅仅是一个说明他们的才能的样子;他们通过他们在小组和谢利叶中的表现,早已把他们的才能完全摆给评选人看过了。

谢利叶制度有许多方法保证评选的公正和准确;我将举出其中值得特别注意的一条来讲一讲。

在人多的地方,其中总有一些人是天生的爱闹别扭的,凡事闹对立的,这是一个人所共知的事实。从理论上估计,在一个有一千八百人的法郎吉中,平均起来这种天生的爱闹别扭的人数是二十对一。这就是说,法郎吉的每一千居民在群众中可能碰上大约二十个凡事闹对立的人。上帝既然希望社会的行动统一,形成联系与协和,并且使人的心中具有那么丰富的爱,他为什么又要在人类中安插一些天生的爱闹对立的人呢?为什么有这些例外?为什么要在众人的键盘上安几个不协和的音呢?这一切,是为什么?这是因为,在人类巨大的车间中虽然是需要普遍的协和与统一的行动,但在社会等级的每一个等级中也需要严格的公平。如果在挑选人的时候单凭感情,就可能犯错误,因为对人的宽厚和感情往往是盲目的。因此需要一个保证不出现这种错误的办法;在进行检验的时候,需要有一种冷静的和爱挑剔的目光,要仔细地观察,对竞选人进行筛选,剖析他们的功绩。必须一丝不苟地进行尖锐的和深入的批评。因此,每一个人都需要有与自己闹对立的人;爱闹对立的人是最善于批评的。

对稍为重要一点的人员的任命，都要正式请那些对候选人有意见的人来发表他们的意见。这在和谐制度中已经成了惯例；与在文明制度中不同，在和谐制度中人们是不会戴上爱的假面具来对待他们不喜欢的人的。在和谐制度中，人们首先尊重的是真理：一个人的对头，都公开表明他们是他的对头。

对头们在发表意见的时候将夸大候选人的不足之处；他们当然要夸大他的缺点的。他们什么都要观察，什么都要探讨，什么都要用显微镜分析；他们把他们用挑剔的目光所看到的一切弱点都提出来。当妇女们谈论一个对手的时候，你在她们的谈话中将发现，抱对立态度的人也真是会挑毛病的。当然，他们的任务只是限于提出意见。决定不由他们来做。同情的人表示赞成，反对的人表示反对；决定由群众来做。

天生的爱闹对立的人的重大的社会作用，非常生动地证明：那位把人类加以组织的机械师，对所有的推动力都作了很精确的计算，并对人的力量有所估量！据说，有一位古人在剖析了人的生理组织的奥秘之后，用极其热情和虔诚的声音说道："我要唱一首颂歌，赞美上帝的荣耀。"是的，他的确唱了一首颂歌来赞美上帝的荣耀；他给我们论述了心灵的不为人知的奇迹，他告诉我们不协和音有它本身存在的理由！我们应当知道，这位向我们揭示情欲的动力的作用，从而为我们打开通向普遍的幸福的道路的人，他是很有学问的。

我们从上面的论述就可以看出，在谢利叶中，每一个人的功绩将显示得如此的清楚，以致眼力最差的人也可以很容易地估量出来。所以，所有的选举人最后得出的意见不可能是错的。

我们已经论证了法郎斯泰尔的选举人如何判断什么是正确的，现在让我们来证明他是有作正确的事情的意愿的。

对利益的关心。很显然，一个法郎吉的各项工作愈是做得完善，法郎吉便愈是兴旺和繁荣。凡是对于各种才能和劳动予以充分肯定、鼓励、尊重和报酬的法郎吉，必然在财富和发展方面占优势。对法郎吉来说，必须要有最能干的农学家负责农业，技术最好的机械师管制造，最精明的管理人员管行政，最有学问的老师管教育，等等。所有的居民都是协作者，与法郎吉的兴旺发达直接有关；收益由大家分；法郎吉的工作实际上就是大家的工作。每一个人都希望看到工作做得尽可能好；很显然，在协作制度中，从个人的利益考虑，也要求并决定了为人要公正。这一点，在文明人看来是很奇怪的。

正如我已经讲过的，一个小组的人是既有自爱心也同时有团体精神的，这两种东西促使他们不能不评价要公正；一个领导得很差的小组，是经不起谢利叶的竞争的。它将受到各方面的指责，它组内的好战士将弃它而去，投到与它敌对的小组。

可见，选举的能力在法郎吉中是复合式的，是建立在选举人的特殊的才能和可靠的利益的基础上的；即使协作制度的人（他们都是很公正的）被虚荣心搞得比文明人盲目和骄傲一百倍，假定他们每个人都想把别人的选票捞到自己手里，但最后的选票是由群众按能力的大小来投的，因此，选举的结果不至于不公正！个人的自爱心，不论你说它多么不理智，即使在最坏的情况下也将受到严厉的束缚；因为每个人给自己所捞的选票，是方程式中所有的端边的共同项，在计算过程中是要消失的。

§ V

让秩序来自事物而不来自人。

霍布尔

我们从以上的论述就可以看出，在谢利叶中，对人的评价公正，是有双重保证的，有内部保证和外部保证。

内部保证有四个方面，投票人有两种复合的能力：他对评判的材料和候选人的功绩是了解的，他既要从个人利益的角度也要从团体利益的角度来分析问题。

外部保证来自附近的谢利叶和小组对一个小组或谢利叶所作的评判的经常检查。

这一点，值得特别谈一下。任何一个小组、一个谢利叶或一个部门的事情，是由它自己的人员办理的，只有他们才有权直接处理。这是无可争议的，这是一个原则，大家都接受的，因为谁也不愿意让自己的谢利叶受到他人的侵犯。然而在法郎吉中，由于各个部门都互有联系和连带责任，所以人们认为：一个部门如果管理不善，将或多或少地影响全体的利益。因此，可以说周围的环境对每一部门都将发生作用。

是的，周围的环境的这种作用，并不直接左右选举，但由于小组和谢利叶要互相发挥外部的监督作用，所以周围的环境对选举就不能不有所影响了。选举的名单由小组或谢利叶自己提，但其他的小组或谢利叶要发表评论，表示赞同或不赞同。人员在内部挑选，对外部的舆论要听取。既行使权力，也承担责任。

要补充说明的是：一个人在某个部门中的选举权，是和他在该部门中所表现的并得到大家承认的能力成正比的。选举权要与能力成比例，这是自然之理，无须在这里加以赘述。一个有某一专长的人的意见，当然比一个新手的意见更有分量。在选举的问题上，你当然不会把一个新手的意见和一个教他和指导他的人的意见等量齐观的。

一个候选人通过了大家的筛选，得到了与他相竞争的人和在工作中天天相见的同事的提名，得到了外部的舆论的赞许，得到了同伴的支持，并由评议会根据谢利叶的群众意见予以批准，这样挑选的人，你还认为不好和不恰当吗？

我想多讲几句，把事情讲透彻一点。在谢利叶中，凡是与自己的地位不相称的人，是会自动辞职的。与自己的地位不相称的人，在这种环境中，对于别人的纷纷攻击，是一天也顶不住的。当你获得了某种地位，可是发现在你的旁边，或者在你的下边，在你的下级有一个人比你的本事强，他每天都向大家，向你，向其他的人，表现他的能力，在这种情况下，你的处境是很尴尬的，是很难受的。你一定赶快请他来担任你的职务的。

我们刚才所说的原则，可以用成百种不同的方法来实行；其中有一种方法是考试，不属于我们在这里研究的范围。我们要指出的是：搞选举，在我们现今的社会中引起了许多混乱，花费了许多钱财和时间，但在谢利叶，事情就很好办了。甚至可以把规模搞得很大，把全世界的法郎吉都请来发表它们的意见。

上面所说的原则，从法郎吉一直到全世界，任何一级社会组织在挑选候选人方面都可采用，而且，不管做什么事情，都可运用这些原则找出一个能反映有关群众的意见的可靠办法。

我们刚才所研究的问题，是可以大加发挥的；我们将在另外一本著作中更广泛地从更高的角度加以探讨。在结束本章的时候，我们把结论陈述如下：

谢利叶制度在衡量人的优点方面，在评定每个人在每项工作和他所参加的谢利叶中所表现的才能和劳动能力方面，具有难以估量的能力。因此，每一个人在每项工作中的相对的价值可以非常准确地用一个级别或一个比例数表示出来。

可见，对**劳动**和**才能**按比例分配报酬的问题，是一个纯粹的算术问题。今后，对**资本**按比例分配报酬也不会有多大的困难，因为按资本多寡的比例给予报酬，是大家都知道的，今天所有的股份公司或其他公司向股东分配红利，都是这么做的。这个公正分配的办法，有人把它看作可怕的奇谈怪论，其实它只不过是一种儿童游戏，一个很简单的算术问题，按公司的规定去求出一个人在才能和劳动方面贡献的数额就行了；它们是可以像资本的数额那样准确算出来的。很显然，把你的劳动或才能的大小化为一个函数，然后用你的劳动的小时数去乘，就可以得出你的数额，就可以知道你在这项工作中，在才能和劳动方面做了多少贡献。

附注 RR(第二版)

在附注 R(见第一卷第 192 页)中，已经列了一个自然的全面分配的数学公式，读者只要回忆一下那个附注，就知道每一个人的个人的份额，可用公式表示为：

$$p=Q\frac{c}{C}+R\frac{t}{T}+S\frac{\theta}{\Theta};$$

从上一章的解释就可看出，每一个人的劳动和才能的特定系数 t 和 θ 的值，同他的资本的值 c 一样，是一看就明白的。

在法郎斯泰尔建立之初，在作为法郎吉的基本合同的“公司章程”中应规定资本、劳动和才能的总份数 Q、R、S。人们可以在这方面想一些公正的和适当的办法。劳动者和老板之间，或工人与老板之间的一切协作方案，应包含有关这个问题的条款。我们认为，最公平和最好的条款，有以下几项：

(1)由委员会确定最小的比例数，也就是说，确定给各级工人和职员的工资待遇的最小的比例数；

(2)对投入的资本定一个最小的报酬数字，也就是说，定一个最小的利率数字；

(3)以薪金或工资的形式，或者以利息的形式，把收益按比例分配给每一个人。

这个办法之所以公平，其原因不是别的，就是因为它在原则上反映了协作制度的思想，所以这个办法是很容易理解的。

现在假定要筹集创办一个企业所需要的资金和劳力。

我出两万法郎；

你出劳动力。

如果有人向我们提出：每年给我的投资的报酬一千法郎，给你的劳动力的报酬也是一千法郎；这意味着什么呢？

这意味着：在企业看来，你的贡献和我的贡献是相等的，因此很公平。我们两个人将分到相同的利润。但是，请注意，我是很占便宜的，因为我在企业的投资只作抵押，放在企业里；而你的劳动力每天都在消耗，每过一小时就少一小时，而我的两万法郎却一分也没有减少。

领工资的工人和雇员，一般地说，应当在利润的分配中分到一份与他们所得的工资成比例的一份，而资本则得到与分给的利息成比例的一份。

人们可以想象得到：在一项资本有巨大风险的事情中，分给资本的利润应多一些；这是正确的和必要的，不这样做，人们就不会向企业投资。同样，在另外的事情中，由于劳动的艰巨，劳动者的健康和生命所冒的危险等原因，也应当增加劳动所得的份额。在分配方面，在今天尚不完善的草创的协作制度中，要做得十全十美是不可能的。我们以上所说的，足以无可辩驳地证明：从一个法郎斯泰尔创立之日起，就可以很容易地实行一种非常令人满意的分配方法。

因此，我们无须再多加论证就可以看出：对第一批建立的法郎吉来说，在过渡期间这个大问题已完全解决；为了求出每个人应得的份额 p，方程式中应确定的系数 c、t、θ 和 Q、R、S 都很清楚地确定了。

此外，我们还可以只用几句话就能清清楚楚地说明和谐制度的分配这个重大问题是如何解决的。这几句话如下：

假定法郎吉在创立之初，就按前面所说的法则制定了分配的计划。组织健全之后，各部门的工作便开始顺利进行，大家也开始按新制度的风气生活，这时，人们很快就会发现某些工作很吸引人，某些工作不那么吸引人。

显而易见：机器运转得愈好，各个部件之间的作用愈平衡，对大家，穷人和富人，资本股份多的人和股份少的人，甚至没有股份的工人，便愈是有利。

大家将一致同意：按适当的比例增加那些不那么吸引人的工作的报酬，减少那些很吸引人的工作的报酬，是合理的。

从这个不可辩驳的原则就可看出：一个法郎吉每年都将根据行政部门的报告和建议，由全体成员开会议定如何修改分配系数，这就是说，在他们认为必须修改的劳动部门中修改Q、R、S的总值和t与θ的单值。

再也没有什么比这个附注阐述的理论更容易懂的了；任何一个搞清了这个理论的人都将认识到：在各项事业中按照劳动和才能以及资本的比例进行分配，这个看起来无法解决的难题，很顺利地解决了。这个解决办法，不仅是顺理成章地来自法郎吉的本身，而且它的制度还对如何使用大家的劳动力提供了一个很好的指导、平衡、分配和管理的办法，既不妨碍个人的自由，也不对任何人强加任何东西！我把最后这一点留给读者自己去研究；如果他肯动脑筋的话，我将请他把这个问题认真地加以思考。

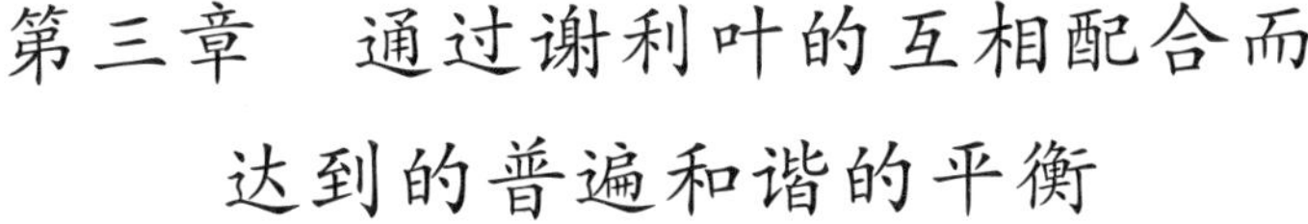

第三章　通过谢利叶的互相配合而达到的普遍和谐的平衡

通过各个小组和谢利叶的谢克塔的个人配合而吸收每一个部门的集体的竞争和敌对情绪；由于集合成不同的小组和谢利叶而吸收个人的竞争和敌对情绪，在不同的小组和谢利叶中，一个人的爱好和抱敌对情绪的人的爱好相迭合，用偶发的爱去代替天然的敌对情绪。

沙·傅立叶

§ I

Amicitias animat harmonica contemporatio.

让·克普勒（无法翻译的）

我们刚才论证了谢利叶制度在各个地方所表现的如此明显的分配的公正是如何在这个制度内部产生和发挥的；孩子们在天性的推动下也大体上是按照这个办法组织他们的游戏的。现在，让我们来研究一下集合和配合的效果，孩子们的游戏已经使我们看到了这种效果的萌芽和发展。

如果你向有些人说，协作制度的存在的基本条件之一，是按资本、劳动和才能的比例分配收益，他们将很武断地向你宣称：要找到一个估量劳动和才能的办法，是不可能的。即使你能使他们隐隐约约地感到我们可以找到估量的办法，他们也将照样武断地说：这种办法必然在竞争者之间，在竞争的小组和谢利叶之间，引起可怕的敌对情绪；而且紧接着就会向你述说过去的相互倾轧和战争，述说鞑靼人的三次肆虐和他们的熊熊火炬，述说你早已知道的有关人类相争的历史。

这些急于反对的人说："小组之间一开始竞争，他们当然就不会停止，不会休息；团体精神将发生作用，他们将使出全身的力气，一个劲儿地工作。啊！你在科学、艺术和工业方面将看到许多奇迹！这些都是事实，都是不可辩驳的……但不好的是，他们一个星期不打仗，他们就不消停，所以这种办法和它产生的奇迹，还是以不要为妙！”

这番话，就是那些人说的，就是那些表面上机灵而实际并不聪明的人说的；他们根本没有能力把你向他们提供的全部事实都通通加以研究，他们只看见一件事情，只凭这件在协作制度中不能不有的事，就认为也将产生文明社会产生的结果。他们不了解协作制度的新环境，不了解在新的环境中可以让旧力量发挥作用！

是的，个人与个人之间的竞争，团体与团体之间的竞争，将使你们这个在全世界散布灾祸的受人诅咒的零七八散的文明制度乱成一团。谁能否认这一点？这种情况我们岂不知道？我们不是已经用非常鲜明的颜色把非协作制度的竞争的固有弊病画一个图表给你们看过了吗？当我们论述在协作制度的环境中进行的竞争的时候，你们却拿我们已经批判过的在谬误的环境中进行的竞争来反驳我们，这岂不是太幼稚了吗？因为一个小孩子在钢琴的键盘上打了一拳，你就乱弹琴，就说这架钢琴有些音不谐和，它弹出的曲子永远是难听的吗？啊！你不能这么说；你要倾听良知的声音，要按照协作制度的情况和谢利叶的事实来研究问题；如果我们要计算这个事实所产生的结果，我们就要研究这个事实。

啊！你们担心竞争的小组会发生争吵，男的揪衣领，女的抓头发吗？好，别着急，让我们先研究一下情况，然后才发表意见。

我要把反对的意见狠狠地驳一驳；我要把所有一切似乎是最不利的事实都集中在一起，从最极端的假设开始讲起：我用来作例子的是法郎吉中最情绪激动的两个小组，这两个骄傲的小组之间的竞争，比复辟时期的著名的文学战争，比浪漫派和古典派的斗争，比长胡子的中年人和戴神圣的假发的人之间的斗争，还激烈。

你瞧，这两个小组互相嫉妒到了极点；而且，如果你愿意的话，你和我分别参加这两个敌对的小组的一个组，我们是这个法郎吉中性情最急躁的人：两个由脾气狂躁的人组成的小组，而你和我又是脾气狂躁的人当中的最狂躁的人。如果要找小组之间竞争的毛病的话，这两个组可以说是最糟糕的。

好！在这两个小组之间，在它们双方的成员之间，在你和我之间，会不会因此就要打一场遭遇战？会不会较量一番？是的，我们之间当然要较量！也许要较量一千次……但并不是像文明人和猛兽那样较量，我们不用子弹打脑袋，不用利刃刺胸膛。我们两个敌对的小组中午还在较量，也许两个小时之后，在晚上，或者第二天，又要聚会一次，一星期要聚会二十次，一个月要聚会一百次；在小组里，我们是战友，尽管发生争吵，但在同一个旗帜下工作。

你要知道：我们的情欲愈是激动，我们的心便愈热，我们便愈是热爱我们的工作，愈是想进行竞争，同时彼此之间的联系愈是密切，愈发挥团体精神，愈相协作；因为，外部的竞争愈是激烈，小组成员之间的联系便愈是紧密。作用和反作用是相等的。在外部愈竞争，在内部便愈团结。再加上劳动的时间短，谢利叶与谢利叶彼此配合，人员在小组之间经常流动，在友好的和同盟的小组中大家又常相聚会，这一切，使竞争纯粹是团体性的，而一点也不带个人的味道；而且，小组或谢利叶的团体性竞争愈强烈，在小组或谢利叶中人与人的联合便愈有力。我们由此可以非常清楚地得出一个精辟的理论如下：

在谢利叶制度中，由于每次劳动的时间短，由于小组成员的流动和分散使小组与小组能普遍联系，所以法郎吉可以组织最激烈

的和参加的人数最多的竞争：双方势均力敌，不仅劳动富有吸引力，而且成员对工作很积极，对人友爱和同情；在小组中，普遍的感情将得到最大的发展，对团体最忠诚，秩序最完善。

换句话说：

在和谐制度的环境中，各个成员的天性愈不一致和相对立，它们便愈有利于社会力量和社会联系的增长和扩大，愈能增进普遍的和谐、秩序和集体的团结。

§ II

> 整个大自然是一个有顺有逆的大结构，井然有序，聪明人是一看就明白的。
>
> 沙·傅立叶
>
> 音乐是特别和谐的事物。
>
> 乔·桑

这些脾气怪异、爱闹对立的人，他们在当前的制度下，无论在家务劳动和个人生活中，还是在政府和公众生活中，都搞了不少的坏事，但在将来却会成为繁荣、良好秩序与社会和谐的因素。的确，上帝创造这些有活力和巨大才能的人，难道只是为了让他们去制造混乱和恶毒的仇恨吗？一把竖琴如果只有 ut、mi、sol 清一色的协和和音，而不像有十二个音阶的竖琴那样有不协和和音，这样的竖琴，能弹出和谐的音乐吗？不能，当然不能。因此，我们不能抱怨我们的天性是多种多样的，我们要把多种多样的天性都用之于创造我们的幸福。

唉！你担心一个法郎吉的小组会打起来吗？可是你没有想

到：在这个此时此刻与你所在的小组相竞争的小组里，有你的朋友、父亲、兄弟和孩子，有你的妻子和情人……有与你有千丝万缕的感情联系和有福同享的人。

其次，你还没有想到：这些小组尽管竞争得很厉害，但是是属于同一个谢利叶的。它们是同属于一个团的连队。它们有共同的旗帜。这些相竞争的小组是姐妹，是好姐妹。

所有这些谢利叶，所有这些小组，难道不都是法郎吉的吗？它们不是同一个军的吗？它们工作起来之所以你追我赶，它们彼此之所以以超过对方为荣，难道不是为了大家的利益，为了法郎吉的利益吗？拿利益来说，法郎吉的利益，不就是每个人的直接的个人利益吗？

在谢利叶中有三个邻近的小组劳动，争相改进它们的工作，精益求精；如果其中有两个小组的工作做得不好，濒于垮台，这对另一个小组是很不利的，因为这将伤害谢利叶的一翼，而它们是联合在这一翼对抗另一翼的；这种情况，对那个应负责保护这三个小组的谢利叶本身也不利，而且会使那个得胜的小组马上处于危险状态，因为在谢利叶键盘上相邻的键不能工作或工作得不好，将使它失去竞争力。每个键都希望奏出的音要准确，圆润和响亮动人，如果旁边的键奏出的音不准，不响亮或者很刺耳，那是不符合它的利益的。即使佩左尔乱弹一架琴键很好的钢琴，ré 键尽管和它旁边升高半音的和再升高半音的 ut 不协和，但是不是因此就希望升高半音的和再升高半音的 ut 乱发音呢？不，不，不；因为这样一来，它将是第一个受害者。

各个小组在谢利叶中的情况，以及各个谢利叶在法郎吉中的情况，也是如此。尽管谢利叶和小组都是很骄傲的对手，在科学、艺术和其他工作方面激烈竞争，但互相都是希望对方成功的。每一个小组的成绩愈好，大家的财富便愈增加，共同的收益便愈多，个人的收入也因之愈丰厚。人们竞争的目的完全是为了把工作做好，做得好上加好。所有的人的利益都汇聚于协作制度的大家庭，所有一切个人的爱都相联系，这岂不使一切事物都趋于和谐了吗？在这样的环境中，即使是口角吵嘴的事情，大家也认为是很不应当和有失体面的。当人们都同舟共济的时候，怎么会争吵和打架！得了吧！你们别这么看问题了；你们把文明制度的恶果带到和谐制度中来了；你们给美丽的无花果树插上扎人的刺。啊！在文明制度中，好嘛，有人吵得一塌糊涂，甚至打架或进行战争……这是他们的事！利益和情欲的直接的、根本的和激烈的冲突，在文明制度中使人的自私心发展到了如此强烈的程度，以致要未来的人相信文明人是这样自私，更难于要文明人相信未来的人是那么和谐和那么相爱。这是必然的。只要协调的利益代替了互相冲突的利益，协作制度代替了分散经营制度，谢利叶代替了文明人的无政府状态，你马上就会发现：人生来不是为了兄弟阋墙的。

然而他们却硬说人与人大部分是敌对的，说战争是人的本质；他们不责怪他们的社会环境，反而把这种粗暴的和愚蠢的亵渎宗教的言行奉为教条，把坏事记在人的天性和造物主的意志的账上！庸俗的人由于见惯了坏事和内心的失望，竟接受了这种思想：在1827年或1828年，有一个诡辩学家[①]妄想充当人类智慧的指路明

① 库赞先生这位挺棒的哲学家曾向梯也尔先生请求让他充当这个职务。

灯;他满口上帝、灵魂和宇宙的和谐,用哗众取宠的理论来装点这种荒唐的教义;他居然取得了很大的成功,端出了一套高深的学说,说什么战争是人类社会固有的基本事实,和人类必然是共同存在的……一个哲学家再荒唐也不能这么荒唐。这个庸人公然说:“我认为将来还是老有战争的,因为从古到今一直在打仗嘛。”这个哲学家还制定了一套先验论来证明事情应该如此,而且,要如此才合乎哲学。我们必须承认,对那些崇敬哲学家的人来说,对给哲学家支付薪水的政府来说,哲学家的确是有用的!

总起来说,我的论点如下:

在一个法郎吉内,在组成该法郎吉的小组和谢利叶中存在着普遍的和谐;竞争促使人们积极劳动,在各项工作中精益求精,不仅不会引起令人烦恼的混乱,反而有助于创造相爱的气氛,使社会的联系随着他们的密切程度而更加紧密:

(1)因为相竞争的单位都同属于高一级机构;相竞争的小组同属于一个谢利叶;相竞争的谢利叶同属于一个种谢利叶,以此类推,它们都同属于一个法郎吉。竞争组织得愈好,团结愈是牢固;

(2)因为相竞争的单位的成员是流动的,可以参加各种各样的联盟和团体。竞争愈激烈,团体精神便愈浓厚;

(3)因为每一个单位内部和外部的竞争机构愈牢固,便愈是符合该单位的直接利益;

(4)因为法郎吉所属各单位的成员都是协作者、共同利益的分享者;法郎吉的兴旺和荣誉是符合每一个协作者的直接利益的,因此,每一个人和每一个单位都必然希望各项工作取得成功;

(5)最后,因为利益和爱的普遍和谐必然会发出一种呼声,使一切积极因素都汇集于和谐制度的大家庭，使大家压根儿不知道吵嘴打架和打仗是怎么一回事；在法郎斯泰尔的居民中是见不到打架的现象的。

至于单位之间的竞争的平衡问题和对立的小组与谢利叶的再联合问题，我们无须再多加叙述和举更多的例子，便可以指出：它们的再联合是来自两个基本的事实：

(1)协作制度使所有的人的利益和爱团体的心都汇聚于一个共同的中心；

(2)小组和谢利叶的相互配合和人员流动，使每个人可以分散到不同的单位，通过千百种方式使相竞争的单位的成员既互相之间有联系，又和总体有联系。

现在把文明制度的竞争和协作制度的竞争加以研究。在目前的社会环境中，以两家互相竞争的商号为例。每一家都想把对方搞垮。各种各样的阴谋诡计和压价削价的花招都使上了，不惜用一切手段达到目的。愚蠢的经济学家却认为这样做，好得很。一个企业把其他的企业挤垮，使许许多多的人破产，他们认为这好得很；每天都有上千家企业由于新开了一家资金和设备更雄厚的企业而倒闭或被吞没。这些破产的企业，这些被消耗和浪费的力量，可以用来促进整体的繁荣嘛！在这种危机四伏的环境中，他们应当相爱才好！这样才能形成普遍和谐和社会感情的良好基础！

分散经营制度是直接违背人们的利益的，它让个人与个人竞争，硬要在他们之间引起仇恨；它差就差在不能激起劳动者搞劳动竞赛的热情。两个厂的厂长，由于竞争而彼此视同仇敌。这两个厂的工人会不会表示支持，会不会为了使那个给他们工资的厂的产品取得优势而热情的工作？他们这些与工厂的利润毫无关系的人，会不会参加两个厂长的争吵？根本不会。他们干一天，老板才给他们一天工资；他们对于这样的老板是一点也不关心的。他们在劳动中能少干就尽量少干。他们心里知道那个榨取他们血汗的老板是想发财的！他们恨那个老板；说句难听的话，他们有时候还恨得不错。

相反，在谢利叶中，在每个人看来，竞争的劲头应当用在团体的激烈竞赛上，应当唤起劳动的热情，而不能互相仇恨。在小组之间展开的竞争，不会引起个人与个人之间的敌意，相反，它将通过许多有力的联系，使他们团结起来。

小组和谢利叶的团体性竞争，是良好的竞争；他们之间许许多多有风趣的、逗人的或尖刻的批评，是为了使工作做得十分完善，有助于大家的利益；批评的方式，视劳动的情况而有所不同，各种各样的口吻都有；有些人像骑士那样殷勤地讲，有些人逗乐取笑，也有些人坦率地抨击。

§ III

> 协作制度能使一种情欲得到最大的发挥，有不同程度的飞跃，因此，也就有普遍和谐的保证，并使冲突得最厉害的阶级团结起来。
>
> 沙·傅立叶

如果你研究并明白了前面的论述，你就能够解决在法郎吉的劳动组织中出现的与团体竞争和个人抱负有关的一切难题。

如果有人反驳你，说在小组的内部，在互相竞争的候选人之间，也可能发生不和，你就告诉他小组将及时做出公正的裁判；在那么多评判候选人的才能的天然的法官面前，个人的恩怨将显得十分可笑；经常在完善的分配的公正制度下活动的人，是不会抱这种个人的恩怨的，因为在这种制度下，他们也将被请去为别人主持公道。你可以向反驳你的人阐明：在小组里凭个人的恩怨行事，其结果是很糟糕的，因为小组的成员大家都相处得很好，是经过挑选才吸收的；他们通过团体精神、活跃的情欲和人类的心能感受到的各种各样的爱而紧密团结；最后，你还可以告诉反驳你的人：小组的人都很协作，有共同的旨趣和心愿；你尤其要向他大讲小组和谢利叶再联合的原理，讲机会之多和动力之丰富。讲到这里就暂时停一下。

使各种情欲达到平衡的原理，实际上就是要使每个人把丰富的能力都发挥出来。当餐桌上摆着丰盛的菜肴，而且确信明天的菜肴也同样丰盛时，大家都彬彬有礼，心情快乐，显得很亲热，而且嘴上总带着善意的微笑。同样还是这些人，如果他们天天都要因为菜饭不够而互相争夺，他们一定会彼此仇恨的。如果你对饥饿的人说："少吃点，吃、喝二字是你最危险的敌人。你切莫贪婪，你要提防肉体享乐的诱惑，不要让你贪吃好菜好饭的心得到发展"；你这番话必然是白说一阵，不起作用的。饥饿和天生的贪心的作用比你强得多。无论是从本义上讲还是从抽象的意义上讲，文明人都是肚子没有吃饱的人。如果道德学家对他们说："你们要克制你们的野心。名、利二字是你们最危险的敌人。要提防那唆使你去谋求高官厚禄的心；"他们的说教也是不如野心和贪财之心有力的。唉！这方面的例证，你们早已经见过许多了。

只要人们还处在社会贫困的状态，无论你怎样大讲道德经，滔滔不绝他说教，都是徒劳的。你那一遍又一遍地劝人为善的说教，反倒会制造许多仇恨、冲突、战争、背叛和各种各样卑鄙的行为，如同古时洪水的波涛必然会冲来许多腐烂的尸体一样。

为了建立社会的和谐，与其对那些无论是由于饥饿或野心的驱使还是由于野心或饥饿的驱使而干坏事的人宣讲节制饮食和崇尚道德，或者惩罚他们或谴责他们，还不如组织一个能够给各种合理的情欲（也就是说在本质上不是颠覆性的情欲）打开一条广阔道路的制度。

你看，在谢利叶制度中，人人都有用武之地。对每一项科学和艺术工作，对每一个劳动部门，对每一种活动，都组织了谢利叶和小组。小组里有多少细分的工作，就有多少个职位。这个人主管会计，那个人指挥操练；某人长于理论，就让他搞理论；有些人可以分头负责一项工作中的某一部分工作，等等。对每一个有才能的人和要求工作的人都将安排工作。有些人来到按专长分工的小组里，将发现每一个人一方面在他比别人强的部门作管理工作，而在他不太专长或不想大干一番的部门也非常乐意接受人家的调动。人人都因自己完成了最重要和最光荣的工作而感到欣慰……好极了！人的自爱心得到了满足，消除了怨气，甚至得到了大家的安慰。大家互相帮助，互相表扬，互相激励，在友爱的歌声中共同前进。谁也不产生仇恨之心。为了敬爱上帝，大家是不会因为在文明的环境中，也就是说在不和谐的环境中，在变坏了的人的身上看到了某些不好的例外，便反对一个普遍的真理。

由小组提供的这些发挥才能和搞好团结的办法，与你所讲的谢利叶（还没有出法郎吉，更不用说一个国家和全世界）提供的发挥才能和搞好团结的办法，有什么关系呢？请看谢利叶的普遍配合的机构的效果：在这里，你是我的上级，我的老师，你帮助我，你教育和培养我；有了你，我在我喜爱的工作中才取得了进步……不久以后，在另外一个谢利叶，由于我有经验，所以取得很高的地位，而你，你也许才刚刚开始学；我要积极热情地向你讲解。这在我们之间是互相帮助、互相关心和互相爱护，彼此诚心相待。当你觉得你说话准有人听从并得到欢迎的时候，你听从别人的话并向别人鼓掌，心里也是愉快的。尽管人与人之间有天然的和社会地位的不平等，但这种愉快的和有益的做法，你和我，我们大家，全体成员，都见过千百次。

你看，这就是和谐制度的全部秘密。在财产、年龄、才能、爱好、性格甚至出身方面愈不平等，在群中就愈要进行划分和一再细分；不平等的差别愈分得细，琴键的数目就愈多；乐队的音色和乐器愈不同，音调才愈美，协和和音才愈悠扬和有力，音乐才愈迷人！不平等的情况既有等次的差异，又互相配合和自由发挥作用，再加上以劳动的吸引力作动力，这就是社会和谐的全部秘密。

因此，道路是宽广的，事业是宏伟的；抱负可以施展而不会遇到阻力；干吧！努力干吧！工作你做不完，荣誉你得不完，你大有用武之地！有三百万个法郎吉；从每一个法郎吉都伸展出千万条幸福和光荣的道路，组成一个遍布世界的网，把无数金丝和银线汇集于全球团结的大家庭。你要鼓起勇气，切莫中途停留！你要完成任务，经得起考验，不断取得新的成功。快去收获丰硕的果实！前进，前进，麦穗有的是，等待着你去收割……

你看，有无数的勋章和荣誉称号等待着你去争取；尽管勋章和荣誉称号多，但仍然是很光荣的，因为它们如实地反映了权利和才能；等级是按一定的规则划分，奖章和头衔都有很明确的真实含义，而不像今天的奖章和头衔都是些可笑的骗人的东西。每一种特别的奖章都突出表明某种有社会意义的事。我告诉你，地位、头衔、勋章都不是假的和徒有虚名的，它们不是骗人的招牌，而是名副其实的标记。

现在你也许明白了：不仅不能压制人的雄心，反而应当加以激励和鞭策。雄心愈大，使出的力量也愈大。你看一看军队，用提升晋级的办法鼓励人，不是效果很好吗！对法郎吉来说，让众人发挥雄心，乃是达到和谐与团结的手段。人与人之间的不平等和对比，可使人交流感情，变换职务，增进彼此的忠心和大家对集体的献身精神。

§ IV

> 他们说苦难是人类的命运，说生命是一段经受磨炼和赎罪的时期，然而，当人们问他们人类要赎的究竟是什么罪的时候，他们却回答说这是秘密……
>
> 你们的哲学家不也是在说人是创造之王吗？——一个被赶下宝座的王；应当把国王的宝座和宫殿还给他，把他的情欲还给他，使他再具有天才和美德！情欲就是天才和美德，就是功绩和报酬。
>
> 沙·丹
>
> 情欲是人奔向他的命运的推动力。
>
> 斯达尔夫人

人的天性好似一颗宝石，打磨成有许许多多大小不等的面，并有千百个不同的极化点。每一个宝石能够通过许多或大或小的面以及相似的或能协调一致的极和周围的宝石联系起来。

最富于情欲和社交性的天性，是接触面和吸引极最多的天性；它在每一种情欲上形成的联系既多而且有力。这样的天性，上帝已赋予它各种各样的亲和力，能够和许许多多有丰富感情的人结合在一起。

能和自然界的一切物体都能结合在一起的氧气，是一种全相亲的[①]元素；它在物质世界和有机化学中是基本物质之王；同样，在社会或情欲世界中，最容易和人亲近的人，是具有各种情欲的人，是无所不适和全相亲的人，这样的人也将成为人中之“王”。在上帝安排的社会环境中，每一种天性的人，将按照天性的吸引力的多少对社会和谐作出贡献。每个人的愿望愈多，他所起的作用也愈大；因为愿望就是动力，它早晚会化为行动的。在人的阶梯上所占的位置，是和情欲的强度有关的。情欲最强烈的人所占的位置最高。在每一个星系中，位于中心的太阳，旋涡的中心，它的引力总是最大的；引力引导世界，支配世界上的一切和谐。

那些爱闹对立的天性，它们总要在某些点上互相接触，总有协和的音；它们除了在统一的大交响乐中有部分的音调变化的融合外，还能够在某些特定的和音中互相联合。

我们在这里要着重指出：等次分明的不平等现象的存在，不仅是社会和谐的条件和基础，而且也是社会公正的条件和基础。我

① 需要说明的是，被称作“全相亲的物质”的氧气、氢气和氮气，是大、小、中三重形态下的气态物质。

们还可以把这个论点用之于更高的领域，证明它的充分运用，将达到世界的高度和谐、至高的和谐与永恒的公正。不过，论述这些问题将超过这两册书的范围，因此可留待另外一本涉及它们的书中再研究它们。我们在这里只指出：如果说破坏了一切自然状态并且和事物的秩序完全是背道而驰的平等论是荒唐的和不公正的两个极端中的一个极端的话，则另一个极端便是封建主义的东西：出身的封建主义、资本的封建主义、身份的封建主义、宗教的或僧侣的封建主义，等等。这些东西把所有一切社会的好处都给予一种势力，只按照一种权能和严密的等级制度来调整和分配这些好处，而把处在社会底层的群众当作贱民，不予理睬，对他们的地位的低下不给予任何补偿，没有任何东西来抵消高居上层的人的优势。这些东西都是颠覆性时期中的社会权力的形式：贵族政治、专制主义、各种各样的等级制、各种形式的压迫和统治。

我们的全部历史，是古代的和中世纪的宗教制度创造的历史，是军事封建制度创造的历史，是金钱在今天给我们创造的历史，甚至还有圣西门的信徒企图给我们制造的历史。可惜的是，起来反对这些专制主义的东西的人的理论是很荒谬的，说什么应当把不公平的现象拉平。这些人应当打开思路，懂得人类的公正，并不是把每一种社会利益平分给每一个人；也不是把所有的利益都集中给某几部分人，不给其他的人；而是：按无数个不同的等级，按自然的和社会的不平等的程度，按每一个人在每一个等级中的特别职位，把社会的利益按比例以报酬的形式分配给大家。这样才公正；这样做，对大家都好；这样做，是符合自然、理性和社会的事理的；这样做，可以加倍使每一个人感到满意，得到各种乐趣和鼓励，从而建立和谐制度。让我们在上帝以慈父的爱在大自然和事物的永恒的和谐中为大家打开的无限幸福的源泉,用双手捧起甘泉来喝吧!

有取之不尽的财宝,因此,无须先订好合同才去开发;不会像有些亲兄弟那样为了一点儿东西就互相厮打!东西多得给遍了所有的人还绰绰有余,到时候,你们争论的是:要弄清楚还有谁没有得到他那一份!现在让我们准备筵席:座位有的是,每个人都是宾客!

现在,让我们建立这样一个世界:谁花费了力气,谁就应当得到报酬;在力气方面,是不考虑人的出身是资产者还是平民;在这个世界中,每一个由于过去的功绩而出名的家庭,可以很骄傲地传扬他家的名声,把它当作一个像珍宝似的高贵的装饰,既不影响他现在的行为的光荣,也不妨碍他争取未来的荣誉;在这个世界中,财产多的人将把他们的财产投入社会事业,为人类服务,从而使他们的财产成倍地增加,大家齐心协力,使财源扩大,人人都受益……身体美的人将得到赞赏,心灵美的人将得到敬仰;凡是有才能的人都将得到报酬,凡是光荣的事都将得到颂扬!对人的力量、情欲和能力都要给以奖励、表彰和赞颂,用吸引人的劳动把人的一切才能都汇集起来为大家创造幸福!

你放逐贵族,你就会失去一个赞助人道主义事业的力量,而且使他们对这个事业怀抱敌意;这一点,你难道不明白吗?你压制才能的发挥,你就会失去一部分力量,而且使它变成敌对的势力;这一点,你难道不明白吗?如果你为了劳动者的利益而损害资本家,你就会失去一部分力量,而且使他们变成敌对的势力;这一点,你

难道不明白吗？如果你为了资本家的利益而压迫和剥削劳动者，你就会失去一部分力量，而且使他们变成敌对的势力；这一点，你难道不明白吗？如果你鼓吹对物质和美好的事物抱轻蔑的态度，你就会失去一部分力量，而且使它们变成敌对的势力；这一点，你难道不明白吗？如果你为了信念便与理智宣战，你就会失去一部分力量，而且使它变成敌对的势力；这一点，你难道不明白吗？如果你为了打破荒谬的教条便破坏宗教的感情，你就会失去一部分力量，而且使它变成敌对的势力；这一点，你难道不明白吗？

你使才能和出身发生冲突，使财产和出身与才能发生冲突；使资本家和劳动者发生冲突，使劳动者与资本家发生冲突；使物质和精神发生冲突，使精神和物质发生冲突；使宗教感情和理智发生冲突，使理智和宗教感情发生冲突；使力量和力量发生冲突，使利益和利益发生冲突，使情欲和情欲发生冲突！是你们把所有一切自然的和社会的力量都这样武装起来，互相冲突；是你们开始战斗，吹起冲锋号，发出战争的叫嚣，而你们反倒说："人类已经堕落，他的天性已经败坏；上帝把人类生在一个分崩离析、备受痛苦和灾难的可诅咒的世界上！"上帝！唉！使人类变得这么愚蠢和可耻的，是你们，是你们这些哲学家和宗教家。你们把上帝说成是世间分崩离析和战争的指挥者，难道他是一只贪吃人肉和爱闻死尸味儿的秃鹰！你们这块可悲地奉献给战争的土地，听见你们这番话以后，到了春天岂不从土中长出刺刀和利剑？

上帝使我们的心灵产生了对幸福的向往。他在我们的土地上种植了我们所喜爱的花和我们吃的粮食。我们的土地使我们播种的小麦一粒变成百粒。即使我们用我们的兄弟的血浇它，它也仍然给我们生长作物……

伟大的、善良的和全能的上帝！请你使那些懂得你的律法并向他们的兄弟宣讲你的权能的人的声音变得很洪亮吧！请你启发人类的愚昧的心，使他们的心中产生爱……你，美丽的大地，你遭受了我们长期的践踏；你，遭到破坏的美丽的天堂，你的活力和火与光同等强烈[①]，你悲叹早先的时光已经逝去；现在，请你们种你们的花，撒播你们的小麦，穿上你们华丽的衣裳，发出你们的声音，建立伟大的和谐制度，因为长期的悲哀即将结束，恢复原状的日子已经在望，庆祝新生的欢乐的时刻即将到来！

我们论述大平衡[②]的这一章，就写到这儿；我们引作题词的那个精深的定理，应当用金字镌刻；现在为了说明这种平衡的特点，让我们按照这个精深的定理的公式，把我们一再着重指出的谢利叶制度的双重优良的特性归纳如下：

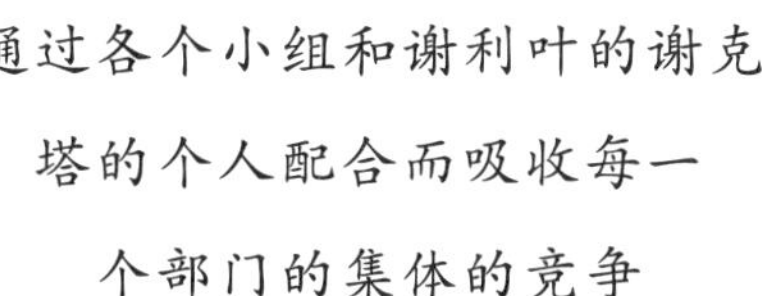
通过各个小组和谢利叶的谢克
塔的个人配合而吸收每一
个部门的集体的竞争

① 拉丁原文为 Huic animœ terrenœ... quam luci et igni cognatam dixi.

Keppler

② 所谓"大平衡"，就是两大情欲——友爱和雄心——发挥作用而形成的平衡；这种平衡支配着个人利益的确定和等级。所谓"小平衡"，则是由两个产生情感的小情欲——爱情和家庭——形成的平衡。在协作制度开始建立的时候，小平衡还不能一下子就形成，因为它们是以敦厚的品德和文明人尚未见过的其他倾向为基础的；这些倾向，只能在有了从事大平衡的事业的正式的谢利叶之后才能产生，因此，我们在这里暂不论述。另外，小平衡的一般原理，实际就是大平衡的原理。这些原理，我们将在研究高级和谐制度的著作中加以探讨；到时候，我们将自然而然地谈到它们，并给以充分论述。

和敌对情绪；

由于集合成不同的小组和谢利叶而吸收
个人的竞争和敌对情绪，在不同的
小组和谢利叶中，一个人的爱
好和抱敌对情绪的人的爱
好相迭合，用偶发的
爱去代替天然的
敌对情绪。

图书在版编目(CIP)数据

社会命运:全2卷/(法)维克多·孔西得朗著;李平沤译.—北京:商务印书馆,2017
(汉译世界学术名著丛书:120年纪念版:珍藏本)
ISBN 978-7-100-14366-0

Ⅰ.①社… Ⅱ.①维… ②李… Ⅲ.①空想社会主义—研究 Ⅳ.①D091.6

中国版本图书馆CIP数据核字(2017)第151917号

汉译世界学术名著丛书
(120年纪念版·珍藏本)
社 会 命 运
(全两卷)
〔法〕维克多·孔西得朗 著
李平沤 译

商 务 印 书 馆 出 版
(北京王府井大街36号 邮政编码100710)
商 务 印 书 馆 发 行
北京市十月印刷有限公司印刷
ISBN 978-7-100-14366-0

2017年12月第1版 开本 710×1000 1/16
2017年12月北京第1次印刷 印张 44½
定价:210.00元